智慧财会与经济管理方法研究

田文　史中利　刘欢　著

北方联合出版传媒（集团）股份有限公司
辽宁科学技术出版社

图书在版编目（CIP）数据

智慧财会与经济管理方法研究 / 田文，史中利，刘
欢著. -- 沈阳：辽宁科学技术出版社，2024.9.

ISBN 978-7-5591-3855-2

Ⅰ. F2-39

中国国家版本馆 CIP 数据核字第 2024YN6520 号

出版发行：辽宁科学技术出版社

    （地址：沈阳市和平区十一纬路 25 号 邮编：110003）

印 刷 者：济南大地图文快印有限公司

经 销 者：各地新华书店

幅面尺寸：185mm×260mm

印 张：17.5

字 数：350 千字

出版时间：2024 年 9 月第 1 版

印刷时间：2024 年 9 月第 1 次印刷

策划编辑：王玉宝

责任编辑：刘翰林 康 倩

责任校对：孙 阳 高雪坤

书 号：ISBN 978-7-5591-3855-2

定 价：88.00 元

前　言

在全球化、信息化和数字化的时代背景下，智慧财会与经济管理方法的融合与创新已成为推动经济社会发展的重要力量。本书旨在全面、系统地阐述智慧财会与经济管理方法的基本概念、理论基础、技术支持、实践应用及未来发展趋势，为相关领域的研究者、从业者和管理者提供有价值的参考与指导。

智慧财会作为现代财务管理的新模式，借助先进的信息技术和数据分析方法，实现了财务管理的智能化、精细化和高效化。它不仅能够提升企业的财务管理水平，还能够为企业的战略决策提供有力的支持。同时，智慧财会的发展也推动了经济管理方法的创新与变革，为经济管理领域注入了新的活力。

经济管理方法作为人类社会发展的重要产物，一直在不断地演进。从传统的经验管理到现代的科学管理，从单一的定性分析到复杂的定量分析，经济管理方法在不断地适应着经济社会的发展需求。特别是在信息技术飞速发展的今天，经济管理方法与信息技术的深度融合已成为不可逆转的趋势。这种融合不仅提高了经济管理的效率和准确性，还为解决复杂的经济问题提供了新的思路和方法。

本书首先介绍了智慧财会与经济管理方法的基本概念、演变历程和现状，阐述了二者之间的内在联系和相互影响。然后分别从理论基础、技术支持、实践应用等方面对智慧财会和经济管理方法进行了深入的剖析和探讨。在理论基础方面，本书系统地梳理了智慧财会和经济管理方法的理论基础和核心要素，揭示了它们的发展规律和趋势。在技术支持方面，本书重点介绍了信息技术、数据分析与挖掘、人工智能等在智慧财会和经济管理方法中的应用和作用。在实践应用方面，本书结合大量的案例和实践经验，详细阐述了智慧财会和经济管理方法在企业、行业和社会等领域的应用价值和效果。

此外，本书还特别关注了智慧财会与经济管理方法面临的挑战和机遇。在挑战方面，本书深入分析了智慧财会和经济管理方法在发展过程中遇到的各种问题和困难，如技术瓶颈、数据安全、人才短缺等。在机遇方面，本书展望了智慧财会和经济管理方法的未来发展前景和创新方向，如数字化转型、智能化升级、全球化拓展等。同时，本书还从政策与法规、教育与培训、组织文化与领导力、伦理与道德等多个角度探讨了智慧财会与经济管理方法的发展环境和影响因素。

值得一提的是，本书在内容编排上注重结构性和逻辑性，力求做到层次分明、条理清晰。同时，本书在语言表达上力求准确、简洁、易懂，以便读者能够更好地理解和掌握相关知识。此外，本书还注重理论与实践的结合，通过大量的案例分析和实证研究来验证理论的有效性和可行性。

本书希望能够为读者提供一个全面、系统的智慧财会与经济管理方法的知识体系，帮助读者更好地理解和应用相关知识，提升个人和组织的竞争力和创新能力。同时，本书也期待能够激发更多学者和从业者对智慧财会与经济管理方法的研究兴趣和实践热情，共同推动相关领域的发展与进步。

在未来的发展中，智慧财会与经济管理方法将继续发挥重要作用，为经济社会的可持续发展提供有力支持。我们相信，在广大研究者、从业者和管理者的共同努力下，智慧财会与经济管理方法一定能够迎来更加美好的明天！

目　录

第一章　智慧财会与经济管理方法概述

第一节　智慧财会的基本概念

一、智慧财会的定义

（一）智慧财会的智能化特点

智慧财会，作为财务管理领域的创新理念，正以其独特的智能化特点引领着企业财务管理的变革。智慧财会利用人工智能、机器学习等前沿技术不仅提升了财务管理的效率和准确性，更为企业带来了前所未有的数据洞察和决策支持。

1. 自动化处理与分析

在传统财务管理模式下，大量的人工操作不仅效率低下，而且容易出错。智慧财会通过引入人工智能和机器学习技术，实现了财务数据的自动化处理和分析。这意味着烦琐的数据录入、核对和报表生成等工作都可以由系统自动完成，大大减轻了财务人员的工作负担，提高了工作效率。同时，由于自动化处理减少了人为干预，数据的准确性也得到了显著提升。

2. 智能报告与决策支持

智慧财会不仅能够自动化处理数据，还能根据企业的实际需求和业务场景，智能地生成各种财务报告和分析结果。这些报告和分析结果不仅包含了传统的财务报表和财务指标，还结合了企业的业务数据、市场数据等多维度信息，为企业的决策提供了更加全面、深入的数据支持。此外，智慧财会还能根据历史数据和业务规律，对企业的未来发展趋势进行预测和模拟，帮助企业制定更加科学、合理的财务规划和经营策略。

3. 智能预警与风险控制

财务风险是企业经营过程中不可忽视的重要问题。智慧财会通过引入先进的风险识别和评估模型，能够实时监控企业的财务状况和经营风险，及时发现潜在的财务风险。一旦发现风险，系统能够迅速做出反应，提醒相关人员采取措施进行防范和控制。这种智能预警和风险控制机制不仅提高了企业的风险应对能力，也为企业的稳健发展提供了有力保障。

（二）智慧财会的数据驱动特点

在数字化时代，数据已经成为企业最重要的资产之一。智慧财会作为现代财务管理的新理念，更加强调数据在财务管理中的核心地位。通过数据的收集、整理、分析和挖掘，智慧财会为企业带来了更加精准、高效的财务管理体验。

1. 数据的全面性和实时性

智慧财会要求企业建立完善的数据采集和存储机制，确保数据的全面性和实时性。这意味着企业需要收集包括财务数据、业务数据、市场数据等在内的多维度信息，并将这些数据实时更新到系统中。通过全面、实时的数据支持，智慧财会能够为企业提供更加准确、及时的财务信息，帮助企业做出更加明智的决策。

2. 数据的深度挖掘和利用

除了全面性和实时性外，智慧财会还强调对数据的深度挖掘和利用。通过运用先进的数据分析技术和算法模型，智慧财会能够从海量数据中提取出有价值的信息和知识。这些信息和知识不仅能够帮助企业更好地了解自身的财务状况和经营情况，还能够为企业的战略规划和市场定位提供有力支持。同时，通过对历史数据的挖掘和分析，智慧财会还能够发现隐藏在数据背后的规律和趋势，为企业的未来发展提供预测和参考。

3. 数据可视化与决策支持

为了更好地利用数据，智慧财会还强调数据可视化在财务管理中的应用。通过将复杂的数据转化为直观、易懂的图表和图像，数据可视化能够帮助企业决策者更加清晰地了解企业的财务状况和经营情况。同时，通过对比不同时间段、不同业务线的数据变化情况，企业决策者还能够更加准确地把握市场动态和业务趋势，从而做出更加科学、合理的决策。这种数据驱动的决策方式不仅提高了企业的决策效率和质量，也为企业的持续发展注入了新的动力。

二、智慧财会的功能与作用

智慧财会在企业财务管理、决策支持、风险控制等方面发挥着重要的作用。它不仅可以提升企业的财务管理水平，还可以为企业的发展提供有力的支持。

（一）提升财务管理水平

1. 财务流程自动化与智能化

自动化处理：智慧财会通过引入自动化工具和技术，能够实现财务数据的自动录入、分类、计算等处理过程，大大减少人工操作的烦琐程度。

智能化分析：利用机器学习等算法，智慧财会可以智能地分析财务数据，发现异常或潜在问题，并提供相应的解决方案或建议。

2. 财务数据全面性与准确性

数据整合：智慧财会能够整合企业内外部的各种财务数据，确保数据的全面性和一致性。

数据校验：通过数据校验机制，智慧财会可以及时发现和纠正数据错误，确保数据的准确性。

3. 实时决策与风险管理

实时数据更新：智慧财会能够提供实时的财务数据更新，确保管理者在做出决策时拥有最新的数据支持。

风险预警机制：通过设定风险阈值和预警规则，智慧财会可以在潜在风险出现时及时发出预警，帮助管理者迅速做出应对。

（二）为决策提供有力支持

1. 数据分析

趋势分析：智慧财会可以利用大数据分析技术，对历史财务数据进行趋势分析，揭示企业的发展规律和未来趋势。

关联分析：通过挖掘财务数据之间的关联关系，智慧财会可以发现不同业务或产品之间的内在联系，为企业的战略规划和市场定位提供新的视角。

2. 智能财务报告生成

自定义报告：智慧财会可以根据企业的实际需求和报告标准，智能地生成各种形式的财务报告，如资产负债表、利润表、现金流量表等。

动态分析：通过动态分析功能，智慧财会可以实时更新报告数据，并提供各种财务指标的分析结果，帮助管理者更加深入地了解企业的财务状况。

3. 内外部沟通工具

内部决策支持：智慧财会提供的财务报告和分析结果可以作为企业内部决策的重要依据，帮助管理者做出更加科学、合理的决策。

外部利益相关者沟通：这些报告和分析结果还可以作为企业与投资者、债权人等外部利益相关者沟通的重要工具，增强企业的透明度和公信力。

（三）加强风险控制能力

1. 智能预警系统

预警指标设置：智慧财会可以根据企业的实际情况和风险承受能力，设置相应的财务风险预警指标。

实时监控与预警：通过实时监控财务数据和预警指标的变化情况，智慧财会可以在潜在风险出现时及时发出预警信号。

2. 风险控制措施

风险防范策略：根据预警信号的类型和严重程度，智慧财会可以提供相应的风险防范策略和建议。

应急处理机制：对于已经发生的风险事件，智慧财会还可以提供应急处理机制和解决方案，帮助企业迅速应对并减少损失。

3. 风险管理体系与内部控制

风险管理体系建设：智慧财会可以帮助企业建立完善的风险管理体系，包括风险识别、评估、监控和报告等环节。

内部控制机制优化：通过优化内部控制机制和流程设计，智慧财会可以提高企业的整体风险管理水平和抵御风险的能力。同时，它还可以帮助企业加强内部审计和监督工作，确保各项风险控制措施得到有效执行。

第二节　经济管理方法的演变与现状

一、传统经济管理方法的回顾

（一）发展历程

传统经济管理方法的发展历程是一个漫长而丰富的过程，它伴随着工业革命的兴起和企业规模的不断扩大而逐渐成熟。在这个过程中，管理理论和实践不断得到丰富和发展，为企业的发展提供了重要的指导。

1. 工业革命初期的管理

在工业革命初期，随着机器和工厂的出现，生产规模逐渐扩大，管理开始成为企业运营中不可或缺的一部分。然而，这个时期的管理方法相对简单粗糙，主要依赖于经验和直觉。企业主或管理者通常亲自监督生产过程，确保工人遵守纪律，以提高生产效率。

2. 科学管理阶段

到了19世纪末20世纪初，弗雷德里克·泰勒等管理学家提出了科学管理理论。科学管理强调通过工作分析、时间研究和标准化等方法来提高生产效率。泰勒认为，管理应该是一门科学，而不是依赖于经验和直觉。他主张对工作流程进行细致的分析，找出最有效率的工作方法，并将其标准化，以提高工人的工作效率。科学管理理论对后来的管理理论和实践产生了深远的影响。

3. 行政管理阶段

行政管理阶段主要强调组织的层级结构和职能划分。亨利·法约尔是这一阶段的代表人物，他提出了管理的五大职能（计划、组织、指挥、协调和控制）和十四条管理原则。行政管理理论注重组织的稳定性和有序性，强调通过明确的职责划分和层级结构来确保企业的正常运营。这种管理方法在大型企业和政府机构中得到了广泛应用。

4. 行为科学阶段

行为科学阶段关注员工的行为和动机，以提高员工的工作满意度和效率。与前两个阶段相比，行为科学更加关注人的因素在管理中的重要性。它认为，员工不仅是机器上的齿轮，而且是有情感、需求和动机的个体。因此，管理者应该关注员工的需求和动机，通过激励和沟通等手段来提高员工的工作积极性和创造力。行为科学理论为后来的组织行为学和人力资源管理等领域提供了重要的理论基础。

（二）主要特点

传统经济管理方法的主要特点可以概括为以下几点。

1. 效率和成本的控制

传统经济管理方法的核心目标是提高生产效率和降低成本。它通过优化工作流程、提高工作效率和降低成本，使企业获得更大的竞争优势和市场份额。因此，管理者通常会对生产过程进行严格的监督和控制，以确保生产效率和成本达到最优水平。

2. 组织的层级结构和职能划分

传统经济管理方法注重组织的层级结构和职能划分。它通过明确的职责划分和层级结构，确保企业的稳定和有序运营。每个员工都被赋予特定的职责和权力范围，他们需要按照规定的程序和标准来完成工作任务。这种管理方法有助于确保企业的决策和执行过程更加规范和高效。

3. 标准化和规范化的管理方式

传统经济管理方法倾向于采用标准化和规范化的管理方式。它通过制定统一的标准和规范来降低管理难度和提高管理效率。例如，企业可以制定详细的工作流程和操作规范，要求员工按照规定的步骤和方法来完成工作任务。这种管理方法有助于确保企业的产品和服务质量达到一定的水平，提高企业的竞争力。

然而，尽管传统经济管理方法在许多方面都具有显著的优势和贡献，但也存在一些局限性。例如，过于强调效率和成本的控制可能导致员工的积极性和创造力受到抑制；

面对快速变化的市场环境时可能显得过于僵化和滞后等。因此，在现代企业管理实践中，需要不断对传统经济管理方法进行反思和改进，以适应不断变化的市场环境和企业需求。

二、现代经济管理方法的创新

（一）理念创新

现代经济管理方法的创新首先是从理念上进行了根本的变革。与传统的注重效率和成本的管理理念不同，现代经济管理方法更加注重人的因素、灵活性和创新精神。以下是对理念创新的详细论述。

1. 以人为本的管理理念

现代经济管理方法强调以人为本，将员工视为企业最重要的资源。这种管理理念认为，员工的满意度、参与度和创造力是企业成功的关键。因此，企业应关注员工的需求和发展，提供良好的工作环境和激励机制，以激发员工的潜能和创造力。

2. 灵活性和适应性

面对快速变化的市场环境，现代经济管理方法强调企业的灵活性和适应性。它要求企业能够快速响应市场变化，调整战略和业务模式，以适应不断变化的市场需求。这种管理理念鼓励企业打破传统的僵化和官僚主义，建立更加灵活和高效的组织结构。

3. 创新精神

创新是现代经济管理方法的核心精神之一。它要求企业不断探索新的管理模式、业务流程和商业模式，以创造持续的竞争优势。创新精神鼓励企业勇于尝试、不断学习和改进，将创新融入企业的文化和价值观中。

4. 价值创造导向

与传统经济管理方法注重成本控制不同，现代经济管理方法更加注重价值创造，其认为企业的目标不仅仅是降低成本，而是通过提供有价值的产品和服务来满足客户需求，并实现盈利。因此，企业应关注客户需求、市场趋势和竞争格局，以创造更大的价值。

5. 可持续发展理念

随着环境问题的日益突出和社会责任的加重，现代经济管理方法也开始强调可持续发展理念。它要求企业在追求经济效益的同时，关注环境保护、社会公平和可持续发展等问题。这种管理理念鼓励企业采取环保的生产方式、开发可持续的产品和服务，并积极参与社会公益事业。

（二）工具创新

现代经济管理方法的创新还体现在工具和技术上。随着科技的不断进步和应用，新的管理工具和技术不断涌现，为企业提供了更强大的管理能力和更高效的运营手段。以下是对工具创新的详细论述。

1. 数据分析技术

数据分析技术是现代经济管理中的重要工具之一。通过收集、整理和分析大量的数据，企业可以更深入地了解市场需求、客户偏好、竞争格局等信息，为决策提供更加准确和全面的支持。数据分析技术还可以帮助企业发现潜在的风险和机会，提高预测的准确性和及时性。

2. 云计算技术

云计算技术为企业管理提供了强大的计算能力和存储空间。通过云计算平台，企业可以实现数据的集中管理和共享访问，提高协同工作的效率和质量。云计算技术还可以帮助企业构建灵活的信息系统架构，快速响应业务需求和市场变化。

3. 人工智能技术

人工智能技术在现代经济管理中发挥着越来越重要的作用。通过模拟人类的智能行为和学习过程，人工智能可以帮助企业进行复杂的决策和优化问题求解。例如，机器学习算法可以对历史数据进行学习和分析，预测未来的市场趋势和客户需求；自然语言处理技术可以处理大量的文本信息，提取有用的知识和情报。

4. 协同工作工具

随着全球化趋势的加强和团队协作的普及，协同工作工具成为现代经济管理中不可或缺的一部分。这些工具可以帮助团队成员进行在线沟通、文件共享、任务分配等工作，提高团队协作的效率和质量。协同工作工具还可以促进企业内部不同部门之间的信息交流和资源整合，提高整体运营效率。

（三）技术创新

技术创新是现代经济管理方法创新的重要组成部分，它涉及新技术、新工艺和新设备的应用，为企业的发展提供了新的动力和机遇。以下是对技术创新的详细论述。

1. 大数据技术的应用

大数据技术是现代经济管理中的关键技术之一。通过收集和存储海量的数据，并利用数据分析算法进行深度挖掘和分析，企业可以发现隐藏在数据中的规律、趋势和关联关系，为决策提供有力支持。大数据技术还可以帮助企业进行精准营销、风险管理和客户关系管理等工作，提高企业的竞争力和市场地位。

2. 人工智能技术的应用

人工智能技术在现代经济管理中发挥着越来越重要的作用。通过模拟人类的智能行为和决策过程，人工智能可以帮助企业进行复杂的决策优化、预测分析等工作。人工智能技术还可以应用于智能制造、智能物流等领域，提高企业的生产效率和运营质量。

3. 云计算与物联网的融合应用

云计算与物联网的融合应用为企业提供了更加智能和高效的管理手段。通过物联网技术，企业可以实时监测和控制生产设备、物流车辆等物体的状态和位置信息；通过云计算平台，企业可以实现数据的集中存储和处理，提高决策效率和协同工作能力。这种融合应用可以帮助企业实现智能化生产、智能化物流等目标，提高企业的竞争力和市场地位。

4. 新兴技术的应用探索

随着科技的不断发展，新的技术不断涌现并被应用于企业管理中。例如，区块链技术可以为企业提供安全可信的数据存储和交易处理手段；虚拟现实技术可以帮助企业进行产品设计和市场营销等工作；5G 通信技术则可以为企业提供更快速和稳定的网络连接支持。这些新兴技术的应用探索将为企业带来更多的发展机遇和竞争优势。

三、当前经济管理方法的挑战与机遇

（一）挑战

在当前经济环境下，企业面临着前所未有的挑战，这些挑战不仅来自外部市场环境的变化，也来自内部管理方法的适应性和创新性的要求。以下是对当前经济管理方法所面临挑战的详细论述。

1. 全球化带来的市场竞争压力

全球化使得企业面临更加激烈和复杂的市场竞争。企业不仅需要在本土市场与竞争对手较量，还需要在全球范围内进行资源配置和市场竞争。这就要求企业具备更强的战略规划和执行能力，以应对不同国家和地区的文化差异、法律法规和市场需求。同时，全球化也加剧了企业间的信息不对称和不确定性，增加了企业的决策难度和风险。

2. 数字化转型对管理模式的冲击

数字化转型是当前企业发展的必然趋势，但这也给传统的管理模式带来了巨大的冲击。企业需要适应数字化时代的新趋势和新要求，如数据驱动的决策、智能化的流程管理等。这就要求企业具备更强的信息技术能力和数据分析能力，以应对数字化转型带来的挑战。同时，数字化转型也要求企业更加注重客户体验和个性化需求，这对企业的市场洞察力和创新能力提出了更高的要求。

3. 人才短缺与多元化需求

随着经济的发展和产业的升级，企业对人才的需求越来越多样化和高端化。然而，当前市场上优秀的人才供不应求，如何吸引和留住人才成为企业发展的关键问题。同时，新一代员工对于工作环境、职业发展等方面也有着更高的期望和要求，企业需要更加注重员工的成长和发展，建立良好的人才管理制度和激励机制。

4. 环境和社会责任的挑战

随着环境问题的日益突出和社会责任意识的提高，企业不仅需要关注经济效益，还需要承担更多的环境和社会责任。这就要求企业在管理过程中更加注重环境保护、资源节约和社会公益等方面的问题，实现可持续发展。同时，政府和社会公众也对企业的环境和社会责任表现提出了更高的要求和期望，企业需要积极应对这些挑战，树立良好的企业形象。

（二）机遇

虽然当前经济管理方法面临着诸多挑战，但同时也孕育着许多新的机遇。以下是对当前经济管理方法所面临机遇的详细论述。

1. 数字化转型带来的创新机会

数字化转型为企业提供了新的商业模式和创新机会。通过数字化技术，企业可以实现更加精准的市场定位和客户服务，提高客户满意度和忠诚度。例如，利用大数据和人工智能技术，企业可以对客户进行深度挖掘和分析，发现潜在的需求和偏好，为客户提供更加个性化和定制化的产品和服务。同时，数字化技术也可以帮助企业优化生产流程和供应链管理，提高运营效率和降低成本。

2. 全球化带来的市场扩张机会

全球化为企业提供了更广阔的市场和资源空间。企业可以利用全球资源进行优化配置，提高竞争力和盈利能力。例如，通过跨国并购或合作，企业可以快速进入新的市场或获取稀缺资源，实现规模扩张和业务拓展。同时，全球化也促进了不同国家和地区之间的经济交流和合作，为企业提供了更多的商机和合作伙伴。

3. 人才短缺带来的人才吸引和培养机会

虽然人才短缺给企业带来了挑战，但同时也为企业提供了吸引和培养人才的机会。通过建立良好的人才管理制度和激励机制，企业可以吸引和留住优秀的人才，为企业的发展提供强大的动力。例如，企业可以通过提供具有竞争力的薪酬福利、完善的职业发展规划和多元化的培训机会等措施来吸引和留住人才。同时，企业也可以积极与高校和研究机构合作，共同培养和开发符合企业需求的高素质人才。

4. 环境和社会责任带来的品牌形象提升机会

随着环境和社会责任意识的提高，积极承担环境和社会责任的企业将更容易获得政府和社会公众的认可和支持。这将有助于提升企业的品牌形象和市场竞争力。例如，企业可以通过开展环保公益活动、推广绿色生产方式和产品等措施来展示其环保成果和社会责任担当。同时，企业也可以积极参与国际环保和社会责任标准的制定和实施，提高自身的环保和社会责任水平。

第三节　智慧财会与经济管理方法的关联

一、智慧财会对经济管理方法的影响

（一）智慧财会带来的变革

智慧财会作为现代财务管理的新理念，通过深度融合先进的信息技术与管理会计理论，为企业财务管理带来了翻天覆地的变化。以下是对智慧财会所带来变革的详细论述。

1. 数据处理的自动化与智能化

传统财务管理方法在处理大量财务数据时，往往面临着效率低下和准确性不高的问题。而智慧财会通过引入大数据、云计算、人工智能等技术，实现了财务数据的自动化处理和分析。这不仅大大提高了财务管理的效率，还降低了人为错误的风险，为企业提供了更准确、更及时的财务信息。

2. 决策支持的科学化与精准化

智慧财会不仅能够自动化处理数据，还能通过智能化的数据分析，为企业的经济决策提供更有力的支持。通过运用预测模型、优化算法等技术手段，智慧财会可以帮助企业更准确地预测未来市场趋势、评估投资风险、制定预算计划等，从而提高企业的决策效率和准确性。

3. 风险管理的全面化与动态化

在智慧财会的框架下，企业可以建立全面的风险管理体系，实现对各类财务风险的实时监控和动态管理。通过运用大数据分析和人工智能技术，智慧财会可以帮助企业及时发现潜在的财务风险，提前制定应对措施，从而有效降低企业的财务风险损失。

4. 协作与沟通的便捷化与高效化

智慧财会还推动了企业财务管理内部以及与其他部门之间的协作与沟通。通过构建财务共享平台、实现数据共享与互通，智慧财会可以促进企业内部各部门之间的信息交流与协同工作，提高企业整体运营效率。同时，智慧财会还可以帮助企业与外部利益相关者进行更便捷、更高效的信息沟通与交流。

（二）对传统经济管理方法的挑战与改进

智慧财会的引入和应用对传统经济管理方法提出了严峻的挑战，同时也为其改进提供了方向。以下是对这一问题的详细论述。

1. 对传统人工操作的挑战

传统经济管理方法往往依赖于大量的人工操作和纸质记录，存在效率低下、易出错等问题。而智慧财会的引入使得这些烦琐的人工操作得以自动化处理，大大提高了工作效率和准确性。这一变革对传统的人工操作方式提出了挑战，要求企业必须适应新的技术环境，转变工作方式。

2. 对数据驱动决策的强调

智慧财会强调数据驱动的管理决策，要求企业充分利用大数据和人工智能技术进行数据分析和挖掘，为决策提供科学依据。这一变革对传统经验决策和主观判断的方式提出了挑战，要求企业必须建立科学、客观、数据驱动的决策机制。

3. 对财务管理流程的优化

智慧财会的应用还推动了财务管理流程的优化和改进。通过引入自动化的工作流程、智能化的数据分析和预测等功能，智慧财会可以帮助企业简化财务管理流程、提高工作效率、降低运营成本。这一变革要求企业必须对传统财务管理流程进行重新审视和优化，以适应新的市场环境和技术要求。

4. 对人才培养的新要求

智慧财会的引入和应用还对企业的人才培养提出了新的要求。企业需要培养具备信息技术、数据分析、财务管理等多方面知识和技能的复合型人才，以适应智慧财会时代的需求。这一变革要求企业必须加强对员工的培训和教育，提高员工的综合素质和技能水平。

（三）智慧财会推动经济管理方法的现代化

智慧财会的应用不仅改变了财务管理的面貌，还推动了经济管理方法的现代化。以下是对这一问题的详细论述。

1. 注重数据驱动的管理决策

在智慧财会的推动下，企业开始注重数据驱动的管理决策。通过收集、整理和分析大量财务数据和非财务数据，企业可以更准确地了解市场趋势、客户需求、竞争状况等信息，为制定科学、合理的经济决策提供有力支持。这一转变使得企业的经济管理更加科学、高效。

2. 强调财务管理的智能化和自动化

智慧财会的应用还强调了财务管理的智能化和自动化。通过引入先进的信息技术和智能化工具，企业可以实现财务数据的自动化处理和分析、风险的实时监控和预警、资源的优化配置等功能。这不仅可以提高财务管理的效率和准确性，还可以降低人为干预的风险和成本。

3. 推动业财融合的深入发展

智慧财会还推动了业财融合的深入发展。通过将财务管理与业务活动紧密结合，企业可以实现资源的优化配置、成本的精确控制、风险的全面管理等功能。这不仅可以提高企业的经济效益和市场竞争力，还可以为企业的持续发展注入新的动力。

4. 促进企业内部管理的创新与升级

智慧财会的应用还促进了企业内部管理的创新与升级。通过引入新的管理理念、方法和工具，企业可以不断改进和优化内部管理流程、提高管理效率和质量、降低管理成本和风险。这不仅可以提升企业的整体运营水平，还可以为企业的创新发展提供有力保障。

二、经济管理方法中智慧财会的应用场景

（一）预算管理中的应用

预算管理作为企业资源配置和计划控制的重要手段，在智慧财会的应用下得到了显著的改进和提升。以下是智慧财会在预算管理中具体应用场景的详细论述。

1. 预算编制的智能化

传统的预算编制过程往往耗时耗力，且容易受人为因素影响。智慧财会通过引入大数据分析和预测模型，能够自动化地收集、整理和分析历史数据，结合市场动态和业务需求，智能生成预算草案。这不仅大大提高了预算编制的效率，还提高了预算的准确性和科学性。

2. 预算执行的实时监控

预算执行过程中的监控和调整是确保预算目标实现的关键。智慧财会通过实时数据采集和智能化分析工具，能够实时监控预算执行情况，包括收入、支出、现金流等关键指标。一旦发现实际执行与预算计划出现偏差，系统能够立即发出预警，并辅助管理人员进行原因分析和决策调整。

3. 预算分析与优化

智慧财会还提供了强大的预算分析功能。通过对预算执行数据的深入挖掘和分析，企业可以了解预算执行的效率、效果以及存在的问题。基于这些分析结果，企业可以针对性地进行预算优化，如调整预算结构、重新分配资源等，以实现更好的经济效益。

4. 预算与战略的协同

智慧财会强调预算管理与企业战略目标的协同。通过将企业战略目标分解为具体的预算指标和计划，智慧财会帮助企业确保各项经济活动都紧密围绕战略目标展开。这种协同作用不仅提高了预算管理的战略导向性，还有助于企业实现长期可持续发展。

（二）成本控制中的应用

成本控制是企业提升盈利能力和市场竞争力的重要手段。智慧财会在成本控制中的应用为企业带来了革命性的变革。以下是具体应用场景的详细论述。

1. 成本数据的精确采集与分析

智慧财会通过引入先进的成本管理系统和工具，能够精确采集企业各项成本数据，包括直接材料、直接人工、制造费用等。通过对这些数据的深入分析，企业可以准确了解成本构成、成本动因以及成本变化的趋势，为成本控制提供有力支持。

2. 成本预测与决策支持

基于大数据和人工智能技术，智慧财会可以构建成本预测模型，根据历史数据和市场趋势预测未来成本变化。这些预测结果为企业制定成本控制策略、调整生产计划和定价决策提供了科学依据。

3. 成本控制的实时监控与调整

智慧财会能够实时监控企业各项成本指标的执行情况，并与预算计划进行对比分析。一旦发现成本超支或异常波动，系统能够立即发出预警并提示管理人员采取相应措施进行调整。这种实时监控机制确保了成本控制的有效性和及时性。

4. 成本优化与持续改进

智慧财会还关注成本控制的持续优化和改进。通过对成本控制过程中的成功经验和失败教训进行总结分析，企业可以不断完善成本控制体系和方法。同时，智慧财会还支持企业开展成本对标和成本创新活动，以寻求更低成本、更高效率的生产经营模式。

（三）其他经济管理领域的应用

除了预算管理和成本控制外，智慧财会还广泛应用于其他经济管理领域，为企业提供了全方位、智能化的支持。以下是具体应用场景的详细论述。

1. 投资决策支持

在投资决策过程中，智慧财会通过大数据分析和智能化的投资决策系统，帮助企业全面评估投资项目的可行性、风险和收益。通过对市场趋势、竞争对手、政策环境等因素的深入分析，智慧财会为企业提供更科学、更准确的投资决策依据，降低投资风险并提高投资回报率。

2. 风险管理

风险管理是企业经济管理中的重要环节。智慧财会通过智能化的风险识别和评估系统，帮助企业及时发现潜在风险并采取相应措施进行防范和控制。这些系统可以对企业内部的财务风险、市场风险、操作风险等进行全面监控和分析，提供风险预警和应对建议，确保企业的稳健运营。

3. 内部审计与合规管理

内部审计和合规管理是企业保障经济活动合规性和规范性的重要手段。智慧财会可通过智能化的审计工具和方法，提高审计效率和准确性。这些工具可以自动化地检查企业财务报表、交易记录等数据的真实性和完整性，发现潜在的违规行为和风险点。同时，智慧财会还支持企业建立完善的合规管理体系，确保各项经济活动符合法律法规和行业标准的要求。

4. 供应链管理优化

供应链管理是企业实现高效运营和降低成本的关键环节。智慧财会通过引入先进的供应链管理系统和工具，帮助企业优化供应链管理流程、降低库存成本、提高物流效率等。这些系统和工具可以实现供应链各环节信息的实时共享和协同工作，提高供应链的透明度和灵活性。同时，智慧财会还支持企业对供应商进行全面评估和管理，确保供应链的稳定性和可靠性。

三、智慧财会与经济管理方法的融合趋势

（一）智慧财会与经济管理方法的相互促进

智慧财会与经济管理方法的融合，不仅体现了科技与管理的完美结合，更展现了两者相互促进、共同发展的必然趋势。以下是对这一趋势的详细论述。

1. 智慧财会推动经济管理方法创新

智慧财会的应用，特别是大数据、人工智能等技术的引入，为经济管理方法带来了革命性的变革。传统的经济管理方法往往依赖于人工操作和经验判断，而智慧财会则通过自动化的数据收集、智能化的数据分析和预测，为经济管理提供了更科学、更准确的

决策依据。这不仅提高了经济管理的效率和准确性，还推动了经济管理方法的创新和发展。

例如，在预算管理方面，智慧财会可以通过对历史数据的深入挖掘和分析，发现预算执行的规律和趋势，从而为企业制定更合理、更科学的预算计划提供有力支持。在成本控制方面，智慧财会可以实时监控成本数据的变化情况，及时发现成本异常并采取相应措施进行调整，确保成本控制的有效性和及时性。这些创新的经济管理方法不仅提高了企业的经济效益和市场竞争力，还为企业的可持续发展奠定了坚实基础。

2. 经济管理方法完善促进智慧财会应用深化

随着经济管理方法的不断完善和发展，企业对财务管理的要求也越来越高。这不仅要求财务管理能够提供准确、及时的数据支持，还要求财务管理能够参与到企业的战略决策中，为企业的发展提供有力保障。这种需求的变化为智慧财会的应用提供了更广阔的空间和更高的要求。

为了满足这些需求，智慧财会需要不断引入新的技术和管理理念，提高自身的智能化和自动化水平。例如，通过引入机器学习、深度学习等人工智能技术，智慧财会可以实现对财务数据的自动化处理和分析；通过引入云计算、大数据等技术，智慧财会可以实现对海量数据的存储和挖掘；通过引入业财融合、财务共享等管理理念，智慧财会可以推动企业财务管理的转型和升级。这些技术的应用和理念的引入不仅提高了智慧财会的性能和效率，还推动了智慧财会与经济管理方法的深度融合。

（二）融合趋势下的企业财务和经济管理水平的提升

智慧财会与经济管理方法的融合趋势为企业财务和经济管理水平的提升提供了有力支持。以下是对这一趋势的详细论述。

1. 财务信息获取与决策支持能力增强

在融合趋势下，企业可以通过智慧财会系统快速、准确地获取各项财务信息和经济数据。这些数据不仅包括传统的财务报表和交易记录等结构化数据，还包括市场趋势、竞争对手、政策环境等非结构化数据。通过对这些数据的深入挖掘和分析，企业可以更全面地了解自身的财务状况和市场环境，为决策提供更有力的支持。

同时，智慧财会系统还可以根据企业的实际需求提供定制化的决策支持服务。例如，在投资决策过程中，智慧财会系统可以对投资项目的可行性、风险和收益进行全面评估；在风险管理过程中，智慧财会系统可以对企业的财务风险、市场风险、操作风险等进行实时监控和预警；在内部审计过程中，智慧财会系统可以对企业的财务报表和交易记录进行自动化检查和分析等。这些决策支持服务不仅提高了企业的决策效率和准确性，还降低了企业的决策风险。

2. 资源配置与风险控制能力优化

在融合趋势下，企业可以通过经济管理方法的创新和完善更有效地进行资源配置和风险控制。首先，通过引入先进的预算管理方法和成本控制手段，企业可以实现对资源的科学配置和有效利用；其次，通过引入风险识别、评估、监控和应对等风险管理流程和方法，企业可以及时发现并控制潜在风险；最后，通过引入内部审计和合规管理机制等内部控制手段，企业可以确保各项经济活动的合规性和规范性。这些措施不仅提高了企业的资源配置效率和风险控制能力，还为企业的稳健运营提供了有力保障。

3. 财务管理智能化与自动化水平提升

在融合趋势下，智慧财会的应用将推动企业财务管理的智能化和自动化水平不断提升。首先，通过引入人工智能、大数据等先进技术，智慧财会系统可以实现对财务数据的自动化处理和分析；其次，通过引入智能化的决策支持系统和风险管理工具等应用模块，智慧财会系统可以为企业提供更科学、更准确的财务管理服务；最后，通过与其他业务系统的集成和协同工作，智慧财会系统可以实现企业财务管理的全流程自动化和智能化。这种智能化和自动化的财务管理模式不仅提高了企业的财务管理效率和准确性，还降低了企业的财务管理成本和风险。

（三）未来展望与挑战

展望未来，智慧财会与经济管理方法的融合将更加深入和广泛，为企业的发展注入新的动力。然而，这一融合过程也将面临诸多挑战。以下是对未来展望与挑战的详细论述。

1. 技术持续创新与应用拓展

随着科技的不断发展和进步，新的技术和管理理念将不断被引入到企业财务和经济管理中。例如，区块链技术可以用于提高数据的安全性和可信度；人工智能技术可以用于优化决策支持系统和风险管理工具等。这些新技术的应用和拓展将为智慧财会与经济管理方法的融合提供更多可能性和创新空间。

2. 数据安全性与隐私性保护

在智慧财会与经济管理方法的融合过程中，数据的安全性和隐私性保护是一个不可忽视的问题。企业需要建立完善的数据安全管理制度和隐私保护机制，确保数据在采集、存储、处理和传输过程中的安全性和隐私性。同时，企业还需要加强对员工的数据安全教育和培训，提高员工的数据安全意识和技能水平。

3. 智能化系统的准确性与可靠性的提升

智能化系统的准确性和可靠性是智慧财会与经济管理方法融合的关键。企业需要不断优化智能化系统的算法和模型，提高其准确性和可靠性。同时，企业还需要加强对智能化系统的监控和维护，确保其稳定运行和及时更新。

第二章　智慧财会的理论基础

第一节　智慧财会的理论基础

一、智慧财会的理论框架

智慧财会作为现代企业财务管理的新趋势，其理论框架主要包括基本假设、原则、目标和方法四个部分。

（一）基本假设

智慧财会的基本假设是构建其理论体系的基石，主要包括信息化假设、智能化假设和风险管理假设。

1. 信息化假设

信息化假设认为，信息是财务管理的基础和核心。在智慧财会中，信息是决策的依据，是连接企业内部各个部门和外部环境的桥梁。财务管理必须建立在充分、准确的信息基础之上，才能实现科学决策和有效管理。因此，企业应注重信息的收集、整理、分析和利用，确保信息的及时性、准确性和完整性。

2. 智能化假设

智能化假设认为，通过运用智能化技术，可以实现财务管理的自动化和智能化。随着人工智能、大数据等技术的不断发展，财务管理领域也迎来了智能化的浪潮。通过智能化技术的应用，企业可以自动化处理大量数据，提高数据处理的效率和准确性；同时，还可以利用智能化算法进行数据挖掘和分析，发现数据背后的规律和趋势，为决策提供有力支持。

3. 风险管理假设

风险管理假设认为，风险是财务管理的重要组成部分，必须在追求经济效益的同时充分考虑风险因素。在智慧财会中，风险管理贯穿于财务管理的全过程，包括风险识别、风险评估、风险应对等环节。企业应建立完善的风险管理体系，制定科学的风险管理策略，确保在追求经济效益的同时能有效控制风险。

（二）原则

智慧财会的原则是指导其实践活动的准则和规范，主要包括数据驱动原则、业财融合原则、风险与收益平衡原则等。

1. 数据驱动原则

数据驱动原则强调以数据为基础进行决策和分析。在智慧财会中，数据是决策的核心，是连接企业内部各个部门和外部环境的纽带。企业应注重数据的收集、整理和分析，确保数据的真实性、准确性和完整性；同时，还应建立科学的数据分析体系和方法，深入挖掘数据的价值，为决策提供有力支持。

2. 业财融合原则

业财融合原则强调财务管理与业务活动的紧密结合。在智慧财会中，财务管理不再仅仅是事后核算和监督的角色，而是需要深入到业务活动中去，与业务部门紧密合作，共同推动企业的发展。通过业财融合，可以实现财务与业务的相互促进和协同发展，提高企业的整体效益。

3. 风险与收益平衡原则

风险与收益平衡原则要求企业在追求收益的同时充分考虑风险因素。在智慧财会中，风险与收益是相互关联的两个方面。企业在追求收益的过程中必然面临各种风险挑战；因此，需要在制定财务策略时充分考虑风险因素，确保在风险可控的前提下实现收益最大化。

（三）目标

智慧财会的目标是提高财务管理的效率和效果，为企业创造更大的价值。具体目标包括实现财务管理的自动化和智能化，提高决策的科学性和准确性，降低财务风险等。

1. 实现财务管理的自动化和智能化

通过运用智能化技术，实现财务管理的自动化和智能化处理，减少人工干预和错误率，提高数据处理的效率和准确性；同时，还可以利用智能化算法进行数据挖掘和分析，为决策提供有力支持。

2. 提高决策的科学性和准确性

通过收集、整理和分析大量数据，发现数据背后的规律和趋势，为决策提供科学依据；同时，还可以利用智能化算法进行预测分析，提前发现潜在问题和机遇，为决策提供更加准确的信息支持。

3. 降低财务风险

通过建立完善的风险管理体系和科学的风险管理策略，有效控制财务风险的发生概率和影响程度；同时，还可以利用智能化技术进行风险识别和评估，及时发现潜在风险并采取相应的应对措施。

（四）方法

智慧财会的方法是实现其目标的具体手段和途径，主要包括数据挖掘、机器学习、预测分析等智能化技术手段以及流程优化、风险管理等管理方法。

1. 数据挖掘与机器学习等技术手段的应用

通过运用数据挖掘和机器学习等技术手段，对大量数据进行深入分析和挖掘，发现数据背后的规律和趋势；同时，还可以利用这些技术手段进行预测分析，提前发现潜在问题和机遇。这些技术手段的应用可以帮助企业更好地实现智慧财会的目标。

2. 流程优化与再造等管理方法的运用

通过流程优化和再造等管理方法的应用，可消除冗余环节，提高协同效率，降低运营成本；同时，还可以建立更加科学、规范的管理体系，确保财务管理的顺畅运行和持续改进。这些管理方法的运用也是实现智慧财会目标的重要手段之一。

二、智慧财会与传统财会的比较

随着信息技术的飞速发展，财务管理领域正经历着深刻的变革。智慧财会作为新兴的财务管理模式，在理论基础、方法手段和应用场景等方面与传统财会存在显著的差异。

（一）理论基础

传统财会与智慧财会在理论基础方面的差异主要体现在跨学科理论的融合程度上。

传统财会主要基于会计恒等式和会计准则进行核算和报告，其核心理论是会计学和财务管理学。这些理论为传统财会提供了基本的核算原则和方法，确保了财务信息的准确性和可靠性。然而，传统财会的理论基础相对单一，较少涉及其他学科的理论和知识。

而智慧财会则引入了更多的经济学、管理学和计算机科学等跨学科理论。它综合运用了信息技术、人工智能等领域的最新成果，将传统财会的核算和报告功能扩展到了数据分析、预测决策等方面。这些跨学科理论的引入为智慧财会提供了更加丰富和完善的方法体系，使得财务管理更加精细化、智能化。具体来说，智慧财会可以利用经济学理论分析市场趋势和企业行为；利用管理学理论指导企业资源配置和战略制定；同时，还可以借助计算机科学的技术手段实现数据的自动化处理和智能化分析。

这种跨学科理论的融合不仅使得智慧财会具有更强的适应性和创新性，而且能够更好地支持企业决策和战略实施。因此，在理论基础方面，智慧财会比传统财会更具优势和前瞻性。

（二）方法手段

传统财会与智慧财会在方法手段方面的差异主要体现在对技术手段的应用和数据处理方式上。

传统财会主要依赖手工记账和人工分析的方法进行财务管理。虽然随着计算机技术的发展，部分传统财会工作已经实现了电算化；但在数据处理和分析方面仍然需要大量的人工参与。这种方式不仅效率低下，而且容易出错；难以满足现代企业高效、精准的财务管理需求。

而智慧财会则充分利用云计算、大数据、人工智能等先进技术手段进行财务管理。它可以实现数据的自动化收集、整理和分析，大大提高工作效率和数据处理的准确性。具体来说，云计算技术为智慧财会提供了弹性可扩展的计算资源，使得企业能够轻松应对海量数据的处理需求。大数据技术则可以对这些数据进行深入挖掘和分析，发现隐藏在数据中的价值和规律，为企业决策提供有力支持。人工智能技术则可以通过学习和模拟人类的思维方式，对复杂的财务问题进行智能化处理和解决，进一步提高财务管理的效率和水平。

这种技术手段的应用不仅使得智慧财会具有更强的数据处理能力和分析能力，而且能够降低人为因素对财务管理的影响，提高财务信息的可靠性和准确性。因此，在方法手段方面，智慧财会比传统财会更加先进和高效。

（三）应用场景

传统财会与智慧财会的应用场景方面的差异主要体现在财务管理活动的覆盖范围以及所能提供的信息价值上。

传统财会的应用场景主要局限于事后的核算和报告。它侧重于对企业已经发生的经济业务进行记录和分析，以编制财务报表为主要目标。这些财务报表虽然能够反映企业的财务状况和经营成果，但由于具有滞后性，难以为企业的决策和战略实施提供及时、有效的支持。

而智慧财会则贯穿于企业经营活动的全过程，包括预算编制、成本控制、风险管理等各个环节。它不仅具有核算和报告功能，还能够为企业提供更广泛、更深入的信息服务。具体来说，智慧财会可以利用先进的技术手段对预算编制进行自动化处理，提高预算的准确性和执行效率。在成本控制方面，它可以对各项成本进行实时监控和分析，帮助企业找出降低成本的有效途径和方法。在风险管理方面，它则可以利用大数据和人工智能等技术对企业的风险进行全面识别和评估，为企业制定科学的风险应对策略提供支持。

此外，智慧财会还能够为企业提供预测性信息和决策支持。它可以利用数据挖掘和分析技术对市场和行业动态进行深入研究，为企业把握市场机遇、制定发展战略提供重要参考。同时，它还可以结合企业的实际情况和需求，为企业提供量身定制的财务解决方案和咨询服务，帮助企业提升财务管理水平和竞争力。

这种全过程的覆盖以及信息价值的提升使得智慧财会能够更好地支持企业的决策和战略实施。因此，在应用场景方面，智慧财会比传统财会具有更广泛的应用范围和更高的应用价值。

三、智慧财会理论的发展动态

随着科技的不断进步和管理理念的持续创新，智慧财会理论也在不断发展和完善。当前，智慧财会理论的研究热点主要集中在大数据技术应用、人工智能技术创新应用、业财深度融合以及智慧财会生态系统的构建与完善等方面。

（一）大数据技术在智慧财会中的应用

在智慧财会领域，大数据技术的应用已成为研究的重要方向。大数据技术以其强大的数据处理和分析能力，为企业财务管理提供了更加全面、深入的信息支持。

大数据技术能够对企业海量数据进行高效处理和分析。通过运用数据挖掘、机器学习等算法，大数据技术可以深入挖掘企业数据中的潜在价值和规律，为财务管理提供更加准确、及时的决策依据。例如，利用大数据技术对企业历史数据进行趋势分析，可以预测企业未来的财务状况和经营成果，从而帮助企业制定更加科学、合理的发展战略。

大数据技术还可以实现对企业内外部数据的整合和共享。通过构建统一的数据平台，大数据技术可以将企业内部各个部门以及外部市场、政策等环境数据整合在一起，实现数据的共享和协同工作。这不仅可以消除信息孤岛现象，提高数据利用效率，还可以加强企业内外部的沟通和协作，推动财务管理的整体优化。

大数据技术还可以应用于风险管理和内部控制等方面。通过运用大数据技术对企业风险进行全面识别和评估，可以及时发现潜在风险并采取相应的应对措施；同时，还可以利用大数据技术对内部控制流程进行监控和优化，提高内部控制的效率和有效性。

（二）人工智能技术在智慧财会中的创新应用

人工智能技术作为当今科技发展的前沿领域之一，在智慧财会中也发挥着越来越重要的作用。人工智能技术的创新应用为智慧财会带来了许多新的机遇和挑战。

人工智能技术可以实现财务管理的自动化和智能化处理。通过运用自然语言处理、图像识别等技术手段，人工智能技术可以自动处理大量的财务数据和文档信息；同时，还可以利用智能算法对数据进行深入挖掘和分析，为财务管理提供更加精准、个性化的服务。例如，利用人工智能技术对企业财务报表进行自动解读和分析，可以快速识别出企业的财务状况和经营风险，从而帮助企业及时采取应对措施。

人工智能技术可以应用于预算编制、成本控制等财务管理环节。通过运用机器学习等算法对历史数据进行学习和模拟，人工智能技术可以预测企业未来的预算需求和成本趋势，从而帮助企业制定更加科学、合理的预算和成本控制策略。这不仅可以提高企业的财务管理水平，还可以降低企业的运营成本和风险。

人工智能技术可以为智慧财会提供智能化决策支持。通过构建基于人工智能技术的决策支持系统，将人类专家的知识和经验与机器的智能算法相结合，从而为企业提供更加全面、深入的决策支持服务。这可以帮助企业更好地应对复杂多变的市场环境，提高企业的竞争力和创新能力。

（三）智慧财会与业务活动的深度融合

智慧财会与业务活动的深度融合是当前研究的又一重要方向。随着企业对于财务管理和业务活动之间关系认识的不断加深，如何实现两者的紧密结合已成为企业发展的关键所在。

智慧财会与业务活动的深度融合需要企业在组织架构上进行相应的调整和优化。企业需要打破传统的部门壁垒和职能划分，建立跨部门的协作机制和团队，推动财务管理与业务活动之间的紧密配合和协同发展。这不仅可以提高企业的整体运营效率，还可以加强企业内部的沟通和协作，推动企业的持续发展。

智慧财会与业务活动的深度融合需要企业在流程设计上进行相应的优化和改进。企业需要以客户需求为导向，以价值创造为目标，对财务管理和业务活动流程进行重新设计和优化，实现两者之间的无缝衔接和高效协同。这不仅可以提高企业的客户满意度和市场竞争力，还可以降低企业的运营成本和风险。

智慧财会与业务活动的深度融合需要企业在信息系统建设上进行相应的整合和升级。企业需要构建统一的信息平台，实现财务管理和业务活动信息的实时共享和交互，提高信息的准确性和时效性。这不仅可以消除信息孤岛现象，提高信息利用效率，还可以加强企业内外部的沟通和协作，推动企业的整体优化和发展。

（四）智慧财会生态系统的构建与完善

智慧财会生态系统的构建与完善是当前研究的又一重要课题。智慧财会生态系统是指由企业内部各个部门和环节以及外部环境因素共同构成的一个复杂系统，它涉及企业内部各个部门和环节之间的协同配合以及与外部环境因素的相互作用和影响。

智慧财会生态系统的构建需要企业建立开放、共享的合作机制。企业需要与供应商、客户、金融机构等外部合作伙伴建立紧密的合作关系，共同推动智慧财会生态系统的发展和完善。通过开放共享的合作机制，可以实现资源的优化配置和协同发展，提高企业的整体竞争力和创新能力。

智慧财会生态系统的完善需要企业加强内部各个部门和环节之间的协同配合。企业需要建立跨部门、跨职能的协同工作机制，推动财务管理与业务活动之间的深度融合和协同发展。通过加强内部协同配合，可以消除部门壁垒和职能划分带来的障碍，提高企业的整体运营效率和创新能力。

智慧财会生态系统的构建与完善需要企业关注外部环境因素的变化和影响。企业需要密切关注政策环境、市场环境等外部因素的变化趋势，及时调整和完善智慧财会生态系统的发展策略和方向。通过与外部环境因素的相互作用和影响，可以推动智慧财会生态系统的持续发展和完善，提高企业的适应能力和创新能力。

第二节　智慧财会的核心要素

一、数据驱动决策

随着科技的不断进步和管理理念的持续创新，智慧财会理论也在不断发展和完善。当前，智慧财会理论的研究热点主要集中在大数据技术应用、人工智能技术创新应用、业财深度融合以及智慧财会生态系统的构建与完善等方面。

（一）大数据技术在智慧财会中的应用

在智慧财会领域，大数据技术的应用已成为研究的重要方向。大数据技术以其强大的数据处理和分析能力，为企业财务管理提供了更加全面、深入的信息支持。

大数据技术能够对企业海量数据进行高效处理和分析。通过运用数据挖掘、机器学习等算法，大数据技术可以深入挖掘企业数据中的潜在价值和规律，为财务管理提供更加准确、及时的决策依据。例如，利用大数据技术对企业历史数据进行趋势分析，可以预测企业未来的财务状况和经营成果，从而帮助企业制定更加科学、合理的发展战略。

大数据技术还可以实现对企业内外部数据的整合和共享。通过构建统一的数据平台，大数据技术可以将企业内部各个部门以及外部市场、政策等环境数据整合在一起，实现数据的共享和协同工作。这不仅可以消除信息孤岛现象，提高数据利用效率，还可以加强企业内外部的沟通和协作，推动财务管理的整体优化。

大数据技术还可以应用于风险管理和内部控制等方面。通过运用大数据技术对企业风险进行全面识别和评估，可以及时发现潜在风险并采取相应的应对措施；同时，还可以利用大数据技术对内部控制流程进行监控和优化，提高内部控制的效率和有效性。

（二）人工智能技术在智慧财会中的创新应用

人工智能技术作为当今科技发展的前沿领域之一，在智慧财会中也发挥着越来越重要的作用。人工智能技术的创新应用为智慧财会带来了许多新的机遇和挑战。

人工智能技术可以实现财务管理的自动化和智能化处理。通过运用自然语言处理、图像识别等技术手段，人工智能技术可以自动处理大量的财务数据和文档信息；同时，还可以利用智能算法对数据进行深入挖掘和分析，为财务管理提供更加精准、个性化的服务。例如，利用人工智能技术对企业财务报表进行自动解读和分析，可以快速识别出企业的财务状况和经营风险，从而帮助企业及时采取应对措施。

人工智能技术可以应用于预算编制、成本控制等财务管理环节。通过运用机器学习等算法对历史数据进行学习和模拟，人工智能技术可以预测企业未来的预算需求和成本趋势，从而帮助企业制定更加科学、合理的预算和成本控制策略。这不仅可以提高企业的财务管理水平，还可以降低企业的运营成本和风险。

人工智能技术可以为智慧财会提供智能化决策支持。通过构建基于人工智能技术的决策支持系统，可以将人类专家的知识和经验与机器的智能算法相结合，从而为企业提供更加全面、深入的决策支持服务。这可以帮助企业更好地应对复杂多变的市场环境，提高企业的竞争力和创新能力。

（三）智慧财会与业务活动的深度融合

智慧财会与业务活动的深度融合是当前研究的又一重要方向。随着企业对于财务管理和业务活动之间关系认识的不断加深，如何实现两者的紧密结合已成为企业发展的关键所在。

智慧财会与业务活动的深度融合需要企业在组织架构上进行相应的调整和优化。企业需要打破传统的部门壁垒和职能划分，建立跨部门的协作机制和团队，推动财务管理与业务活动之间的紧密配合和协同发展。这不仅可以提高企业的整体运营效率，还可以加强企业内部的沟通和协作，推动企业的持续发展。

智慧财会与业务活动的深度融合需要企业在流程设计上进行相应的优化和改进。企业需要以客户需求为导向，以价值创造为目标，对财务管理和业务活动流程进行重新设计和优化，实现两者之间的无缝衔接和高效协同。这不仅可以提高企业的客户满意度和市场竞争力，还可以降低企业的运营成本和风险。

智慧财会与业务活动的深度融合需要企业在信息系统建设上进行相应的整合和升级。企业需要构建统一的信息平台，实现财务管理和业务活动信息的实时共享和交互，提高信息的准确性和时效性。这不仅可以消除信息孤岛现象，提高信息利用效率，还可以加强企业内外部的沟通和协作，推动企业的整体优化和发展。

（四）智慧财会生态系统的构建与完善

智慧财会生态系统的构建与完善是当前研究的又一重要课题。智慧财会生态系统是指由企业内部各个部门和环节以及外部环境因素共同构成的一个复杂系统，它涉及企业内部各个部门和环节之间的协同配合以及与外部环境因素的相互作用和影响。

智慧财会生态系统的构建需要企业建立开放、共享的合作机制。企业需要与供应商、客户、金融机构等外部合作伙伴建立紧密的合作关系，共同推动智慧财会生态系统的发展和完善。通过开放共享的合作机制，可以实现资源的优化配置和协同发展，提高企业的整体竞争力和创新能力。

智慧财会生态系统的完善需要企业加强内部各个部门和环节之间的协同配合。企业需要建立跨部门、跨职能的协同工作机制，推动财务管理与业务活动之间的深度融合和协同发展。通过加强内部协同配合，可以消除部门壁垒和职能划分带来的障碍，提高企业的整体运营效率和创新能力。

智慧财会生态系统的构建与完善需要企业关注外部环境因素的变化和影响。企业需要密切关注政策环境、市场环境等外部因素的变化趋势，及时调整和完善智慧财会生态系统的发展策略和方向。通过与外部环境因素的相互作用和影响，可以推动智慧财会生态系统的持续发展和完善，提高企业的适应能力和创新能力。

二、智能化技术应用

（一）人工智能技术在智慧财会中的应用与实践

随着科技的飞速发展，人工智能技术已逐渐渗透到各个行业领域，智慧财会便是其中之一。人工智能技术在智慧财会中的应用，不仅提高了财务管理的效率和准确性，更为企业带来了前所未有的决策支持。

1. 自动化数据处理与分析

传统的财务管理中，大量的数据需要人工进行录入、核对和分析，工作量大且容易出错。而人工智能技术的应用，可以通过自动化工具对财务数据进行快速、准确的处理和分析。例如，利用 OCR（光学字符识别）技术，可以自动识别并提取发票、合同等文档中的关键信息，大大减少了人工录入的工作量。

2. 智能化决策支持

人工智能技术中的机器学习和深度学习算法,可以对历史财务数据进行学习和分析,从而预测未来的财务趋势和变化。这种预测能力为企业提供了重要的决策支持。例如,在预算编制过程中,人工智能可以根据历史数据和业务变化趋势,智能生成预算方案,大大提高了预算编制的科学性和准确性。

3. 风险识别与防控

人工智能技术还可以应用于财务风险的识别和防控。通过对大量财务数据的分析,人工智能可以及时发现潜在的财务风险,如欺诈行为、坏账风险等,并采取相应的防控措施。这不仅可以降低企业的财务风险损失,还可以提高企业的风险管理水平。

(二)大数据技术在智慧财会中的应用与实践

大数据技术以其强大的数据处理和分析能力,为智慧财会提供了重要的技术支持。通过大数据技术,企业可以实时、准确地获取和处理海量的财务数据、业务数据和市场数据等,为财务管理带来了革命性的变化。

1. 实时数据处理与监控

大数据技术可以实时处理和分析大量的财务数据,使企业能够及时了解自身的财务状况和经营成果。同时,通过对财务数据的实时监控,企业可以及时发现异常情况和潜在风险,并采取相应的应对措施。这种实时性不仅提高了财务管理的效率,还增强了企业的风险防控能力。

2. 数据挖掘与价值发现

大数据技术中的数据挖掘技术,可以对海量的财务数据进行深入挖掘和分析,发现数据背后的规律和趋势。这些规律和趋势不仅可以帮助企业更好地了解市场和客户需求,还可以为企业的战略决策和风险管理提供有力支持。例如,通过对销售数据的挖掘和分析,企业可以发现不同产品、不同地区的销售规律和趋势,从而制定更加精准的市场营销策略。

3. 预测分析与决策支持

大数据技术还可以应用于预测分析和决策支持。通过对历史数据和当前数据的分析,大数据技术可以预测企业未来的财务状况和经营成果,并为企业提供相应的决策支持。这种预测能力不仅可以帮助企业制定更加科学、合理的发展战略和预算方案,还可以提高企业的市场竞争力和创新能力。

(三)云计算技术在智慧财会中的应用与实践

云计算技术以其灵活、高效的数据存储和计算平台特性,为智慧财会提供了强大的技术支持。通过云计算技术，企业可以实现财务数据的集中存储、共享和高效处理，大大提高了财务管理的效率和安全性。

1. 数据集中存储与共享

通过云计算技术，企业可以将财务数据和应用程序部署在云端，实现数据的集中存储和共享。这种集中存储方式不仅降低了企业的 IT 成本和维护难度；还提高了数据的可用性和安全性。同时，云端存储的数据可以随时随地进行访问和共享，大大增强了企业内外部的沟通和协作能力。

2. 弹性扩展与高效处理

云计算技术具有强大的弹性扩展能力，可以根据企业的实际需求灵活调整计算资源和存储资源。这种弹性扩展能力不仅可以应对企业不断增长的数据处理需求，还可以确保财务管理的顺畅运行。同时，云计算技术还可以提供高效的数据处理能力，使企业能够快速、准确地完成各种复杂的财务计算和分析任务。

3. 业务连续性与灾难恢复

云计算技术还可以提供业务连续性和灾难恢复能力。通过将财务数据和应用程序部署在云端，企业可以确保在发生自然灾害、设备故障等意外情况时，财务数据和业务能够迅速恢复并继续运行。这种业务连续性不仅保障了企业的正常运营，还提高了企业的风险应对能力。

三、流程优化与再造

（一）业务流程优化在智慧财会中的应用与实践

在智慧财会领域，业务流程优化是提升效率和效果的关键步骤。通过深入分析现有流程，引入自动化、智能化技术，以及强化部门协同，企业可以实现业务流程的精简、高效和透明，从而推动财务管理的全面升级。

1. 自动化与智能化技术的应用

在业务流程优化中，自动化与智能化技术发挥着核心作用。例如，通过 OCR 技术实现发票的自动识别与录入，大幅减少了人工处理的时间和错误率；利用智能算法对财务数据进行自动分析，为企业提供更准确的决策支持；同时，引入机器人流程自动化（RPA）技术，可以自动执行一系列重复性高、规则明确的任务，如自动对账、自动生成财务报表等，从而极大地提升了财务处理的效率。

2. 业务流程的梳理与重设计

在智慧财会中，企业需要对现有的业务流程进行全面的梳理和分析，找出冗余环节和瓶颈问题。在此基础上，通过流程重设计，优化流程的顺序、逻辑关系和处理方式，使流程更加简洁、高效。例如，将原本串行的审批流程改为并行处理，可以大幅缩短审批周期；通过整合多个相关流程，形成端到端的完整业务流程，可以提高整体的处理效率和质量。

3. 部门协同与信息共享

在优化业务流程时，还需要注重加强部门之间的协同和信息共享。通过打破信息孤岛和部门壁垒，实现数据的实时传递和共享，可以确保流程的顺畅执行。例如，建立跨部门的协同工作平台，实现财务、采购、销售等部门的实时数据交互和协同处理；引入共享服务中心模式，将分散在各部门的共性职能集中处理，提高资源的利用效率和协同效果。

（二）管理流程优化在智慧财会中的应用与实践

管理流程优化是智慧财会中不可忽视的一环。通过完善管理制度、优化管理流程、强化风险控制等措施，企业可以提升财务管理的规范性和安全性，为企业的稳健发展提供有力保障。

1. 内部控制制度的完善与执行

在智慧财会中，企业应建立一套完善的内部控制制度，包括财务审批、会计核算、内部审计等各个环节。通过明确岗位职责、规范操作流程、加强监督检查等措施，确保内部控制的有效执行。同时，借助信息化手段实现内部控制的自动化和智能化，如设置自动审批流程、实时监控财务状况等，它们可以大幅提高内部控制的效率和准确性。

2. 风险管理机制的建立与运行

在智慧财会中，风险管理是至关重要的一环。企业应建立全面、系统的风险管理机制，包括风险识别、评估、监控和应对等环节。通过引入先进的风险管理技术和方法，如大数据分析、人工智能预测等，实现对财务风险的实时监控和预警。同时，建立健全的风险应对预案和危机处理机制，确保在发生风险事件时能够及时、有效地应对。

3. 预算管理与成本控制的优化

预算管理和成本控制是财务管理的重要组成部分。在智慧财会中，企业应借助信息化手段实现预算管理的全面优化。通过建立科学的预算编制模型、实时监控预算执行情况、及时调整预算方案等措施，确保预算的合理性和有效性。同时，引入先进的成本控制技术和方法，如作业成本法、标准成本法等，实现对企业成本的精准控制和管理。

（三）持续改进与创新在智慧财会流程优化中的实践与展望

在智慧财会领域，持续改进与创新是推动流程优化的重要动力。随着市场环境的变化和企业业务的发展，原有的流程可能不再适应新的需求。因此，企业需要建立流程持续改进的机制和创新文化，不断推动财务管理的进步和发展。

1. 建立持续改进的机制

企业应定期对现有的业务流程和管理流程进行评估和审查，找出存在的问题和改进的空间。同时，鼓励员工积极参与流程改进活动，提出宝贵的意见和建议。通过持续改进的机制，企业可以不断优化现有的流程，提高财务管理的效率和效果。

2. 培育创新文化

创新是推动流程优化的重要动力。企业应积极培育创新文化，鼓励员工勇于尝试新事物、新方法。通过举办创新竞赛、设立创新奖励等措施，激发员工的创新意识和创新活力。同时，加强与外部机构的合作与交流，引入新的理念和技术成果，为企业的创新发展注入新的活力。

3. 展望未来的发展趋势

随着技术的不断进步和市场环境的变化，智慧财会将面临更多的发展机遇和挑战。未来企业应继续关注新技术、新理念的发展趋势，积极探索将其应用于流程优化的方法和途径。例如，利用区块链技术实现财务数据的分布式存储和共享；引入人工智能技术实现智能财务分析和预测等。通过不断的技术创新和管理创新，企业将实现财务管理的全面转型升级。

四、人才培养与团队建设

（一）智慧财会人才的选拔与引进

在智慧财会领域，人才的选拔与引进是构建高效团队的首要任务。企业需要明确自身的人才需求标准，通过多渠道、多方式吸引和选拔具备专业技能和创新能力的人才。

1. 明确人才需求标准

企业应根据智慧财会的发展目标和业务需求，制定详细的人才需求标准。这些标准应包括专业技能、创新能力、团队协作能力、市场洞察力等多个方面，确保选拔出的人才能够迅速融入团队并为企业创造价值。

2. 多渠道选拔人才

企业可以通过校园招聘、社会招聘、内部推荐等多种渠道选拔人才。校园招聘可以吸引具有潜力和创新精神的年轻人才；社会招聘可以引进具有丰富经验和专业技能的成熟人才；内部推荐则可以发掘企业内部的优秀人才，实现人才的合理流动和配置。

3. 注重人才的多元化和国际化

在选拔人才时，企业应注重人才的多元化和国际化发展。通过吸引具有不同背景和专长的人才加入团队，可以提高团队的综合素质和创新能力。同时，积极引进国际化人才，有助于企业拓展国际市场，参与国际竞争。

（二）智慧财会人才的培养与发展

人才培养与发展是智慧财会持续发展的关键。企业需要制定完善的培训计划和学习机制，为人才提供全面的成长支持。

1. 制定系统的培训计划

企业应根据人才的实际情况和需求，制定系统的培训计划。这些计划应包括专业知识培训、技术能力提升、职业素养培养等多个方面，确保人才能够全面提升自身的综合素质和能力水平。

2. 鼓励参与行业交流和学术研讨

企业应鼓励人才积极参与行业交流、学术研讨等活动，拓宽视野，增强专业素养和创新能力。通过参加行业会议、研讨会等活动，人才可以及时了解行业最新动态和前沿技术，为企业的创新发展提供有力支持。

3. 与高校和研究机构合作培养人才

企业可以与高校、研究机构等合作，共同培养智慧财会领域的专业人才。通过校企合作、产学研结合等方式，实现资源共享和优势互补，推动行业的人才储备和发展。这种合作模式有助于企业获得更多具有创新精神和实践能力的人才资源。

（三）智慧财会团队的协作与沟通

团队协作与沟通是智慧财会团队高效运转的重要保障。企业需要注重团队协作能力的培养和沟通机制的建立。

1. 建立良好的团队文化

企业应积极营造良好的团队文化氛围，强调团队协作、共享成果等核心价值观。通过举办团队建设活动、庆祝成功案例等方式，增强团队成员的归属感和凝聚力。

2. 促进信息共享和经验交流

企业应建立有效的信息共享和经验交流机制，促进团队成员之间的知识传递和经验分享。通过定期召开团队会议、使用协作工具等方式，确保团队成员能够及时获取所需信息并相互学习借鉴。

3. 鼓励团队成员参与决策和问题解决

企业应鼓励团队成员积极参与团队决策和问题解决过程，提高团队的执行力和创新能力。通过采用民主决策、集思广益等方式，激发团队成员的积极性和创造力，共同推动团队的发展。

（四）智慧财会人才的激励与留任

激励机制的建立和完善对于智慧财会人才的稳定和持续发展至关重要。企业需要关注员工的个性化需求和发展目标，为员工提供多样化的激励方式和职业发展路径选择。

1. 建立科学合理的薪酬体系

企业应根据员工的岗位职责、工作绩效等因素，建立科学合理的薪酬体系。通过设立基本工资、绩效奖金、福利待遇等组成部分，确保员工的付出与回报有效对等，激发员工的工作积极性和创造力。

2. 设立明确的绩效考核标准和奖惩制度

企业应设立明确的绩效考核标准和奖惩制度，对员工的工作表现进行客观评价并给予相应奖惩。通过设立年度优秀员工奖、创新成果奖等奖项，表彰优秀员工并激励其他员工向其看齐；同时对于表现不佳的员工给予适当的惩罚和辅导，促使其改进提升。

3. 关注员工的个性化需求和发展目标

企业需要关注员工的个性化需求和发展目标，为员工提供多样化的激励方式和职业发展路径选择。通过了解员工的兴趣爱好、职业规划等信息，为员工量身定制培训计划和发展方案；同时提供晋升机会、内部轮岗等职业发展路径选择，满足员工的成长需求并实现企业与员工的共同发展。

第三节 智慧财会的发展趋势

一、数字化与智能化深度融合

随着科技的进步，数字化与智能化已经成为智慧财会不可逆转的发展趋势。数字化强调将传统的财务数据和信息转换为计算机可处理和分析的形式，为智能化提供了坚实的数据基础；而智能化则通过先进的算法和模型对数据进行深度挖掘和应用，实现财务决策的智能化和自动化。

（一）数字化基础设施建设

在智慧财会领域，数字化基础设施的建设是实现智能化的前提条件。这包括建立健全的数据采集、存储、处理和分析系统，实现财务数据的实时获取和高效处理。同时，还需要构建稳定可靠的网络通信设施，确保数据的安全传输和共享。此外，随着云计算技术的发展，越来越多的企业将财务数据迁移到云端进行处理和存储，大大提高了财务工作的灵活性和效率。

（二）智能化技术应用

在智慧财会中，智能化技术的应用正逐渐改变传统的财务工作模式。例如，通过机器学习和自然语言处理技术，企业可以实现自动化的账务处理和智能问答系统，降低人工成本并提高工作效率；通过大数据分析技术，企业可以实时洞察市场动态和业务趋势，为决策层提供有力的数据支持；通过智能风控模型，企业可以精准识别潜在的财务风险并提前进行干预，保障企业的资金安全。

二、业财融合与财务共享

在智慧财会的发展趋势中，业财融合与财务共享成为企业财务转型的重要方向。通过将业务与财务紧密融合，企业可打破传统的组织壁垒，实现信息的共享和资源的优化配置，推动企业财务管理的创新升级。

（一）业务模式创新

随着市场竞争的加剧和企业规模的扩大，传统的业务模式已经无法满足企业持续发展的需要。因此，越来越多的企业开始尝试通过业财融合来创新业务模式，提升市场竞争力。例如，通过建立以客户为中心的财务管理体系，实现业务与财务的无缝对接，提高客户满意度和忠诚度；通过推行财务共享服务模式，将分散在各地的财务资源整合到一起进行集中管理和共享使用，降低运营成本并提高管理效率。

（二）组织架构调整

为了适应业财融合与财务共享的发展趋势，企业还需要对传统的组织架构进行调整优化。一方面需要打破部门间的壁垒和隔阂，促进不同部门之间的沟通和协作；另一方面需要建立灵活高效的组织架构和管理体系，支持企业在快速变化的市场环境中做出及时的反应和调整。

三、风险管理与内部控制智能化

随着企业面临的风险日益复杂多样，风险管理和内部控制在智慧财会中的地位也日益凸显。通过运用先进的技术和工具实现风险管理和内部控制的智能化升级已经成为企业发展的必然选择。

（一）风险评估方法

在智慧财会领域，风险评估方法正逐渐由传统的主观判断和经验积累向数据驱动和模型分析转变。通过收集和处理大量的企业内部和外部数据，结合先进的数据分析技术和模型算法，企业可以更加准确全面地识别出潜在的风险点和影响因素，为制定针对性的风险管理策略提供有力的支持。

（二）内部控制流程

内部控制是企业管理的重要组成部分，也是保障企业资产安全和业务稳定运行的关键环节。在智慧财会背景下，企业需要运用先进的技术和工具对传统的内部控制流程进行优化升级。例如，通过建立智能化的审批系统和权限管理机制，实现业务流程的自动化和规范化；通过运用大数据分析和挖掘技术对企业的经营数据进行实时监控和分析预警，及时发现潜在的问题并进行干预处理。

四、全球化与标准化协同发展

在全球经济一体化的背景下，企业的财务管理也面临着全球化和标准化的挑战。如何在跨国经营中有效遵循国际会计准则和惯例、应对不同国家地区的法律法规和文化差异等问题成为企业财务管理的重要课题。

（一）国际会计准则的应用

国际会计准则作为全球通用的会计语言，为企业跨国经营提供了统一的标准和平台。然而，由于各国法律法规和文化差异的存在，企业在应用国际会计准则时还需要考虑如何结合当地实际情况进行灵活调整。同时，随着国际会计准则的不断更新和完善，企业也需要及时跟进并保持与国际接轨。

（二）跨国企业财务管理的挑战

跨国企业的财务管理不但受到多个国家和地区的经济环境、法律法规和文化背景等因素的影响，也面临着诸多挑战。例如，不同国家地区间的税率差异可能导致企业面临税务筹划和避税的问题；货币汇率的波动可能影响企业的跨国投融资决策和风险管理；文化差异则可能导致企业在跨国经营中遇到沟通和协调的难题等。为了应对这些挑战，企业需要建立全球化的财务管理体系和团队，提高跨国经营的能力和水平。

五、智慧财会生态系统的构建与完善

智慧财会生态系统的构建与完善是实现智慧财会持续发展的重要保障。政策环境、市场环境和技术环境等多方面因素共同影响着智慧财会生态系统的形成和发展。

（一）政策环境

政府对智慧财会的政策支持对于其发展至关重要。通过出台相关政策法规和标准规范，引导企业加大数字化转型和创新发展的力度；通过设立专项资金和项目支持企业开展智能化技术研发和应用；通过加强与国际组织的合作和交流推广先进的财务管理理念和方法等，都是政府在政策层面为智慧财会发展提供的有力支持。

（二）市场环境

市场环境的变化对智慧财会的发展产生着深刻的影响。随着市场竞争加剧和客户需求多样化的发展趋势，企业需要不断调整自身的市场定位和发展策略以适应市场的变化。同时还需要关注行业动态和竞争对手的动态，及时获取市场信息和客户反馈，为制定针对性的竞争策略提供有力的支持。

（三）技术环境

技术创新是推动智慧财会发展的关键动力之一。随着云计算、大数据、人工智能等新一代信息技术的不断发展和成熟应用，为智慧财会的发展提供了更加广阔的空间和可能。然而技术更新换代速度极快也要求企业需要不断跟进最新的技术趋势和应用成果，并积极探索适合自身发展的技术路径和实施方案。

第三章　经济管理方法的理论框架

第一节　经济管理方法的分类与特点

一、经济管理方法的分类

经济管理方法是指为实现经济目标而采取的一系列组织、计划、协调、控制和监督等活动的总称。根据不同的管理手段和实施方式，经济管理方法可以分为行政管理方法、法律管理方法、经济手段管理方法和社会心理方法四大类。

（一）行政管理方法

行政管理方法是指国家行政机关通过行政手段，依法对经济活动进行直接干预和管理的方法。行政管理方法具有权威性和强制性，其特点主要表现为以下几个方面：

权威性：行政管理方法以国家行政机关的权威为基础，通过行政命令、指示、决定等方式，对经济活动进行直接干预和管理。这种权威性使得行政管理方法具有强大的执行力和约束力。

强制性：行政管理方法通常以法律法规为依据，对经济活动进行强制性的规范和管理。对于违反行政管理规定的行为，国家行政机关可以依法进行处罚，以确保经济活动的有序进行。

直接性：行政管理方法直接作用于经济活动主体，通过行政手段对经济活动进行直接干预和管理，以实现经济目标。

（二）法律管理方法

法律管理方法是指国家通过制定和实施法律法规，对经济活动进行规范和管理的方法。法律管理方法具有规范性和稳定性，其特点主要表现为以下几个方面：

规范性：法律管理方法以法律法规为依据，对经济活动的各个方面进行规范和管理。这种规范性使得经济活动主体在从事经济活动时必须遵守法律法规的规定，否则将承担相应的法律责任。

稳定性：法律法规一旦制定并公布实施，就具有相对的稳定性。这种稳定性使得法律管理方法能够在一定时期内保持对经济活动的有效规范和管理，为经济活动的有序进行提供法律保障。

普遍性：法律管理方法适用于所有经济活动主体，无论是个人、企业还是政府机构，都必须遵守相同的法律法规。这种普遍性体现了法律面前人人平等的原则。

（三）经济手段管理方法

经济手段管理方法是指国家通过运用经济杠杆，如价格、税收、信贷等，对经济活动进行间接调节和管理的方法。经济手段管理方法具有灵活性和激励性，其特点主要表现为以下几个方面。

灵活性：经济手段管理方法可以根据市场供求状况和经济形势的变化，灵活调整经济杠杆的运用方式和力度，以实现对经济活动的有效调节和管理。这种灵活性使得经济手段管理方法能够更好地适应复杂多变的市场环境。

激励性：经济手段管理方法通过运用经济杠杆，对经济活动主体产生激励作用。例如，通过降低税率、提供信贷支持等方式，鼓励企业扩大投资、创新技术、提高生产效率等。这种激励性有助于激发经济活动主体的积极性和创造力，推动经济的持续健康发展。

（四）社会心理方法

社会心理方法是指通过运用社会学、心理学等学科的原理和方法，对经济活动主体的心理和行为进行引导和管理的方法。社会心理方法具有引导性和潜移默化性，其特点主要表现为以下几个方面。

引导性：社会心理方法通过传播正确的价值观念、社会规范和行为准则等方式，引导经济活动主体树立正确的经济观念和行为习惯。这种引导性有助于形成健康、理性的经济氛围和社会环境。

潜移默化性：社会心理方法通常通过文化、教育、舆论等途径，潜移默化地影响经济活动主体的心理和行为。这种潜移默化性使得社会心理方法能够在不知不觉中改变人们的经济观念和行为方式，为经济活动的有序进行提供文化支撑和社会基础。

二、各类经济管理方法的特点

各类经济管理方法具有不同的特点，这些特点决定了它们在经济管理中的不同作用和适用范围。

（一）行政方法的权威性与强制性

行政方法以国家行政机关的权威为基础，通过行政命令、指示、决定等方式对经济活动进行直接干预和管理。这种权威性使得行政方法具有强大的执行力和约束力，能够确保经济活动的有序进行。同时，行政方法通常以法律法规为依据，对经济活动进行强制性的规范和管理，对于违反行政管理规定的行为可以依法进行处罚。这种强制性有助于维护经济秩序和保障公共利益。

然而，行政方法的权威性和强制性也可能带来一些负面影响。例如，过度依赖行政方法可能导致市场机制被扭曲、资源配置效率降低等问题。因此，在运用行政方法时需要谨慎权衡其利弊，确保其在经济管理中的合理性和有效性。

（二）法律方法的规范性与稳定性

法律方法以法律法规为依据，对经济活动的各个方面进行规范和管理。这种规范性使得经济活动主体在从事经济活动时必须遵守法律法规的规定，否则将承担相应的法律责任。同时，法律法规一旦制定并公布实施就具有相对的稳定性，能够在一定时期内保持对经济活动的有效规范和管理。这种稳定性有助于为经济活动的有序进行提供法律保障。

但是，法律方法的规范性和稳定性也可能导致一定的僵化和滞后性。例如，随着市场环境的变化和技术的发展，原有的法律法规可能无法适应新的经济形势和管理需求。因此，在运用法律方法时需要关注市场动态和技术发展趋势，及时对法律法规进行修订和完善。

（三）经济手段方法的灵活性与激励性

经济手段方法通过运用经济杠杆对经济活动进行间接调节和管理，具有灵活性和激励性。灵活性使得经济手段方法能够更好地适应复杂多变的市场环境；激励性则有助于激发经济活动主体的积极性和创造力。例如，通过调整税率、提供信贷支持等方式可以鼓励企业扩大投资、创新技术、提高生产效率等；通过调整汇率可以影响进出口贸易和国际资本流动等。这些经济手段的运用有助于实现经济目标并推动经济的持续健康发展。

然而，经济手段方法的灵活性和激励性也可能带来一定的风险和挑战。例如，过度运用经济杠杆可能导致市场失衡、金融风险等问题。因此，在运用经济手段方法时需要谨慎权衡其利弊和风险收益比，确保其在经济管理中的合理性和有效性。

（四）社会心理方法的引导性与潜移默化性

社会心理方法通过运用社会学、心理学等学科的原理和方法对经济活动主体的心理和行为进行引导和管理，具有引导性和潜移默化性。引导性有助于形成健康、理性的经济氛围和社会环境；潜移默化性则使得社会心理方法能够在不知不觉中改变人们的经济观念和行为方式。这些特点使得社会心理方法在经济管理中具有独特的作用和价值。

但是，社会心理方法的引导性和潜移默化性也可能受到文化差异、社会变迁等因素的影响而产生不同的效果。因此，在运用社会心理方法时需要关注文化差异和社会变迁等因素的影响，制定针对性的管理策略以确保其有效性。同时，还需要与其他经济管理方法相结合，形成综合性的管理体系以更好地实现经济目标。

第二节　经济管理方法的理论基础

一、经济学理论

经济学理论为经济管理方法提供了基础性的分析框架和指导原则。微观经济学与宏观经济学作为经济学的两大分支，分别从个体经济单位和整体经济运行的角度，阐述了经济管理的基本原理和方法。

（一）微观经济学与宏观经济学的基本原理

微观经济学研究个体经济单位（如消费者、企业等）的经济行为，以及这些行为如何受市场价格机制的影响。它关注资源的配置、供需关系、市场竞争等问题，并通过价格机制、供求机制等原理来解释和指导经济活动的进行。宏观经济学则研究整体经济的运行状况，包括国民收入、就业、通货膨胀、经济增长等问题。它关注总供给与总需求之间的平衡，以及政府如何通过货币政策、财政政策等手段来调控经济运行。

（二）市场机制与政府干预的理论依据

市场机制是微观经济学中的核心概念，它强调通过市场供求关系和价格变动来自动调节经济活动，实现资源的优化配置。然而，市场机制并非万能，市场失灵现象（如信息不对称、外部性、公共品等）的存在使得政府干预成为必要。政府干预的理论依据主要包括公共利益理论、市场失灵理论和政府优势理论等，它们为政府在经济管理中发挥作用提供了理论支撑。

二、管理学理论

管理学理论是研究管理活动的基本规律和方法的科学，它为经济管理方法提供了丰富的理论资源和实践经验。科学管理理论、行为管理理论和现代管理理论是管理学发展的三个重要阶段。

（一）科学管理理论

科学管理理论强调通过标准化、制度化和专业化的管理手段来提高生产效率。它主张对工作进行细致的分析，制定科学的工作方法和流程，并对工人进行严格的培训和监督。科学管理理论为经济管理提供了效率优先、标准化管理等重要思想和方法。

（二）行为管理理论

行为管理理论关注员工在工作中的行为和心理状态，强调通过满足员工的需求、激发员工的动机，并改善员工的工作环境以提高工作效率。它认为员工是组织最重要的资源，应该得到充分的重视和关怀。行为管理理论为经济管理提供了人本管理、激励机制等重要理念和方法。

（三）现代管理理论的发展与应用

现代管理理论在继承和发展科学管理理论和行为管理理论的基础上，进一步强调了系统管理、战略管理、创新管理等新的理念和方法。它关注组织的整体效能和长期发展，注重内外部环境的分析和适应，以及创新能力的提升。现代管理理论为经济管理提供了更为全面和深入的理论支持和实践指导。

三、决策理论

决策理论是研究决策过程、决策方法和决策效果的科学，它为经济管理中的决策活动提供了重要的理论支撑和方法指导。

（一）决策过程与决策模型

决策过程包括问题识别、信息收集、方案制定、方案评估和选择等阶段。决策模型是对决策过程进行抽象和简化的工具，它可以帮助决策者更好地理解决策问题、分析决策环境、制定决策方案。常见的决策模型包括理性决策模型、有限理性决策模型、渐进决策模型等。

（二）不确定性条件下的决策方法

在经济管理活动中，决策者常常面临不确定性条件，如市场风险、技术风险、政策风险等。不确定性条件下的决策方法主要包括风险决策方法、不确定性决策方法和多目标决策方法等。这些方法通过概率分析、敏感性分析、期望值计算等手段，帮助决策者在不确定性条件下做出科学、合理的决策。

四、系统理论

系统理论是研究系统的结构、功能、演化和控制等问题的科学，它为经济管理方法提供了系统思维和方法论指导。

（一）系统的基本概念与特征

系统是由相互联系、相互作用的若干要素组成的具有特定功能的有机整体。系统具有整体性、层次性、动态性、开放性等基本特征。这些特征要求我们在经济管理中树立全局观念、注重整体优化、关注动态变化、加强与外界环境的交流与合作。

（二）系统方法在经济管理中的应用

系统方法在经济管理中的应用主要包括系统分析、系统设计、系统实施和系统评价等环节。系统分析是对经济管理问题进行全面、深入的分析，找出问题的症结所在；系统设计是针对问题制定解决方案的过程，包括目标设定、方案制定、资源配置等；系统实施是将设计方案付诸实践的过程，包括组织实施、协调控制等；系统评价是对实施效果进行评估和反馈的过程，以便及时发现问题并进行改进。通过运用系统方法，我们可以更加全面、深入地理解经济管理问题，制定更加科学、合理的解决方案，提高经济管理的效能和水平。

第三节 经济管理方法的创新与发展

一、经济管理方法创新的动力与背景

随着全球化与信息化的深入发展，经济管理面临着前所未有的挑战和机遇。传统的经济管理方法在某些方面已经难以适应新的经济形态和管理需求，因此，经济管理方法的创新与发展成为必然趋势。

（一）全球化与信息化对经济管理方法的影响

1.全球化背景下的经济管理新挑战

国际市场竞争的加剧：随着全球化的推进，企业不仅面临国内竞争，还要与国际巨头争夺市场份额。这要求经济管理方法能够更精准地分析国际市场动态，制定有效的国际竞争策略。

跨文化管理的需求：全球化使得企业团队更加多元化，不同文化背景的员工在一起工作，需要经济管理方法具备跨文化管理的能力，以促进团队协作和沟通。

全球资源配置的复杂性：全球化使得资源可以在全球范围内流动和配置，但同时也增加了资源配置的复杂性。经济管理方法需要更高效地整合全球资源，优化供应链和价值链。

2.信息化对经济管理方法的深刻影响

信息传递和处理方式的变革：信息化技术如大数据、云计算等改变了传统的信息传递和处理方式，使得经济管理可以更加实时、准确地获取和分析数据。

管理效率的提升与新要求：信息化提高了管理效率，但也对经济管理方法提出了新的挑战，如怎样确保数据的准确性和完整性，如何保护信息安全等。

决策支持系统的建立：信息化使得建立基于数据的决策支持系统成为可能，这要求经济管理方法能够充分利用这些系统，为决策提供科学依据。

（二）知识经济时代的管理挑战

1.知识作为核心生产要素的重要性

知识密集型产业的崛起：随着知识经济的到来，高新技术产业、文化创意产业等知识密集型产业迅速崛起，成为经济增长的重要引擎。

知识创造与创新的推动：知识经济的核心是知识的创造和创新。经济管理方法需要激发企业和个人的创新活力，推动知识的持续创造和应用。

2.知识管理在经济管理中的关键作用

知识产权保护的重要性：随着知识价值的日益凸显，知识产权保护成为经济管理的重要任务。经济管理方法需要建立健全的知识产权保护体系，鼓励创新和知识分享。

知识共享与协同创新的机制：知识管理强调知识的共享和协同创新。经济管理方法需要建立有效的知识共享机制，促进不同领域和行业之间的知识交流和合作。

3.促进知识经济发展的政策与策略

创新驱动发展战略的实施：政府和企业需要制定并实施创新驱动发展战略，通过政策引导和市场机制推动知识经济的发展。

教育与人才培养的投入：知识经济的发展离不开人才的支持。经济管理方法需要加大对教育和人才培养的投入，培养具备创新精神和知识管理能力的高素质人才。

二、经济管理方法创新的内容与方向

面对新的经济形态和管理需求，经济管理方法的创新主要体现在以下几个方面。

（一）柔性管理方法的兴起

1. 柔性管理的核心理念

柔性管理强调以人为本，尊重员工的个性和需求，注重激发员工的积极性和创造力。该理论认为员工是企业最重要的资源，只有充分发挥员工的潜能，企业才能在激烈的市场竞争中立于不败之地。

2. 柔性管理与传统刚性管理的比较

传统刚性管理以规章制度为中心，强调服从和纪律，而柔性管理则更加注重员工的心理需求和行为特点。柔性管理通过灵活多样的管理手段来适应复杂多变的市场环境，强调团队合作和共同目标，有利于形成和谐的企业文化。

3. 柔性管理的实践应用

柔性管理在实践中强调员工的参与和决策，鼓励员工提出自己的意见和建议。同时，柔性管理也注重员工的培训和发展，提供多样化的职业发展路径和晋升机会。这些做法都有利于提高员工的满意度和忠诚度，增强企业的凝聚力和竞争力。

（二）网络化管理方法的探索

1. 网络化管理的概念及特点

网络化管理是借助现代信息技术手段，将分散的资源和管理要素连接成一个有机整体，实现资源共享、协同工作和高效管理。它强调扁平化组织结构、去中心化决策和自组运行机制，有利于提高管理效率和应对复杂问题的能力。

2. 网络化管理的实践应用

在实践中，网络化管理方法被广泛应用于企业、政府和社会组织等各个领域。例如，企业可以通过建立内部网络平台，实现信息共享和协同工作；政府可以通过建立电子政务平台，提高服务效率和质量；社会组织可以通过建立社交网络，加强成员之间的联系和合作。

3. 网络化管理的挑战与对策

虽然网络化管理具有诸多优势，但也面临着一些挑战，如信息安全问题、网络依赖症等。为了应对这些挑战，需要采取一系列对策，如加强信息安全保护、建立网络使用规范等。

（三）基于大数据与人工智能的管理方法创新

1. 大数据与人工智能在经济管理中的应用

随着大数据和人工智能技术的不断发展，它们在经济管理中的应用也越来越广泛。基于大数据的分析和挖掘，可以更加准确地把握市场动态和消费者需求，为决策提供有力支持；人工智能技术则可以模拟人类智能进行自主学习和决策，提高管理的智能化水平。

2. 基于大数据与人工智能的管理方法创新实践

在实践中，基于大数据与人工智能的管理方法创新已经取得了显著成效。例如，一些企业利用大数据分析技术优化供应链管理，提高库存周转率和客户满意度；一些金融机构利用人工智能技术进行风险评估和信用评级，提高贷款审批效率和准确性。

3. 基于大数据与人工智能的管理方法创新面临的挑战与对策

虽然基于大数据与人工智能的管理方法创新具有广阔的应用前景，但也面临着一些挑战，如数据安全问题、算法透明度问题等。为了应对这些挑战，需要采取一系列对策，如加强数据保护、建立算法监管机制等。同时，还需要加强人才培养和技术创新，推动基于大数据与人工智能的管理方法创新不断向前发展。

三、经济管理方法创新的实践与应用

经济管理方法创新的最终目的是为了更好地指导实践和应用。以下是几个方面的具体实践和应用。

（一）企业管理模式的变革

1. 从层级制到扁平化、网络化的转变

传统企业管理模式往往采用层级制，决策权集中在高层，而基层员工则缺乏自主权和决策参与。然而，随着市场竞争的加剧和消费者需求的多样化，这种模式已经难以适应快速变化的市场环境。因此，越来越多的企业开始尝试将组织结构扁平化、网络化，赋予基层员工更多的自主权和决策参与，以提高市场适应能力和竞争力。

2. 大数据、人工智能等技术在企业管理中的应用

随着大数据、人工智能等技术的不断发展，它们在企业管理中的应用也越来越广泛。例如，企业可以利用大数据技术对海量数据进行分析和挖掘，发现市场趋势和消费者需求，为产品研发、市场营销等提供有力支持；同时，也可以利用人工智能技术优化生产流程、提高生产效率和质量。这些技术的应用不仅提高了企业的管理效率和智能化水平，也为企业带来了更多的商业机会和竞争优势。

3. 强调团队合作、快速响应和持续创新

新的管理模式强调团队合作、快速响应和持续创新。企业鼓励员工跨部门、跨岗位进行协作，共同解决问题和完成任务；同时，也要求员工具备快速响应市场变化的能力，及时调整工作策略和方法。此外，持续创新也成为企业管理的重要目标之一，企业鼓励员工提出创新性的想法和建议，为企业的持续发展提供源源不断的动力。

（二）政府治理能力的提升

1. 运用大数据和人工智能技术提高决策科学性

政府在经济管理中扮演着重要角色。为了更好地履行职能、提高治理效率和质量，政府需要不断运用新的技术手段来提升治理能力。例如，通过运用大数据和人工智能技术，政府可以更加准确地把握经济运行状况和社会发展趋势，为政策制定提供科学依据；同时，也可以对政策执行效果进行实时监测和评估，及时发现问题并进行调整。

2. 实现资源共享和协同工作提高服务效率和质量

网络化管理方法为政府实现资源共享和协同工作提供了有力支持。通过建立统一的

电子政务平台或数据中心，政府可以实现各部门之间的信息共享和协同工作；同时，也可以利用社交媒体等渠道加强与公众的互动和沟通，及时了解公众需求并作出响应。这些做法都有利于提高政府的服务效率和质量，提升公众对政府的满意度和信任度。

（三）跨国公司的管理策略调整

1. 应用柔性管理、网络化管理等先进方法提高跨国协作能力

跨国公司是全球经济中的重要力量。面对复杂多变的国际环境和市场竞争，跨国公司需要不断调整和优化管理策略以适应新的形势。一些跨国公司已经开始尝试将柔性管理、网络化管理等先进方法应用于全球业务管理中，以提高跨国协作和市场响应能力。例如，通过建立全球性的网络平台或数据中心，实现全球范围内的信息共享和协同工作；同时，也注重培养员工的跨文化沟通能力和国际视野，以适应不同国家和地区的文化差异和市场需求。

2. 利用大数据和人工智能等技术手段优化供应链管理、风险管理等工作

除了应用先进的管理方法外，跨国公司还积极利用大数据和人工智能等技术手段来优化供应链管理、风险管理等方面的工作。例如，通过运用大数据技术对全球供应链进行实时监测和分析，发现潜在的风险和问题并及时进行干预；同时，也可以利用人工智能技术对复杂的国际环境进行模拟和预测，为企业的战略决策提供有力支持。这些做法都有利于提升跨国公司的全球竞争力。

第四章　智慧财会的技术支持

第一节　智慧财会的信息技术基础

一、云计算技术在智慧财会中的应用

（一）云计算技术的定义与特点

云计算技术是一种基于互联网的计算方式，通过网络将大量的计算资源、存储资源和应用程序进行集中管理和调度，以按需服务的方式提供给用户。云计算技术具有弹性可扩展性、高可用性、按需付费等特点，能够有效地降低企业的 IT 成本，提高资源利用率。

在智慧财会领域，云计算技术的应用带来了显著的变化。首先，云计算技术实现了财会数据的集中存储和共享，使得财会人员可以随时随地访问和处理数据。其次，云计算技术提供了强大的计算能力和高效的数据处理速度，能够满足财会领域对大数据处理和分析的需求。最后，云计算技术的按需付费模式使得企业可以根据实际需求灵活调整资源使用量，降低了成本。

（二）云计算技术在智慧财会中的具体应用

1. 灵活的资源分配

在智慧财会中，云计算技术可以根据企业的实际需求动态分配计算资源。当企业需要处理大量数据时，云计算技术可以自动增加计算资源，确保数据处理的高效性；当企业需求较少时，云计算技术可以自动减少计算资源，降低成本。这种灵活的资源分配方式使得企业能够更好地应对业务波动，提高资源利用率。

2. 数据存储与共享

云计算技术提供了可扩展、高可用的数据存储解决方案。通过云存储服务，企业可以将财会数据集中存储在云端，实现数据的统一管理和共享。财会人员可以通过云端访问数据，无需担心数据丢失或损坏的问题。同时，云存储服务还支持多人协同工作，提高了团队协作的效率。

3. 安全性保障

云计算技术在智慧财会中的应用还体现在安全性保障方面。云服务提供商通常具有专业的安全团队和先进的技术手段，能够确保云端数据的安全性。此外，云计算技术还支持数据加密、访问控制等安全措施，进一步保障了财会数据的安全性。

二、大数据技术在智慧财会中的应用

（一）大数据技术的定义与特点

大数据技术是指通过特定技术处理难以用常规手段管理和处理的数据集。大数据技术具有数据量大、类型多样、处理速度快等特点。在智慧财会领域，大数据技术可以帮助企业更好地处理和分析海量数据，挖掘数据中的价值信息。

（二）大数据技术在智慧财会中的具体应用

1. 海量数据处理

在智慧财会中，大数据技术可以高效地处理和分析大量财会数据。通过数据挖掘和机器学习等技术手段，大数据技术可以对海量数据进行清洗、整合和转换，提取出有价值的信息。这些信息可以为企业决策提供支持，帮助企业更好地了解市场状况和业务运营情况。

2. 风险识别与预测

大数据技术还可以应用于风险识别与预测方面。通过对历史数据的分析和挖掘，大数据技术可以发现潜在的风险因素，并预测其可能对企业造成的影响。这有助于企业及时采取措施应对风险，保障业务稳定运营。

3. 决策支持

大数据技术在智慧财会中的应用还体现在决策支持方面。通过对海量数据的分析和挖掘，大数据技术可以为企业提供科学、准确的决策依据。这有助于企业制定更加合理、有效的战略计划，提高市场竞争力。

三、移动互联网技术在智慧财会中的应用

（一）移动互联网技术的定义与特点

移动互联网技术是指将互联网技术与移动通信技术相结合的一种新型技术。它具有移动性、实时性、便捷性等特点。在智慧财会领域，移动互联网技术的应用使得财会人员可以随时随地处理数据、查询信息和进行沟通交流。

（二）移动互联网技术在智慧财会中的具体应用

1. 实时数据访问与处理

通过移动互联网技术，财会人员可以实时访问和处理数据。无论身处何地，只要有网络连接，财会人员就可以随时查看财务报表、审批流程等信息。这大大提高了工作效率和灵活性。

2. 移动办公与协同工作

移动互联网技术还支持移动办公和协同工作。财会人员可以通过手机或平板电脑等移动设备随时随地处理工作事务，无需受时间和地点的限制。同时，移动互联网技术还支持多人在线协同工作，提高了团队协作的效率。

3. 安全性保障与身份认证

在智慧财会中，移动互联网技术的应用还注重安全性保障和身份认证。通过采用先进的加密技术和身份验证机制，确保数据传输的安全性和用户身份的真实性。这有助于防止数据泄露和非法访问等安全问题。

第二节 数据分析与挖掘在智慧财会中的应用

一、数据分析在智慧财会中的应用

（一）数据分析的基本概念与重要性

数据分析是指通过统计学、计算机科学等方法对大量数据进行处理、分析和解释，以提取有用信息和形成结论的过程。在智慧财会领域，数据分析的应用至关重要。它可以帮助财会人员更好地理解企业财务状况，发现潜在问题，并为企业决策提供科学依据。

随着企业规模的扩大和业务的复杂化，财会数据呈现出爆炸性增长的趋势。传统的数据处理方法已经无法满足现代企业的需求。数据分析技术的引入，使得财会人员能够更加高效、准确地处理和分析数据，从而为企业创造更大的价值。

（二）数据分析在智慧财会中的具体应用

1. 财务报表分析

财务报表是企业财务状况的重要体现，包括资产负债表、利润表和现金流量表等。通过数据分析技术，财会人员可以对财务报表进行深度解读，发现企业财务状况的趋势和规律。例如，通过对历年财务报表的分析，可以了解企业的盈利能力、偿债能力和运营效率等方面的变化情况，为企业决策提供支持。

2. 成本分析与控制

成本分析是企业管理的重要环节之一。通过数据分析技术，财会人员可以对产品成本进行细致的分析和核算，找出成本控制的关键点。这有助于企业降低生产成本、提高资源利用率和增强市场竞争力。同时，数据分析还可以帮助企业预测未来成本的变化趋势，为成本预算和决策提供科学依据。

3. 预算管理

预算管理是企业财务管理的重要组成部分。通过数据分析技术，财会人员可以对预算执行情况进行实时监控和分析，及时发现预算执行过程中的偏差和问题。这有助于企业及时调整预算方案、优化资源配置和提高预算执行的准确性及有效性。

二、数据挖掘在智慧财会中的应用

（一）数据挖掘的基本概念与重要性

数据挖掘是指从大量数据中提取出隐含的、未知的、有潜在价值的信息的过程。在智慧财会领域，数据挖掘的应用具有重要意义。它可以帮助财会人员发现数据中的模式、趋势和关联规则等有价值的信息，为企业决策提供更加准确、全面的支持。

随着大数据时代的到来，企业面临着海量的数据资源。这些数据中蕴含着丰富的信息和价值，但传统的数据处理方法往往无法充分发掘这些价值。数据挖掘技术的引入，使得财会人员能够更加深入地挖掘数据中的潜在价值，为企业创造更大的竞争优势。

（二）数据挖掘在智慧财会中的具体应用

1. 风险识别与预测

在智慧财会中，数据挖掘技术可以应用于风险识别与预测方面。通过对历史数据的挖掘和分析，可以发现潜在的风险因素和风险事件，并预测其可能对企业造成的影响。这有助于企业及时采取措施应对风险、降低损失并保障业务稳定运营。例如，利用数据挖掘技术对客户的信用记录、交易行为等进行分析，可以预测客户违约的风险，从而为企业制定更加合理的信用政策提供依据。

2. 客户关系管理

数据挖掘技术在客户关系管理方面也发挥着重要作用。通过对客户数据的挖掘和分析，可以了解客户的消费习惯、偏好和需求等信息。这有助于企业制定更加精准的营销策略、优化产品设计和提高客户满意度。同时，数据挖掘还可以帮助企业发现潜在的客户群体和市场机会，为企业拓展市场提供支持。

3. 决策支持系统

数据挖掘技术还可以应用于决策支持系统中。通过对海量数据的挖掘和分析，可以为企业提供更加科学、准确的决策依据。例如，在投资决策过程中，利用数据挖掘技术对投资项目进行评估和预测，可以帮助企业选择更加优质的投资项目并降低投资风险。同时，在产品研发、市场定位等方面也可以利用数据挖掘技术为企业提供决策支持。

第三节　人工智能与智慧财会的融合

一、人工智能在智慧财会中的应用概述

（一）人工智能的基本概念与发展

人工智能，简称 AI，是计算机科学的一个分支，旨在研究、开发能够模拟、延伸和扩展人类智能的理论、方法、技术及应用系统。它结合了数学、计算机科学、心理学等多学科的理论，通过让计算机模拟人类的思考和行为过程，实现自主学习、推理、感知、理解等复杂功能。

自 20 世纪 50 年代人工智能概念提出以来，AI 经历了从符号主义到连接主义，再到深度学习的多次发展浪潮。特别是近年来，随着大数据、云计算等技术的快速发展，人工智能在算力、算法和数据三方面得到了有力支撑，其在语音识别、图像识别、自然语言处理等领域取得了显著进展。

在财会领域，人工智能的应用正逐渐改变着传统的工作模式。通过自动化处理、智能分析和决策支持等功能，AI 不仅提高了财会工作的效率和准确性，还为企业的战略决策提供了有力支持。

（二）人工智能在智慧财会中的应用价值

1.提高工作效率

自动化处理：AI 可以通过学习和模拟人类的财会处理流程，实现发票的自动识别、账务的自动录入、报表的自动生成等功能的自动化，从而大大减少人工操作的时间和成本。

智能审核：利用自然语言处理和机器学习技术，AI 可以自动审核合同、发票等文档，识别其中的关键信息，并与企业的财务系统进行比对，确保数据的准确性和合规性。

2.提升数据准确性

数据清洗和校验：AI 能够自动识别和纠正数据中的错误和异常值，如重复的发票、

错误的金额等，从而提高数据的质量和可靠性。

预测分析：基于历史数据和机器学习算法，AI可以对企业的财务状况进行预测和分析，帮助企业提前发现潜在的问题和机会。

3.强化风险防控

欺诈检测：通过监测和分析企业的财务交易数据，AI可以及时发现异常交易和欺诈行为，如虚假发票、洗钱等，从而保护企业的资产安全。

合规性检查：AI可以自动检查企业的财务活动是否符合相关的法律法规和行业标准，帮助企业避免因违规操作而面临的风险和损失。

4.优化决策支持

市场分析：AI可以收集和分析大量的市场数据，帮助企业了解市场趋势、竞争对手和客户需求等信息，为企业的市场策略提供科学依据。

预算管理：通过模拟和分析不同的预算方案对企业的影响，AI可以帮助企业制定出更加合理和有效的预算计划。

战略规划：基于企业的历史数据和市场预测，AI可以为企业的长期战略规划提供数据支持和建议。

（三）人工智能在智慧财会中的具体应用案例

自动化账务处理系统：通过OCR（光学字符识别）技术自动识别发票信息，自动录入账务系统，减少人工录入错误和时间成本。

智能财务分析平台：利用机器学习算法对财务数据进行深度挖掘和分析，为企业提供财务状况、经营绩效、市场趋势等多方面的分析报告。

风险防控与合规检查系统：通过监测和分析企业的财务交易数据，及时发现异常交易和违规行为，确保企业的财务安全和合规性。

决策支持系统：结合大数据和人工智能技术，为企业的战略决策、市场策略、预算管理等提供科学、准确的数据支持和建议。

这些具体应用案例不仅展示了人工智能在智慧财会中的巨大潜力，也为企业实现数字化转型和智能化升级提供了有力支持。随着技术的不断进步和应用场景的不断拓展，人工智能将在智慧财会领域发挥更加重要的作用。

二、人工智能在智慧财会中的具体应用

（一）自动化账务处理

随着企业规模的扩大和业务量的增加，传统的手工账务处理已经无法满足现代企业

的需求。而人工智能技术的引入，使得自动化账务处理成为可能，大大提高了财会工作的效率和准确性。

1.自动化发票处理

OCR 技术应用：通过 OCR 技术，人工智能可以自动识别发票上的文字信息，如发票号码、开票日期、购买方信息、商品明细等，并将其转化为可编辑的电子数据。这不仅减少了人工录入的工作量，还提高了数据的准确性。

发票验真与匹配：AI 系统可以自动对接税务部门的发票查验平台，对识别的发票信息进行实时验真。同时，还能将发票信息与企业的采购订单、合同等进行自动匹配，确保发票的真实性和合规性。

2.自动化支付

智能支付系统：通过与企业的银行系统对接，AI 可以自动处理供应商的付款请求，进行支付确认和结算。这避免了人工操作的延误和错误，提高了支付的及时性和准确性。

支付安全监控：AI 系统还能实时监控支付过程中的异常行为，如大额支付、频繁支付等，及时发现并防范潜在的支付风险。

3.自动化记账

自动生成记账凭证：根据发票信息和支付数据，AI 可以自动生成标准的记账凭证，大大减少了财会人员的手工录入工作。

实时更新财务报表：随着记账凭证的自动生成，AI 还能实时更新企业的资产负债表、利润表等财务报表，为企业的决策提供及时、准确的数据支持。

（二）智能财务分析

智能财务分析是人工智能在智慧财会中的又一重要应用。通过对大量财务数据的深度挖掘和分析，AI 可以为企业提供更加科学、准确的财务决策支持。

1.盈利能力分析

收入与成本分析：AI 可以对企业的收入和成本进行细致的分析，帮助企业了解不同产品或服务的盈利能力，以及成本构成和变化趋势。

利润预测：基于历史数据和市场趋势，AI 还可以对企业的未来利润进行预测和分析，为企业制定合理的定价策略和销售策略提供依据。

2.偿债能力分析

流动比率和速动比率分析：AI 可以自动计算企业的流动比率和速动比率，评估企业的短期偿债能力。

债务结构与还款计划分析：通过对企业的债务结构和还款计划进行深入分析，AI 可以帮助企业制定合理的融资策略和还款计划，降低财务风险。

3.运营效率分析

资产周转率分析：AI可以对企业的资产周转率进行计算和分析，帮助企业了解资产的使用效率和运营管理能力。

费用控制分析：通过对企业的各项费用进行细致的分析和比较，AI可以帮助企业找出费用控制的薄弱环节，提出合理的费用优化建议。

（三）风险识别与防控

在智慧财会领域，人工智能的风险识别与防控能力对于企业的稳健运营至关重要。通过大数据分析和挖掘技术，AI可以帮助企业及时发现潜在的风险因素和风险事件，并采取相应的防范措施。

1.内部风险识别

财务舞弊检测：AI可以通过对财务数据的异常检测和分析，发现潜在的财务舞弊行为，如虚假记账、挪用公款等。

内部控制评估：通过对企业的内部控制流程进行模拟和测试，AI可以帮助企业评估内部控制的有效性和合规性，及时发现并改进内部控制的薄弱环节。

2.外部风险识别

市场风险监测：AI可以实时收集和分析市场动态、竞争对手信息、政策法规变化等外部风险因素，为企业提供及时的市场风险预警。

信用风险评估：通过对客户的信用记录、财务状况等数据进行深入分析和挖掘，AI可以帮助企业评估客户的信用风险等级，为企业的信用决策提供依据。

3.风险防范措施制定

风险应对策略建议：根据识别的风险类型和程度，AI可以为企业制定相应的风险防范措施和应急预案建议，帮助企业及时应对风险、降低损失。

风险防控系统建设：AI还可以协助企业建立完善的风险防控系统，包括风险识别、风险评估、风险应对和风险监控等各个环节的自动化和智能化处理。

三、人工智能与智慧财会的融合发展趋势

（一）深度融合与创新发展

1.技术渗透与全面融合

随着AI技术的不断成熟，其将在智慧财会的各个环节中发挥越来越重要的作用。从自动化账务处理到智能财务分析，再到风险识别与防控，AI技术将与财会工作实现全面

融合，形成一个高效、智能的财会管理系统。这种深度融合将带来财会工作流程的重塑和效率的大幅提升，使财会人员能够从烦琐的数据录入和核对工作中解放出来，专注于更高层次的财务分析和决策支持工作。

2.技术创新与应用拓展

随着 AI 技术的不断创新和发展，其在智慧财会中的应用场景也将不断拓展。例如，利用自然语言处理技术，AI 可以自动解析和理解财务报告中的文本信息，提取关键指标并进行深入分析；利用机器学习技术，AI 可以对企业的财务数据进行趋势预测和风险评估，为企业的战略决策提供有力支持。此外，随着大数据、云计算等技术的发展，AI 在智慧财会中的应用将更加高效和便捷。通过云端的数据存储和处理能力，企业可以实时获取并分析大量的财务数据，为决策提供及时、准确的信息支持。

（二）智能化决策支持系统的构建

1.数据收集与处理

智能化决策支持系统的首要任务是收集并处理大量的财务数据。通过与企业内部的财务系统、ERP（企业资源计划）系统等进行集成，该系统可以实时获取企业的各项财务数据，包括收入、成本、利润、现金流等关键指标。同时，该系统还可以利用数据挖掘和机器学习技术，对收集到的数据进行清洗、整合和格式化处理，使其满足后续分析和决策的需求。

2.数据分析与决策支持

在收集并处理数据的基础上，智能化决策支持系统可以利用大数据分析和可视化技术对企业的财务状况进行深入剖析和展示。例如，通过对比历史数据和行业数据，系统可以帮助企业发现自身的优势和劣势所在；通过预测模型和风险评估模型，系统可以为企业提供未来的发展趋势和潜在风险预警。最终，这些分析结果将为企业的战略决策、市场定位、产品研发等提供全面、准确、及时的支持。通过智能化决策支持系统，企业可以更加科学、合理地制定决策，并执行跟踪评估。

（三）安全性与隐私保护的挑战及应对

1.数据安全挑战

在人工智能与智慧财会的融合过程中，数据安全问题日益凸显。随着数据量的不断增加和数据处理复杂性的提高，如何确保数据不被非法获取、篡改或泄露成为亟待解决的问题。同时，由于 AI 技术的高度自动化和智能化特性，一旦数据安全出现问题，其后果往往更加严重和难以控制。因此，加强数据安全管理和技术防护是保障企业信息安全和合规运营的关键。

2.隐私保护挑战

除了数据安全外，隐私保护也是人工智能与智慧财会融合过程中需要关注的重要问题。在处理和分析财务数据的过程中，如何确保个人隐私不被侵犯、敏感信息不被泄露是企业必须面对的挑战。为了应对这些挑战，企业需要采取一系列的技术和管理措施。例如，利用加密技术对敏感数据进行保护；建立严格的访问控制和审计机制；加强员工的安全意识和培训教育等。通过这些措施的实施，企业可以在保障数据安全和隐私保护的前提下，实现人工智能与智慧财会的深度融合和创新发展。

第五章 经济管理方法的定量分析方法

第一节 经济管理中的统计分析方法

一、统计分析方法概述

（一）定义与重要性

统计分析方法，是指通过收集、整理、分析和解释数据，以揭示数据内在规律和特征的一系列技术和方法。在经济管理领域，统计分析方法的应用至关重要，它能够帮助管理者更加科学、准确地把握市场动态、评估企业绩效、预测经济趋势，从而为企业的决策提供有力支持。

（二）统计分析在经济管理中的应用领域

统计分析在经济管理中的应用非常广泛，涉及市场调研、财务分析、经济预测、风险管理等多个方面。通过运用统计分析方法，企业可以更加深入地了解市场需求和消费者行为，优化产品设计和营销策略；同时，还可以对企业的财务状况进行全面评估，及时发现潜在风险并采取相应措施。

二、常用统计分析技术

（一）描述性统计

描述性统计是统计分析的基础，主要用于对数据的基本特征进行描述和概括。其中，集中趋势度量（如均值、中位数、众数）用于反映数据的中心位置；离散程度度量（如方差、标准差）则用于衡量数据的波动幅度。这些统计量可以帮助我们初步了解数据的分布情况和内在规律。

（二）推论统计

推论统计是在描述性统计的基础上，通过抽样调查等方式对总体进行推断和预测。其中，假设检验用于判断样本数据与总体数据之间是否存在显著差异；方差分析则用于比较不同组别之间数据的差异程度；回归分析则用于探讨变量之间的关系，并预测未来趋势。这些推论统计方法可以帮助我们更加深入地挖掘数据内在信息，为决策提供更加科学的依据。

三、统计分析在经济管理中的实例

（一）市场调研数据分析

在市场调研中，统计分析方法可以帮助企业更加准确地了解消费者需求和市场趋势。例如，通过收集消费者购买行为、产品偏好等方面的数据，并运用描述性统计和推论统计方法进行分析，企业可以了解不同消费群体的特征和需求差异，从而制定更加精准的营销策略和产品优化方案。

（二）财务分析中的比率分析

在财务分析中，比率分析是一种常用的统计分析方法。通过计算企业的各项财务指标之间的比率关系（如流动比率、速动比率、资产负债率等），可以评估企业的偿债能力、营运能力和盈利能力等方面的情况。这些比率指标不仅可以帮助企业全面了解自身的财务状况，还可以为投资者和债权人提供有价值的参考信息。

（三）经济增长趋势分析

在经济增长趋势分析中，统计分析方法同样发挥着重要作用。通过收集和分析历史经济数据（如 GDP 增长率、失业率、通货膨胀率等），并运用时间序列分析、回归分析等统计技术进行处理和预测，可以揭示经济发展的内在规律和未来趋势。这些信息对于政府制定宏观经济政策、企业把握市场机遇等方面都具有重要意义。

四、统计分析的局限性与挑战

（一）数据质量问题

在实际应用中，数据质量问题是统计分析面临的一大挑战。由于数据来源的多样性、数据采集和处理过程中的误差等原因，数据往往存在不完整、不准确或不一致等问题。这些问题会对统计分析结果的准确性和可靠性造成严重影响，因此需要采取有效措施进行数据清洗和校验工作。

（二）统计方法的误用与解释

另一个需要注意的问题是统计方法的误用与解释。在实际操作中，由于对统计原理和方法的理解不足或应用不当等原因，可能会导致错误的结论和决策。例如，在进行假设检验时忽略了样本量的影响，在回归分析中忽略了变量之间的多重共线性等问题都可能导致结果的偏差。因此，在使用统计分析方法时需要注意方法的适用性和正确性，并结合实际情况进行合理解释和推断。

第二节 经济管理中的预测与决策方法

一、预测与决策的基本概念

（一）预测的定义与分类

1. 预测的定义

预测是指根据历史数据、当前状况以及未来可能的发展趋势，运用科学的方法和手段，对未来某一时期或某一方面的情况进行推断和估计。预测是决策的前提和基础，它为决策者提供未来可能发生的各种情况及其概率，帮助决策者做出更加科学合理的决策。

2. 预测的分类

根据预测对象的不同，预测可以分为多种类型。常见的分类包括以下几种。

定性预测与定量预测：定性预测主要依赖于专家的经验、知识和直觉，通过逻辑推理、判断等方法对未来进行预测；定量预测则是运用数学模型和统计方法，对历史数据进行处理和分析，以揭示数据内在的规律和趋势。

短期预测与长期预测：短期预测通常关注未来较短时间内的情况，如几天、几周或几个月；长期预测则关注未来较长时间内的发展趋势，如几年、几十年甚至更长时间。

经济预测、社会预测与科技预测：这是根据预测领域进行的分类。经济预测关注经济发展趋势、市场需求等；社会预测关注人口变化、社会结构演变等；科技预测则关注科技进步、技术创新等。

（二）决策的定义与过程

1. 决策的定义

决策是指在多个可行方案中选择一个最佳方案的过程。决策是管理的核心，贯穿于管理的全过程。一个正确的决策可以为企业带来巨大的经济效益和社会效益，而一个错误的决策则可能导致严重的后果。

2. 决策的过程

决策过程通常包括以下几个阶段。

确定决策目标：明确决策需要解决的问题或达到的目标，这是决策的前提和基础。

收集信息：收集与决策相关的各种信息，包括内部信息和外部信息，以便为决策提供依据。

设计方案：根据收集到的信息，设计多个可行的备选方案，并对每个方案进行评估和分析。

选择方案：根据评估结果，选择一个最佳方案作为决策的最终结果。在选择方案时，需要综合考虑各种因素，如方案的可行性、风险性、成本效益等。

实施决策：将选择的方案付诸实施，并对实施过程进行监控和调整，以确保决策目标的实现。

评估反馈：在决策实施后，对决策效果进行评估和反馈，以便为未来的决策提供参考和借鉴。

在决策过程中，还需要注意以下几点：首先，要遵循科学的原则和方法进行决策；其次，要充分考虑各种不确定性和风险因素；最后，要注重决策的灵活性和适应性，以便在变化的环境中及时调整决策。

二、预测方法与技术

（一）定性预测方法

1. 专家意见法

专家意见法是一种依赖专家知识和经验进行预测的方法。它通过邀请相关领域的专家，就某一问题或未来发展趋势发表看法和建议，进而综合各位专家的意见，形成预测结果。专家意见法的优点在于能够充分利用专家的专业知识和丰富经验，对复杂问题进行深入分析和准确判断。然而，这种方法也存在一定的局限性，如专家的选择可能具有主观性，且不同专家之间的意见可能存在分歧。

2. 德尔菲法

德尔菲法是一种更为系统和科学的定性预测方法。它通过匿名方式征求专家的意见，并将各位专家的反馈进行汇总和整理，再次反馈给各位专家，让他们根据其他人的意见修改自己的判断。这一过程通常会进行多轮，直到专家的意见趋于一致。德尔菲法的优点在于能够充分考虑各位专家的意见，并通过反馈机制使预测结果更加准确可靠。但这种方法也存在耗时较长、成本较高等问题。

（二）定量预测方法

1. 时间序列分析

时间序列分析是一种基于历史数据进行未来预测的方法。它通过对历史数据进行分析和建模，揭示数据随时间变化的规律和趋势，进而对未来某一时期的数据进行预测。时间序列分析常用的模型包括移动平均模型、指数平滑模型、ARIMA 模型等。这些模型可以根据数据的不同特点进行选择和应用，以实现更加准确的预测。时间序列分析的优点在于能够充分利用历史数据的信息，对未来发展趋势进行科学预测。但这种方法也存在对历史数据依赖性强、对未来变化适应性差等问题。

2. 因果模型（回归分析）

因果模型是一种通过建立自变量与因变量之间的数学关系进行预测的方法。在回归分析中，自变量是影响因变量的因素或变量，而因变量是需要预测的目标变量。通过收集相关数据并建立回归模型，可以揭示自变量与因变量之间的关系，进而对未来因变量的取值进行预测。回归分析的优点在于能够明确自变量与因变量之间的关系，并对未来发展趋势进行量化预测。但这种方法也存在对数据质量要求高、模型假设条件严格等问题。

在实际应用中，定性预测方法和定量预测方法各有优缺点，应根据具体情况进行选择和应用。对于复杂问题和不确定性较高的情况，可以综合运用多种方法进行预测，以提高预测结果的准确性和可靠性。同时，还需要注意数据的收集和处理、模型的建立和检验等环节，确保预测结果的科学性和有效性。

三、决策方法与技术

（一）确定型决策方法

确定型决策方法是指在决策过程中，各种自然状态出现的概率是确定的，决策者可以根据这些确定的信息进行决策。这类方法通常适用于风险较小、信息较为完备的决策场景。

1. 线性规划

线性规划是一种广泛应用于资源分配、生产计划等问题的数学优化方法。它通过建立线性目标函数和线性约束条件，求解最优解。线性规划的优点在于模型简单、易于理解，且能够处理大规模问题。然而，它也存在一些局限性，如对于非线性关系和非凸问题处理效果不佳。

2. 整数规划

整数规划是线性规划的扩展，它要求决策变量取整数值。整数规划在许多实际问题中具有广泛的应用，如设备选址、路径规划等。整数规划的优点在于能够处理离散决策变量，更加贴近实际问题。但整数规划的求解难度通常比线性规划大，需要采用特殊的算法和技术。

（二）不确定型决策方法

不确定型决策方法是指在决策过程中，各种自然状态出现的概率是不确定的，决策者需要根据不完整的信息进行决策。这类方法通常适用于风险较大、信息较为匮乏的决策场景。

1. 决策树分析

决策树分析是一种直观易懂的决策方法，它通过树状图展示决策问题的各种可能结果和概率。决策者可以根据决策树分析各种方案的期望收益或风险，从而选择最优方案。决策树分析的优点在于能够清晰地展示决策问题的结构和逻辑关系，但对于复杂问题可能构建庞大的决策树，这导致分析难度增加。

2. 敏感性分析

敏感性分析是一种评估决策方案对参数变化敏感程度的方法。它通过分析参数变化对决策结果的影响，帮助决策者了解哪些因素对决策结果具有重要影响，从而制定更加稳健的决策方案。敏感性分析的优点在于能够帮助决策者识别关键因素和风险点，但需要对参数进行准确估计和合理设定。

3. 风险决策分析

风险决策分析是一种在不确定条件下进行决策的方法，它综合考虑了决策问题的各种可能结果和概率以及决策者的风险偏好。风险决策分析通常包括风险识别、风险评估、风险处理和风险监控等步骤。它的优点在于能够系统地分析和管理决策过程中的风险，帮助决策者制定更加科学合理的决策方案。但风险决策分析需要对风险进行准确量化和评估，这在实际操作中可能存在一定的困难。

在实际应用中，确定型决策方法和不确定型决策方法各有优缺点和适用范围。决策者应根据具体问题的特点和要求选择合适的方法和技术进行决策。同时，还需要注意数据的收集和处理、模型的建立和检验等环节，确保决策结果的科学性和有效性。此外，决策者还应注重提高自身素质和能力水平，以便更好地应对复杂多变的决策环境。

四、预测与决策在经济管理中的应用

（一）市场需求预测

市场需求预测是企业制定市场战略、生产计划和营销策略的重要依据。通过准确预测市场需求，企业可以更好地满足消费者需求，提高市场竞争力。

1. 预测方法

市场需求预测可以采用定性和定量两种方法。定性方法主要包括专家意见法、市场调查法等，依赖于专家的经验和知识。定量方法则包括时间序列分析、回归分析等，通过数学模型对历史数据进行分析，预测未来市场趋势。

2. 应用实例

以某电子产品企业为例，通过收集历史销售数据、市场调研信息以及宏观经济指标等，运用时间序列分析和回归分析模型，对未来一段时间内的市场需求进行预测。企业根据预测结果调整生产计划和市场策略，实现了库存优化和销售增长。

3. 挑战与对策

市场需求预测面临着数据不准确、市场变化快等挑战。为提高预测准确性，企业应不断收集更新数据，加强市场调研，同时运用先进的预测技术和方法，如机器学习算法等。

（二）投资决策分析

投资决策分析是企业在面临多个投资项目时，运用科学方法和技术进行评估和选择的过程。正确的投资决策有助于企业实现资源优化配置和长期发展目标。

1. 决策方法

投资决策分析可以采用确定型决策方法（如线性规划、整数规划）和不确定型决策方法（如决策树分析、敏感性分析、风险决策分析）。具体选择哪种方法取决于投资项目的特点和要求。

2. 应用实例

以某制造企业为例，企业在考虑是否投资建设新生产线时，运用决策树分析方法对各种可能的结果和概率进行评估。通过计算期望收益和风险，企业最终做出了投资建设新生产线的决策，并取得了良好的经济效益。

3. 风险管理与对策

投资决策过程中存在诸多风险，如市场风险、技术风险等。为降低风险，企业应进行全面的市场调研和技术评估，同时制定灵活的投资策略和风险控制措施。

（三）库存管理优化

库存管理优化是企业通过科学方法和技术实现库存成本最小化、客户满意度最大化的过程。合理的库存管理有助于企业提高运营效率和市场竞争力。

1. 优化方法

库存管理优化可以采用多种方法，如经济订货量模型（EOQ）、准时制（JIT）等。这些方法通过平衡库存成本和客户需求，实现库存水平的最佳化。

2. 应用实例

以某零售企业为例，企业运用经济订货量模型对各类商品的库存水平进行优化。通过计算最佳订货量和订货周期，企业实现了库存成本的最小化和客户满意度的最大化。

3. 挑战与对策

库存管理优化面临着需求不确定、供应链风险等挑战。为应对这些挑战，企业应加强与供应商的合作与沟通，提高需求预测的准确性，同时运用先进的库存管理技术和方法，如物联网技术、大数据分析等。

第三节　经济管理中的优化与决策方法

一、优化方法概述

（一）优化的定义与目标

优化，从广义上讲，是指在给定的条件下，通过选择适当的方法或策略，使得某一个或多个目标达到最优状态的过程。在经济管理领域，优化通常涉及资源分配、成本控制、效率提升等方面，旨在实现经济效益和社会效益的最大化。

1. 优化的核心要素

决策变量：决策过程中可以调整或选择的元素，如生产量、价格、投资金额等。

目标函数：衡量优化效果的标准，通常是成本最小化、利润最大化等经济指标。

约束条件：决策过程中必须满足的限制条件，如资源限制、法律法规等。

2. 优化的目标

优化的目标是在满足约束条件的前提下，通过调整决策变量，使得目标函数达到最优值。这个目标可以是单一的，也可以是多元的，取决于决策问题的复杂性和需求。

（二）优化在经济管理中的重要性

优化方法在经济管理中具有广泛的应用和重要的地位，它可以帮助决策者更加科学、合理地进行资源配置和决策制定，从而提高经济效益和社会效益。

1. 提高资源配置效率

在资源有限的情况下，如何合理分配和利用资源是经济管理中的核心问题。优化方法可以通过数学模型和算法，对资源的配置方案进行量化分析和比较，从而找到最优的资源配置方案，提高资源的利用效率。

2. 降低成本和风险

在经济管理中，成本和风险是不可避免的因素。优化方法可以通过对生产、销售、库存等环节的优化调整，降低企业的运营成本和风险。例如，通过优化生产计划和库存管理，可以减少库存积压和浪费，降低库存成本；通过优化销售策略和定价策略，可以提高销售额和利润率，降低市场风险。

3. 提升决策质量和效率

决策是经济管理的核心活动之一。优化方法可以为决策者提供科学、客观的决策依据和支持，帮助决策者更加全面、准确地了解问题的本质和影响因素，从而制定出更加合理、可行的决策方案。同时，优化方法还可以提高决策的效率，减少决策过程中的主观性和随意性。

4. 促进经济可持续发展

在经济发展过程中，如何平衡经济效益和社会效益是一个重要的问题。优化方法可以在满足经济效益的同时，考虑社会、环境等因素的影响，制定出更加可持续的经济发展方案。例如，在能源、环境等领域的应用中，优化方法可以帮助企业实现节能减排、降低环境污染等目标，促进经济的绿色、可持续发展。

二、线性优化方法

（一）线性规划模型

线性规划（Linear Programming，简称 LP）是数学优化方法中的一种，主要用于解决在一组线性约束条件下，一个或多个线性目标函数的最大化或最小化问题。它广泛应用于经济管理中的资源分配、生产计划、运输调度等问题。

1. 模型组成

决策变量：表示可以控制的量，通常是问题的未知数。

目标函数：需要优化（最大化或最小化）的线性函数。

约束条件：对决策变量施加的限制，通常是一组线性不等式或等式。

2. 求解方法

线性规划问题通常可以通过单纯形法（Simplex Method）、内点法（Interior Point Method）等算法进行求解。这些算法在商业软件（如 Excel 的 Solver 工具、GAMS、LINGO 等）中得到了广泛应用。

3. 应用举例

以一个简单的生产计划问题为例，假设企业需要生产两种产品 A 和 B，每种产品有不同的利润和资源消耗。目标是确定每种产品的生产数量，以最大化总利润，同时满足资源限制。这个问题可以通过构建一个线性规划模型来解决。

（二）运输问题

运输问题是线性规划的一个特例，主要研究如何以最小的成本将商品从供应地运输到需求地。它广泛应用于物流、供应链管理等领域。

1. 问题描述

运输问题通常涉及多个供应地和需求地，每个供应地有确定的供应量，每个需求地有确定的需求量，每对供应地和需求地之间有确定的单位运输成本。目标是确定从每个供应地到每个需求地的运输量，以最小化总运输成本。

2. 求解方法

运输问题可以通过表上作业法（如西北角法、最小元素法等）或专门的运输算法（如Stepping Stone 算法）进行求解。这些方法可以帮助我们找到最优的运输方案。

3. 应用举例

以一个简单的物流问题为例，假设某公司有 3 个仓库和 4 个零售店，每个仓库的库存量和每个零售店的需求量已知，每对仓库和零售店之间的单位运输成本也已知。该公司需要确定从每个仓库向每个零售店运输多少货物，以最小化总运输成本。这个问题可以通过构建一个运输问题模型来解决。

（三）分配问题

分配问题也是线性规划的一个特例，主要研究如何将有限的任务或资源分配给多个接收者或项目，以使得某种指标（如成本、时间等）达到最优。它广泛应用于任务分配、项目管理等领域。

1. 问题描述

分配问题通常涉及多个任务或资源和多个接收者或项目，每个任务或资源有确定的成本或收益，每个接收者或项目有确定的能力限制。目标是确定将每个任务或资源分配给哪个接收者或项目，以使得总成本最小化或总收益最大化。

2. 求解方法

分配问题可以通过匈牙利算法（Hungarian Algorithm）等优化算法进行求解。这些算法可以帮助我们找到最优的分配方案。

3. 应用举例

以一个简单的任务分配问题为例，假设某公司需要分配 5 个员工去完成 4 项任务，每个员工完成每项任务的成本不同，且每项任务只能由一个员工完成。该公司需要确定将哪项任务分配给哪个员工，以使得总成本最小化。这个问题可以通过构建一个分配问题模型并使用匈牙利算法来求解。

三、非线性优化方法

（一）非线性规划的概念

非线性规划是数学优化方法的一种，用于解决目标函数或约束条件为非线性函数的最优化问题。与线性规划相比，非线性规划的问题更为复杂，但也更为普遍，能够更准确地描述现实世界中的许多问题。

1. 非线性规划的特点

非线性规划，作为数学优化方法的一个重要分支，旨在解决那些目标函数或约束条件中存在非线性元素的最优化问题。在现实世界中，许多问题的描述和求解都涉及非线性因素，这使得非线性规划成了一个极具研究价值和应用潜力的领域。

我们需要明确非线性规划的基本特点。非线性规划的核心在于其目标函数或约束条件中至少有一个是非线性的。这意味着在求解过程中，我们不能简单地通过线性代数的方法找到最优解，而需要运用更为复杂的数学工具和技术。此外，由于非线性函数的性质，非线性规划问题可能存在多个局部最优解，而非全局最优解。这使得求解非线性规划问题变得更加困难，需要更加精细的算法和策略。

非线性规划的求解方法通常比线性规划更为复杂。线性规划问题可以通过单纯形法、内点法等经典算法进行有效求解，而非线性规划则需要根据问题的具体形式和特点来选择合适的求解方法。例如，对于某些特殊的非线性规划问题，我们可以利用梯度下降法、牛顿法等迭代算法进行求解；而对于更一般的问题，则可能需要采用更为复杂的优化算法，如遗传算法、模拟退火算法等。这些算法往往需要更多的计算资源和时间，因此在实际应用中需要根据问题的规模和复杂度进行权衡和选择。

2. 非线性规划的应用领域

非线性规划的应用领域广泛，涵盖了经济管理、工程设计、科学研究等多个方面。下面我们将详细探讨非线性规划在这些领域中的具体应用。

在经济管理领域，非线性规划发挥着重要作用。例如，在投资组合优化问题中，投资者需要在满足一定风险约束的条件下，最大化投资组合的收益。由于投资组合的收益和风险通常是非线性的，因此这类问题可以通过非线性规划进行求解。此外，在生产计划安排、库存管理、定价策略等问题中，也需要考虑到各种非线性因素的影响，从而运用非线性规划进行优化决策。

在工程设计领域，非线性规划同样具有广泛的应用。例如，在机械设计、电路设计、建筑设计等问题中，我们需要在满足一定的性能要求和约束条件下，优化设计方案以降低成本或提高性能。这些性能要求和约束条件往往是非线性的，因此需要通过非线性规划进行求解。此外，在控制系统设计、信号处理等领域中，非线性规划也被广泛应用于优化控制策略和信号处理算法。

在科学研究领域，非线性规划也发挥着重要作用。例如，在物理学、化学、生物学等领域中，许多问题的描述和求解都涉及非线性方程或不等式。这些方程或不等式可以通过非线性规划进行求解，从而揭示出隐藏在数据背后的规律和现象。此外，在机器学习、数据挖掘等领域中，非线性规划也被广泛应用于优化模型参数和提高模型性能等方面。

除了以上几个领域外，非线性规划还在交通运输、能源管理、环境保护等多个领域得到了广泛应用。这些应用不仅提高了决策的科学性和有效性，也为解决实际问题提供了有力的数学工具和支持。

然而，我们也应该意识到，非线性规划仍然面临着许多挑战和问题。例如，对于某些复杂的非线性规划问题，现有的求解方法可能无法找到全局最优解或需要花费过多的计算时间和资源。因此，我们需要继续深入研究非线性规划的理论基础和求解方法，以提高其求解效率和精度。同时，我们也需要加强非线性规划与其他学科的交叉融合，以拓展其应用领域和推动相关领域的发展。

在未来的研究中，我们可以关注以下几个方向：一是研究新的优化算法和策略，以更好地解决复杂的非线性规划问题；二是加强非线性规划与实际应用领域的结合，推动其在更多领域的应用和推广；三是探索非线性规划与大数据、人工智能等新兴技术的融合，以发掘其更大的应用潜力和价值。通过这些努力，我们相信非线性规划将在未来的发展中发挥更加重要的作用，为人类社会的进步和发展做出更大的贡献。

（二）约束优化技术

1. 约束优化技术概述

约束优化技术是非线性规划领域中的核心组成部分，专门用于解决带有约束条件的最优化问题。在实际应用中，很多问题都需要在满足一定约束条件的前提下，寻找目标函数的最优解。约束优化技术正是为了应对这类问题而发展起来的。

约束优化问题的基本形式包括一个目标函数和一组约束条件。目标函数是我们希望优化的对象，而约束条件则是对优化过程中变量取值范围的限制。约束优化技术的目标是在满足所有约束条件的前提下，找到使目标函数以达到最优（极大或极小）的解。

2. 常见的约束优化方法

在约束优化技术中，有多种方法被广泛应用于求解实际问题。以下是一些常见的方法。

拉格朗日乘数法：拉格朗日乘数法是处理约束优化问题的一种经典方法。它通过引入拉格朗日乘数，将约束条件与目标函数相结合，形成一个新的无约束优化问题。然后，可以利用无约束优化问题的求解方法，如梯度下降法或牛顿法等，来求解这个新问题。最终，通过求解拉格朗日乘数，可以得到原约束优化问题的最优解。

罚函数法：罚函数法是一种将约束优化问题转化为无约束优化问题的常用方法。它通过构造一个罚函数，将约束条件转化为目标函数的一部分。罚函数通常是对违反约束条件的解进行惩罚，使得在求解过程中，违反约束的解会受到较大的目标函数值。这样，通过最小化目标函数和罚函数的和，可以迫使求解过程满足约束条件，从而得到约束优化问题的解。

序列二次规划（SQP）方法：序列二次规划方法是一种迭代求解约束优化问题的有效方法。它通过在当前解附近构建一系列二次规划子问题来逼近原问题的最优解。在每次迭代中，SQP方法会求解一个二次规划子问题，并更新当前解。通过不断迭代，SQP方法能够逐渐逼近原问题的最优解。这种方法结合了二次规划问题的求解效率和约束优化问题的实际需求，因此在很多实际问题中得到了广泛应用。

除了以上三种常见方法外，还有内点法、增广拉格朗日乘数法、遗传算法等多种约束优化方法，它们各自具有不同的特点和适用范围。在实际应用中，需要根据问题的具体特点和需求选择合适的方法。

3. 约束优化技术的应用举例

约束优化技术在各个领域中都有广泛的应用。下面我们以一个简单的投资组合优化问题为例，来说明约束优化技术的应用。

投资组合优化问题是金融领域中的一个重要问题，它涉及如何在多种资产中选择合适的投资比例，以最大化预期收益并满足一定的风险约束。这个问题可以通过构建一个非线性规划模型来描述。

在投资组合优化问题中，目标函数通常是预期收益，而约束条件则包括风险约束、投资比例上下限等。通过引入这些约束条件，我们可以确保投资组合在优化过程中满足实际需求。

为了求解这个问题，我们可以运用约束优化技术中的拉格朗日乘数法或罚函数法。首先，我们将约束条件与目标函数相结合，形成一个新的无约束优化问题。然后，利用适当的优化算法求解这个新问题，得到最优的投资组合比例。

通过应用约束优化技术，我们可以在满足风险约束的前提下，找到使预期收益最大化的投资组合。这对于投资者来说具有重要意义，可以帮助他们制定更加科学和有效的投资策略。

除了投资组合优化问题外，约束优化技术还在工程设计、生产计划安排、交通运输规划等多个领域中发挥着重要作用。通过运用这些技术，我们可以更好地解决带有约束条件的最优化问题，提高决策的科学性和有效性。

4. 约束优化技术的发展与挑战

随着计算机技术的不断发展和优化算法的不断改进，约束优化技术也在不断进步和完善。新的算法和方法的出现，使得约束优化问题的求解更加高效和准确。然而，约束优化技术仍然面临着一些挑战和问题。

对于复杂的非线性约束优化问题，现有的求解方法可能无法找到全局最优解或需要花费过多的计算时间和资源。因此，我们需要继续深入研究新的优化算法和策略，以提高求解效率和精度。

约束优化技术的应用需要考虑到实际问题的复杂性和多样性。不同的问题可能具有不同的约束条件和目标函数形式，因此需要针对性地选择和调整优化方法。这要求我们在应用约束优化技术时具备丰富的实践经验和专业知识。

此外，随着大数据和人工智能技术的快速发展，约束优化技术也需要与这些新兴技术相结合，以应对更加复杂和庞大的优化问题。通过将约束优化技术与机器学习、深度学习等技术相结合，我们可以发掘更多的优化潜力和应用价值。

在未来的研究中，我们可以关注以下几个方面：一是研究更加高效和稳定的约束优化算法，以应对复杂问题的求解挑战；二是加强约束优化技术与其他学科的交叉融合，以拓展其应用领域和推动相关领域的发展；三是探索约束优化技术在大数据和人工智能领域的应用潜力，以发掘更多的优化价值和应用前景。通过这些努力，我们相信约束优化技术将在未来的发展中发挥更加重要的作用，为人类社会的进步和发展做出更大的贡献。

（三）多目标优化

1. 多目标优化的特点

多目标优化是非线性规划的一个重要分支，旨在解决那些需要同时优化多个目标函数的问题。这类问题广泛存在于现实世界的各个领域，如经济管理、工程设计、环境规划等。与单目标优化相比，多目标优化具有其独特的特点和挑战。

多目标优化的核心在于同时考虑多个目标函数的最优化。这些目标函数可能相互冲突，即一个目标的改善可能导致另一个目标的恶化。因此，多目标优化问题的解通常不是单一的，而是一组解，这组解被称为 Pareto 最优解集。Pareto 最优解集包含了所有可能的最优解，每个解在某种程度上都是对各个目标函数的最佳权衡。

由于多目标优化问题中目标函数之间的冲突和矛盾，求解过程需要权衡和折衷。这意味着在求解多目标优化问题时，我们不能简单地追求某个目标函数的最大化或最小化，而需要找到一种平衡多个目标函数的方法。这种权衡和折衷的过程往往需要依赖于问题的具体背景和决策者的偏好。

多目标优化的求解结果通常是一组解，而不是单一的最优解。这使得多目标优化的解空间比单目标优化更为复杂和丰富。同时，由于 Pareto 最优解集的存在，多目标优化的求解方法需要能够有效地搜索和表示这组解。

2. 多目标优化的求解方法

多目标优化的求解方法多种多样，每种方法都有其适用范围和优缺点。下面我们将介绍几种常见的多目标优化求解方法。

加权和方法：加权和方法是一种将多目标优化问题转化为单目标优化问题进行求解的方法。其基本思想是给每个目标函数赋予不同的权重，然后将这些加权后的目标函数相加得到一个总的目标函数。通过求解这个总的目标函数的最小化或最大化问题，可以得到多目标优化问题的一个解。加权和方法的优点是简单易行，但权重的选择具有一定的主观性和随意性，可能导致求解结果的不稳定。

目标规划方法：目标规划方法是一种处理多目标优化问题的方法。它通过设置目标函数的优先级和目标值，逐步求解满足各优先级要求的解。目标规划方法能够更灵活地处理多个目标之间的权衡关系，可以根据问题的具体需求和决策者的偏好来设置目标和优先级。然而，目标规划方法的求解过程可能较为复杂，需要仔细考虑目标和优先级的设置。

进化算法：进化算法是一类模拟生物进化过程的优化算法，包括遗传算法、粒子群算法等。它们通过模拟自然界的选择、交叉、变异等机制，在解空间中搜索 Pareto 最优解集。进化算法具有较强的全局搜索能力和适应性，能够处理复杂的非线性多目标优化问题。同时，进化算法还能够有效地表示和搜索一组解，适用于多目标优化问题的求解。然而，进化算法的求解过程可能较长，且对参数的选择较为敏感。

除了以上三种方法外，还有多目标粒子群优化、多目标蚁群优化等算法也广泛应用于多目标优化问题的求解中。这些算法各具特色，可以根据问题的特点和需求选择合适的求解方法。

3. 多目标优化的应用举例

多目标优化在实际应用中具有广泛的适用性，下面我们将以一个简单的生产计划问题为例来说明多目标优化的应用。

假设一个企业需要制定生产计划以满足市场需求，同时考虑生产成本、交货时间和产品质量等多个目标。这个问题可以通过构建一个多目标优化模型进行求解。在模型中，我们可以将生产成本、交货时间和产品质量分别作为目标函数，并通过多目标优化方法进行求解。

我们可以使用加权和方法将多目标优化问题转化为单目标优化问题进行求解。通过给每个目标函数赋予不同的权重，可以得到一个总的目标函数。然后，通过求解这个总的目标函数的最小化问题，可以得到一个折衷的生产计划方案。然而，需要注意的是，权重的选择需要谨慎考虑，以避免主观性和随意性的影响。

我们可以使用目标规划方法来处理这个问题。通过设置目标函数的优先级和目标值，我们可以逐步求解满足各优先级要求的解。例如，可以先设置生产成本为首要目标，然后在此基础上考虑交货时间和产品质量的要求。通过逐步求解满足各优先级要求的解，可以得到一个更符合企业实际需求的生产计划方案。

此外，进化算法也是求解这类多目标优化问题的有效方法。通过模拟生物进化过程，进化算法能够在解空间中搜索 Pareto 最优解集。这意味着我们可以得到一组生产计划方案，每个方案都在不同程度上实现了成本、交货时间和质量的优化。企业可以根据自身需求和偏好从这些方案中选择最合适的生产计划。

通过以上例子可以看出，多目标优化在实际应用中具有广泛的适用性和灵活性。它能够帮助决策者综合考虑多个目标函数的要求，找到一种折衷的解决方案。同时，多目标优化方法的选择也需要根据问题的特点和需求进行权衡和折衷。

四、启发式优化算法

启发式优化算法是一类基于直观或经验构造的算法，用于在可接受的时间和空间范围内寻找问题的近似最优解。这些算法通常不保证找到全局最优解，但在实际应用中往往能够取得较好的效果。

（一）遗传算法

遗传算法（Genetic Algorithm, GA）是一种模拟生物进化过程的启发式优化算法。它借鉴了生物进化中的遗传、突变、自然选择和杂交等概念，通过模拟这些过程来搜索问题的最优解。

1. 遗传算法的基本思想

遗传算法是一种模拟生物进化过程的启发式优化算法。它借鉴了生物进化中的遗传、突变、自然选择和杂交等机制，以寻求问题的最优解。在自然界中，生物通过遗传基因、基因突变和自然选择等过程不断进化，以适应环境并求得生存。遗传算法正是基于这一思想，通过模拟这些生物进化过程，在解空间中搜索最优解。

遗传算法的基本思想包括种群初始化、适应度评估、选择、交叉和变异等关键步骤。首先，算法从一组随机生成的初始解（种群）开始，这些初始解可以看作是问题的潜在解决方案。然后，算法通过适应度函数对每个解进行评估，以判断其优劣。在选择过程中，优秀的解将被选择进入下一代，而较差的解则被淘汰。接下来，通过交叉操作，将不同解的基因片段进行交换，产生新的解。最后，通过变异操作，对新解进行随机改变，以增加种群的多样性。

通过不断重复上述步骤，遗传算法能够逐步逼近问题的最优解。这一过程中，算法的搜索能力、收敛速度和求解质量受到多种因素的影响，如种群大小、交叉率、变异率等参数的设置，以及适应度函数的设计等。

2. 遗传算法的关键步骤

遗传算法的关键步骤包括编码、初始化种群、适应度评估、选择、交叉、变异和迭代等。

编码是遗传算法的第一步，它将问题的解表示为染色体（通常是字符串或数组）。编码方式的选择对算法的性能和求解质量具有重要影响。常见的编码方式有二进制编码、实数编码等。

初始化种群是遗传算法的起始步骤，通过随机生成一组初始解作为初始种群。初始种群的大小和分布对算法的搜索能力和收敛速度具有重要影响。

适应度评估是遗传算法的核心步骤之一，它用于评估每个解的优劣。适应度函数是算法的关键组成部分，其设计需要根据问题的特点进行。一个好的适应度函数能够准确反映解的优劣，从而引导算法向最优解方向搜索。

选择操作是根据适应度选择优秀的个体进入下一代。常见的选择策略有轮盘赌选择、锦标赛选择等。选择策略对算法的收敛速度和求解质量具有重要影响。

交叉操作是遗传算法的关键步骤之一，它通过随机选择两个个体进行基因片段的交换，产生新的个体。交叉操作能够增加种群的多样性，促进算法在解空间中的搜索。

变异操作是对新个体进行随机改变，以增加种群的多样性。变异操作能够防止算法过早收敛于局部最优解，提高算法的全局搜索能力。

迭代是遗传算法的最后一步，通过重复上述步骤直到满足终止条件（如达到最大迭代次数、找到满意解等）。在迭代过程中，算法逐步逼近问题的最优解。

3. 遗传算法的应用领域

遗传算法作为一种启发式优化算法，具有广泛的应用领域。下面将介绍几个典型的应用领域。

函数优化是遗传算法的一个重要应用领域。在函数优化问题中，算法通过搜索解空间来找到使目标函数取得最小值或最大值的解。遗传算法能够有效地处理连续变量和离散变量的优化问题，且对于多峰函数和复杂非线性函数具有较好的求解能力。

组合优化是遗传算法的另一个重要应用领域。组合优化问题涉及在有限个可行解中找出最优解的问题，如旅行商问题、背包问题等。遗传算法通过模拟生物进化过程，能够有效地处理这类具有离散特性的问题。

在机器学习领域，遗传算法也被广泛应用。例如，在神经网络训练中，遗传算法可以用于优化网络结构、权重和偏置等参数，以提高网络的性能和泛化能力。此外，遗传算法还可以用于特征选择和模型选择等任务。

图像处理是遗传算法的一个应用领域。在图像处理中，遗传算法可以用于图像分割、图像增强、图像识别等任务。通过优化图像处理算法的参数或结构，遗传算法能够提高图像处理的效果和效率。

此外，遗传算法还在生产调度、自动控制、机器人路径规划等领域得到广泛应用。这些领域中的问题往往具有复杂性和多样性，遗传算法通过模拟生物进化过程，能够有效地处理这些问题并找到满意的解决方案。

（二）模拟退火算法

模拟退火算法是一种模拟物理退火过程的启发式优化算法。它借鉴了物理中固体物质的退火过程，通过模拟这一过程来搜索问题的最优解。

1. 模拟退火算法的基本思想

模拟退火算法是一种模拟物理退火过程的启发式优化算法，旨在通过模拟物理退火现象来寻找复杂问题的近似最优解。其基本思想源于固体物质的退火过程，即先将固体充分加热至一定温度，再让其徐徐冷却，通过退火处理消除或减小系统的内应力，提高材料的韧性。在模拟退火算法中，这一物理过程被抽象化并应用于优化问题的求解。

模拟退火算法从一个初始解开始，通过引入随机扰动产生新的解。与许多传统优化算法不同，模拟退火算法在搜索过程中不仅接受比当前解更优的解，还以一定的概率接受比当前解稍差的解。这一特性使得算法能够跳出局部最优解，从而在全局范围内寻找更优的解。

在模拟退火过程中，接受较差解的概率随着迭代次数的增加而逐渐降低。这一过程是通过模拟退火策略实现的，即随着温度的降低，系统逐渐趋于稳定，接受较差解的概率也随之减小。通过这种方式，模拟退火算法能够在搜索过程中平衡全局探索和局部搜索，以较高的概率找到问题的最优解或近似最优解。

2. 模拟退火算法的关键步骤

模拟退火算法的关键步骤包括初始化、产生新解、计算能量差、接受准则、温度更新和迭代等。

初始化步骤，需要设置初始温度、初始解以及退火策略等参数。初始温度的选择对算法的性能具有重要影响，通常需要根据问题的规模和复杂度进行设定。初始解可以随机生成或通过其他启发式方法获得。退火策略则决定了温度如何随着迭代次数的增加而降低，常见的策略有指数退火和线性退火等。

接下来是产生新解的步骤，通过对当前解进行随机扰动来生成新的候选解。扰动的幅度和方式可以根据问题的特点进行设计，以在保持多样性的同时保持解的可行性。

然后计算新解与当前解的能量差，即目标函数值的差。能量差的大小反映了新解相对于当前解的优劣程度，是后续接受准则的依据。

在接受准则步骤中，根据能量差和当前温度，按照一定的概率决定是否接受新解。当新解更优时，通常无条件接受；当新解较差时，则根据 Metropolis 准则以一定的概率接受。这一步骤体现了模拟退火算法的特点，即能够在一定程度上接受较差解，以探索更多的可能性。

在温度更新步骤中，根据退火策略降低当前温度。随着温度的降低，算法逐渐趋于稳定，接受较差解的概率也逐渐减小。

迭代步骤，重复上述过程直到满足终止条件。终止条件可以是达到最大迭代次数、温度降低到预设的阈值以下或解的质量在连续多次迭代中没有明显改善等。

3. 模拟退火算法的应用领域

模拟退火算法作为一种启发式优化算法，具有广泛的应用领域。以下是一些典型的应用领域。

旅行商问题（TSP）。TSP 是一个经典的组合优化问题，旨在找到访问一系列城市并返回起点的最短可能路线。模拟退火算法通过模拟退火过程，在解空间中搜索近似最优的旅行路线，为 TSP 问题提供了一种有效的求解方法。

背包问题。背包问题是一类典型的约束优化问题，需要在满足一定约束条件的情况下最大化或最小化某个目标函数。模拟退火算法可以通过随机搜索和概率接受机制，在背包问题的解空间中寻找满足约束条件的最优解或近似最优解。

　　此外，模拟退火算法还在电路设计领域得到了广泛应用。电路设计涉及众多复杂的约束条件和优化目标，如元件布局、布线优化等。模拟退火算法能够通过模拟退火过程，在解空间中搜索满足设计要求的最优解，为电路设计提供了一种有效的优化方法。

　　除了上述领域外，模拟退火算法还广泛应用于图像处理、机器学习、调度问题等领域。在图像处理中，模拟退火算法可以用于图像分割、图像恢复等任务；在机器学习中，模拟退火算法可以用于优化神经网络结构、训练参数等；在调度问题中，模拟退火算法可以用于求解生产调度、车辆路径规划等问题。

　　（三）蚁群优化算法

　　蚁群优化算法（Ant Colony Optimization, ACO）是一种模拟自然界中蚂蚁觅食行为的启发式优化算法。它借鉴了蚂蚁在寻找食物过程中通过信息素进行通信和协作的机制，通过模拟这一过程来搜索问题的最优解。

　　1. 蚁群优化算法的基本思想

　　蚁群优化算法源于对自然界中蚂蚁觅食行为的深入观察和研究。蚂蚁在寻找食物的过程中，会释放一种称为信息素的化学物质来标记其走过的路径。其他蚂蚁会根据这些信息素的浓度来选择自己的行走路径，从而形成一种群体协作的行为模式。蚁群优化算法正是基于这一机制，通过模拟蚂蚁的觅食行为来搜索问题的最优解。

　　在蚁群优化算法中，信息素的浓度成为衡量路径优劣的重要指标。浓度越高的路径，被蚂蚁选择的概率就越大，从而形成一种正反馈机制。随着迭代的进行，优秀路径上的信息素浓度逐渐增强，而较差路径上的信息素则由于挥发作用而逐渐减弱。通过这种方式，算法能够逐步逼近问题的最优解。

　　蚁群优化算法的基本思想体现了群体智能和自组织性的特点。通过模拟蚂蚁的觅食行为，算法能够在没有先验知识的情况下，通过群体协作和自组织过程来寻找问题的最优解。这种启发式搜索策略使得蚁群优化算法在解决复杂优化问题时具有独特的优势。

　　2. 蚁群优化算法的关键步骤

　　蚁群优化算法的关键步骤包括初始化、构建解、更新信息素和迭代等。

　　在初始化阶段，需要设置蚂蚁的数量、信息素的初始浓度和挥发率等参数。这些参数的选择对算法的性能和收敛速度具有重要影响。一般来说，蚂蚁数量越多，算法的探索能力就越强；信息素初始浓度和挥发率的设置则需要根据问题的特点进行调整。

　　在构建解的过程中，每只蚂蚁根据当前路径上的信息素浓度和启发式信息来选择下一步的行动。启发式信息通常与目标函数相关，用于引导蚂蚁向更优的方向搜索。通过不断选择路径并构建自己的解，蚂蚁能够逐步探索问题的解空间。

更新信息素是蚁群优化算法中的关键步骤。根据蚂蚁构建的解的质量，算法会更新路径上的信息素浓度。一般来说，较优解所对应的路径上的信息素浓度会得到增加，而较差解所对应的路径上的信息素则会由于挥发作用而减少。通过这种方式，算法能够逐步强化优秀路径并淘汰较差路径。

迭代是蚁群优化算法的最后一个步骤。通过重复构建解和更新信息素的过程，算法能够逐步逼近问题的最优解。迭代次数、终止条件等参数的设置需要根据问题的特点进行调整，以确保算法能够在合理的时间内找到满意解。

3. 蚁群优化算法的应用领域

蚁群优化算法作为一种启发式优化算法，在多个领域具有广泛的应用价值。其中，旅行商问题（TSP）和车辆路径问题（VRP）是蚁群优化算法最为经典的应用场景。

TSP 问题是一个典型的组合优化问题，旨在找到访问的一系列城市并返回起点的最短可能路线。蚁群优化算法通过模拟蚂蚁的觅食行为，在解空间中搜索满足约束条件的最短路径。由于其出色的全局搜索能力和鲁棒性，蚁群优化算法在解决 TSP 问题时具有显著的优势。

VRP 问题则是物流配送领域中的一个重要问题，涉及车辆路径规划、货物分配等多个方面。蚁群优化算法可以通过模拟蚂蚁的协作行为，在复杂的约束条件下找到满足需求的优化方案。这对于提高物流配送效率、降低成本具有重要意义。

此外，蚁群优化算法还在网络路由、数据挖掘和图像处理等领域得到了广泛应用。在网络路由中，蚁群优化算法可以用于寻找网络中的最优路径，提高数据传输效率；在数据挖掘中，蚁群优化算法可以用于特征选择、聚类分析等任务；在图像处理中，蚁群优化算法可以用于图像分割、边缘检测等问题的求解。

随着研究的不断深入和应用领域的不断拓展，蚁群优化算法将在更多领域发挥重要作用。未来，我们可以进一步探索蚁群优化算法的改进和优化方法，提高其求解质量和效率；同时，也可以将蚁群优化算法与其他优化算法进行融合，形成更加强大的混合优化算法，以更好地解决复杂优化问题。

五、优化与决策在经济管理中的实践

（一）生产计划优化

生产计划优化是经济管理中一个至关重要的环节，它涉及企业资源的合理配置、生产成本的控制以及市场需求的满足。在竞争激烈的市场环境中，优化生产计划不仅能够提高生产效率、降低运营成本，还能增强企业的市场竞争力，为企业的可持续发展奠定坚实基础。

1. 需求预测与产能规划

需求预测是生产计划优化的起点，它为企业提供了制定生产策略的重要依据。通过对历史销售数据、市场趋势、季节性因素等的深入分析，企业可以预测未来一段时间内的产品需求情况。这种预测有助于企业提前规划产能，确保生产能力与市场需求相匹配，避免产能过剩或不足。

在产能规划过程中，企业需要综合考虑多种因素，如设备能力、人力资源和原材料供应等。通过科学评估现有产能和潜在产能，企业可以制定出合理的生产计划，确保生产活动的顺利进行。同时，产能规划还需要考虑生产成本的控制，通过优化生产流程、提高设备利用率等方式降低生产成本，提高企业的盈利能力。

此外，随着市场竞争的加剧，企业对生产计划的灵活性要求也越来越高。因此，在制定生产计划时，企业需要充分考虑市场需求的变化和不确定性因素，制定出具有弹性的生产计划，以应对可能出现的市场波动。

2. 资源优化配置

资源优化配置是生产计划优化的关键步骤。在生产过程中，企业需要充分利用有限的资源，实现最大化效益。这涉及原材料、设备、人力等多种资源的合理配置。

企业需要对原材料进行精细管理。通过制定合理的采购计划和库存控制策略，确保原材料的稳定供应和成本控制。同时，企业还需要关注原材料的质量问题，确保原材料符合生产要求，避免因原材料问题导致的生产延误或质量事故。

设备的配置和使用也是资源优化的重要环节。企业需要根据生产需求选择合适的设备，并进行定期维护和保养，确保设备的正常运行和高效利用。此外，企业还可以通过引进先进的生产技术和设备，提高生产效率和质量水平。

在人力资源配置方面，企业需要根据生产任务和员工技能进行合理分工和调度。通过培训和教育提高员工的专业素质和工作能力，激发员工的工作积极性和创造力。同时，企业还需要关注员工的福利待遇和工作环境，提高员工的工作满意度和忠诚度。

为了实现资源的最优配置，企业可以采用数学规划等方法进行决策分析。例如，通过线性规划模型确定原材料、设备、人力等资源的最佳组合方案；通过整数规划模型解决生产过程中的离散性问题；通过动态规划模型处理多阶段决策问题等。这些方法可以帮助企业找到资源利用的最优方案，实现成本最小化或利润最大化。

3. 生产排程与调度

生产排程与调度是生产计划优化的具体执行层面。在确定了资源配置方案后，企业需要制定详细的生产排程和调度计划，以确保生产活动的顺利进行。

企业需要根据生产任务的紧急程度和重要程度进行优先级排序。对于紧急且重要的任务，企业需要优先安排生产资源和人力，确保任务按时完成。对于非紧急或非重要的任务，企业可以灵活调整生产进度，以应对可能出现的市场变化或突发事件。

企业需要合理安排各个生产任务的开始时间和结束时间。通过优化生产顺序和减少等待时间，提高设备的利用率和劳动生产率。同时，企业还需要考虑生产过程中的协调性和连贯性，确保各个生产环节之间的顺畅衔接。

在调度过程中，企业还需要关注生产过程中的异常情况。一旦发现生产进度延误、质量问题或其他异常情况，企业需要及时采取措施进行调整和纠正，确保生产计划的顺利实施。

为了实现生产排程与调度的优化，企业可以采用先进的生产管理系统和信息技术手段。例如，通过引入 ERP、MES 等管理系统实现生产数据的实时监控和数据分析；通过采用物联网技术实现生产设备的远程监控和故障诊断；通过引入人工智能技术实现生产过程的自动化和智能化等。这些技术手段可以提高生产排程与调度的效率和准确性，降低生产成本和风险。

4. 动态调整与反馈机制

生产计划优化是一个持续的过程，需要随着市场变化和实际生产情况进行动态调整。因此，企业需要建立有效的动态调整与反馈机制，确保生产计划的灵活性和适应性。

企业需要建立实时的生产数据监控系统。通过收集和分析生产数据，企业可以及时发现生产过程中的问题和异常情况，并采取相应的措施进行调整。例如，当发现某道工序的生产效率较低时，企业可以调整该道工序的生产参数或引入新的生产技术；当发现某种原材料的库存量不足时，企业可以及时调整采购计划或优化库存结构等。

企业需要建立定期的生产计划评估和调整机制。通过对生产计划执行情况的定期评估，企业可以了解生产计划的实施效果和市场反馈情况，并根据评估结果对生产计划进行必要的调整。例如，当市场需求发生变化时，企业可以调整生产任务的优先级或增加新的生产任务；当生产资源发生变化时，企业可以重新配置资源或优化生产流程等。

此外，企业还需要加强与供应商、客户等合作伙伴的沟通与协作。通过及时获取市场信息和客户需求反馈，企业可以更好地把握市场变化和客户需求变化，从而制定出更加符合市场需求的生产计划。

（二）供应链网络优化

在经济管理的众多领域中，供应链网络优化扮演着至关重要的角色。一个高效、灵活的供应链网络不仅能够降低企业的运营成本，提高市场响应速度，还能显著增强企业的竞争力。在当前全球经济一体化和市场竞争日益激烈的环境下，供应链网络优化成为企业持续发展和保持竞争优势的关键。

1. 供应商选择与评价

供应商选择是供应链网络优化的起点，也是确保供应链稳定运行的基石。企业在选择供应商时，需要综合考虑多个因素，包括产品质量、价格、交货期、服务等。通过制定明确的评价标准和方法，企业可以对潜在供应商进行全面、客观的评价，从而选择出最符合企业需求的优质供应商。

在供应商评价过程中，企业需要关注供应商的生产能力、技术水平、质量管理体系以及售后服务等方面。同时，企业还需要定期对供应商的表现进行绩效评估，以确保供应商能够持续改进，满足企业的需求。通过与优质供应商建立长期稳定的合作关系，企业可以确保供应链的稳定性和可靠性，降低采购风险。

2. 库存管理与物流配送

库存管理和物流配送是供应链网络优化的两个关键环节。库存管理涉及企业产品的存储、保管和调配等方面，而物流配送则关注产品从供应商到最终消费者的整个流通过程。

在库存管理方面，企业需要根据市场需求、销售预测和供应链状况等因素，制定合理的库存水平和补货策略。通过采用先进的库存管理技术，如实时库存监控、需求预测分析等，企业可以确保库存量的合理性和及时性，避免库存积压和缺货现象的发生。

在物流配送方面，企业需要选择合适的运输方式和路线，优化物流网络布局，降低运输成本和时间成本。通过采用先进的物流信息技术，如物联网、大数据等，企业可以实现对物流过程的实时监控和调度，提高物流效率和准确性。

3. 信息共享与协同决策

信息共享和协同决策是供应链网络优化的重要手段。通过实现供应链各节点企业之间的信息共享，企业可以实时获取供应链中的各种信息，包括库存状态、生产进度、销售数据等。这些信息为企业提供了决策支持，有助于企业做出更加准确、及时的决策。

同时，协同决策也是供应链网络优化的关键。通过加强供应链各节点企业之间的沟通和协作，企业可以共同应对市场变化和挑战，实现供应链的整体优化。例如，在需求预测方面，企业可以与供应商共享销售数据和市场信息，共同制定更加准确的需求预测模型；在库存管理方面，企业可以与物流服务商协同管理库存，实现库存水平的优化和降低。

为了实现信息共享和协同决策，企业需要借助先进的信息技术手段，如供应链管理系统、云计算平台等。这些技术可以为企业提供高效、便捷的信息共享和协同决策平台，促进供应链各节点企业之间的紧密合作和共同发展。

4. 风险管理与应对策略

供应链网络优化还需要充分考虑风险管理。由于供应链涉及多个环节和多个合作伙伴，因此存在着各种潜在的风险因素，如供应商破产、运输延误、市场需求波动等。这些风险因素可能对企业的运营和供应链稳定性造成严重影响。

为了降低供应链风险，企业需要制定完善的风险管理策略和应对措施。首先，企业需要对供应链中的潜在风险进行识别和评估，确定风险的大小和可能的影响范围。其次，企业需要制定相应的风险应对策略，包括风险规避、风险转移和风险减轻等。例如，企业可以通过多元化采购策略来降低供应商破产的风险；通过优化物流配送网络来降低运输延误的风险；通过加强市场研究和需求预测来应对市场需求波动的风险。

此外，企业还需要建立风险预警机制和应急响应机制，及时发现和处理供应链中的风险事件。通过加强风险管理和应对策略的制定与实施，企业可以确保供应链的稳定性和可靠性，降低风险对企业运营的影响。

（三）投资组合优化

投资组合优化是经济管理中金融投资决策的一个重要领域，它旨在通过合理的资产配置，实现投资者在风险可控前提下的收益最大化。在复杂多变的金融市场中，投资者需要运用科学的方法和策略，对投资组合进行优化，以达到投资目标。

1. 资产选择与配置

投资组合优化的第一步是选择合适的资产进行配置。投资者需要根据自身的风险偏好、投资目标和市场环境，综合考虑资产的收益性、风险性和流动性等多个因素。通过多元化投资，投资者可以分散风险，降低单一资产对投资组合的影响。

在选择资产时，投资者可以运用现代投资组合理论，如均值-方差优化和风险平价等方法。均值-方差优化是一种通过最小化投资组合的方差（即风险）同时最大化预期收益的方法。它根据资产的预期收益和风险（通常用方差或标准差来衡量）来确定每种资产在投资组合中的最佳配置比例。风险平价则是一种更加关注风险分散的策略，它试图使投资组合中每种资产对整体风险的贡献相等，从而实现风险的均衡分布。

除了传统的股票、债券等资产类别，投资者还可以考虑将其他投资工具，如期货、期权、对冲基金等纳入投资组合中。这些投资工具具有不同的风险收益特性，可以为投资组合提供更多的配置选择。

2. 风险管理与对冲策略

在投资组合优化过程中，风险管理是至关重要的。投资者需要对投资组合的整体风险水平进行评估，并采取相应的风险管理措施来降低潜在风险。

一种常见的风险管理策略是对冲策略。对冲策略通过引入与原有资产风险相反的资产或衍生品，以降低特定风险。例如，投资者可以使用股指期货或期权等衍生品来对冲股票市场的下跌风险。通过合理配置对冲工具，投资者可以在保持投资组合收益的同时，降低潜在损失。

此外，投资者还可以采用动态调整投资组合的方法来应对市场变化。当市场环境发生变化时，投资者可以根据市场趋势和资产表现，对投资组合进行及时调整，以保持风险的可控性。这包括调整资产配置比例、替换表现不佳的资产或引入新的投资机会等。

3. 性能评估与监控

投资组合的性能评估与监控是投资组合优化过程中的重要环节。投资者需要定期评估投资组合的表现，以便了解投资组合的优劣并作出相应的调整。

性能评估主要包括对投资组合的收益率、波动率、最大回撤等指标进行计算和分析。通过比较这些指标与市场基准或同类投资组合的表现，投资者可以评估投资组合的相对优劣。同时，投资者还需要关注投资组合的资产配置、风险水平等关键因素的变化情况，以便及时发现潜在问题并采取相应措施。

监控投资组合的表现需要借助有效的信息系统和工具。投资者可以利用专业的投资管理系统或数据分析软件，对投资组合进行实时监控和数据分析。通过定期报告和可视化图表，投资者可以清晰地了解投资组合的动态变化和市场趋势，为决策提供有力支持。

4. 量化分析与决策支持

随着金融科技的不断发展，量化分析在投资组合优化中发挥着越来越重要的作用。量化分析通过运用数学模型、统计方法和计算机算法等工具，对投资组合进行更加精确的分析和决策支持。

量化分析可以帮助投资者发现潜在的投资机会并优化投资策略。通过对大量历史数据进行分析和挖掘，投资者可以发现市场的规律和趋势，从而制定更加科学的投资策略。同时，量化分析还可以提供精确的风险预测和度量方法，帮助投资者更好地管理风险。

第六章　智慧财会与经济管理方法的挑战与机遇

第一节　智慧财会面临的挑战

一、数据安全性与隐私保护

（一）数据泄露与滥用的风险

在数字化时代，数据已经成为一种重要的资产，但同时也带来了数据泄露与滥用的风险。这些风险不仅威胁到个人隐私，还可能对企业和国家安全造成重大影响。

1. 数据泄露的途径与后果

数据泄露通常是由安全漏洞、人为错误或恶意攻击导致的。泄露的数据可能包括个人身份信息、财务信息、健康记录等敏感信息。一旦这些信息落入不法分子手中，就可能被用于身份盗窃、诈骗等犯罪活动。此外，企业数据的泄露还可能导致商业机密泄露、客户信任丧失和重大财务损失。

2. 数据滥用的危害

数据滥用是指未经授权或违反规定使用数据的行为。这种滥用可能发生在企业内部，如员工滥用职权访问客户数据；也可能发生在外部，如黑客利用泄露的数据进行非法活动。数据滥用不仅侵犯了个人隐私权，还可能破坏市场竞争秩序，损害企业和消费者的利益。

3. 风险管理与应对策略

为应对数据泄露与滥用的风险，企业和组织需要建立全面的数据安全管理体系。这包括加强网络安全防护、定期进行安全审计和漏洞扫描、制定严格的数据访问和使用政策，以及加强员工的安全意识和培训。同时，还需要建立应急响应机制，以便在发生数据泄露事件时能够迅速应对，减轻损失。

（二）加密技术与访问控制的需求

加密技术和访问控制是保护数据安全的重要手段。它们通过限制对数据的访问和使用，确保只有授权的用户才能访问敏感信息。

1. 加密技术的应用

加密技术通过将数据转换为不可读的密文形式，保护数据在传输和存储过程中的安全。常见的加密技术包括对称加密、非对称加密和混合加密等。这些技术可以确保即使数据被截获或窃取，也无法被未经授权的人员解密和读取。

2. 访问控制的重要性

访问控制是一种确保只有授权用户才能访问和操作数据的安全措施。通过实施访问控制策略，如身份验证、权限管理和审计跟踪等，可以防止未经授权的用户访问敏感数据。这有助于降低内部和外部威胁对数据安全的潜在影响。

3. 技术挑战与解决方案

虽然加密技术和访问控制在保护数据安全方面发挥着重要作用，但也面临着一些技术挑战。例如，随着计算能力的不断提升，传统的加密算法可能面临被破解的风险。此外，访问控制策略的实施也可能受到人为错误或恶意攻击的影响。为应对这些挑战，需要不断研发新的加密算法和安全技术，并加强对访问控制策略的管理和监控。

（三）遵守数据保护法规的挑战

随着数据安全问题日益突出，各国纷纷出台相关法律法规来保护个人隐私和数据安全。遵守这些法规对于企业和组织来说是一项重要的挑战。

1. 法规的多样性与复杂性

不同国家和地区的数据保护法规可能存在差异，甚至在同一国家内部也可能存在多个相关法规。这些法规的多样性和复杂性给企业和组织带来了合规性挑战。他们需要了解并遵守适用于其业务活动的所有相关法规，以确保数据处理活动的合法性和合规性。

2. 跨境数据传输的监管要求

随着全球化的发展，跨境数据传输已成为常态。然而，不同国家和地区对于跨境数据传输的监管要求可能存在差异。企业和组织需要了解并遵守这些要求，以确保在跨境数据传输过程中不会违反相关法律法规。

3. 隐私保护与业务发展的平衡

在遵守数据保护法规的同时，企业和组织还需要考虑隐私保护与业务发展之间的平衡。过度保护可能导致业务受限和创新能力下降，而保护不足则可能引发法律风险和声誉损失。因此，他们需要在确保合规的前提下，寻求隐私保护与业务发展之间的最佳平衡点。

为应对遵守数据保护法规的挑战，企业和组织需要建立完善的合规管理体系。这包括设立专门的合规团队、制定详细的合规政策和流程、定期进行合规培训和审计等。同时，他们还需要与监管机构保持密切沟通，及时了解法规动态和监管要求，确保业务活动的合法性和合规性。

二、技术更新与兼容性

（一）新技术的快速迭代与适配问题

随着科技的飞速发展，新技术的迭代速度日益加快，为企业和个人带来了前所未有的机遇与挑战。新技术的快速迭代不仅推动了社会的进步，也对现有的技术体系和用户习惯产生了深远的影响。然而，这种快速的迭代也带来了一系列适配问题，需要我们在享受技术红利的同时，积极应对和解决。

1. 新技术迭代带来的机遇

新技术的快速迭代意味着我们可以更快地获得更先进、更高效的技术解决方案。无论是人工智能、大数据、云计算还是物联网等领域，新技术的不断涌现都在推动着相关行业的创新与发展。对于企业而言，掌握新技术意味着拥有了更多的竞争优势和市场机会；对于个人而言，新技术则带来了更便捷的生活方式和更高效的工作模式。

2. 适配问题的挑战

然而，新技术的快速迭代也带来了一系列适配问题。首先，新技术与旧有技术体系之间的兼容性问题日益突出。随着技术的更新换代，旧有的技术体系往往难以完全兼容新技术，导致在升级过程中可能出现各种故障和冲突。其次，用户习惯的改变也是一个不容忽视的问题。新技术的引入往往意味着用户需要学习和适应新的操作方式及使用习惯，这对于一些用户来说可能是一个不小的挑战。

3. 应对策略与建议

面对新技术的快速迭代和适配问题，我们需要采取积极的应对策略。首先，企业和个人需要保持对新技术的关注和学习，以便及时了解和掌握最新的技术动态和发展趋势。其次，在引入新技术时，需要充分考虑其与现有技术体系的兼容性问题，以及用户的使用习惯和需求。此外，我们还可以通过建立完善的技术支持体系和用户培训体系来帮助用户更好地适应和使用新技术。

（二）遗留系统与现代化平台的集成难题

在信息技术领域，遗留系统是指那些已经存在一段时间并且仍然在运行的旧有系统。这些系统往往承载着企业的重要数据和业务流程，但同时也面临着与现代化平台集成难的挑战。

1. 遗留系统的价值与挑战

遗留系统作为企业历史发展的产物，往往承载着大量的业务数据和流程信息。这些系统虽然可能已经过时，但仍然对企业的运营和管理起着至关重要的作用。然而，随着企业信息化建设的不断深入，遗留系统与现代化平台之间的集成问题日益凸显。这些系统可能采用不同的技术架构、数据格式和通信协议，导致在集成过程中可能出现各种技术难题和兼容性问题。

2. 集成难题的具体表现

遗留系统与现代化平台的集成难题主要表现在以下几个方面：首先，技术架构的差异可能导致系统之间无法直接通信和交互；其次，数据格式的不统一可能导致数据在传输过程中出现丢失或错误；最后，通信协议的不兼容可能导致系统之间无法实现正常的信息交换和共享。这些问题不仅影响了系统的整体性能和稳定性，也制约了企业的信息化进程和业务创新。

3. 解决策略与建议

为了解决遗留系统与现代化平台的集成难题，我们可以采取以下策略和建议：首先，对遗留系统进行全面的评估和分析，了解其技术架构、数据格式和通信协议等关键信息；其次，根据评估结果制定相应的集成方案和技术路线，确保系统之间的顺畅通信和交互；最后，加强团队之间的沟通与协作，共同解决集成过程中可能出现的各种问题和挑战。

（三）技术标准与互操作性的要求

在信息技术领域，技术标准是指为了规范技术发展、促进技术创新和保障信息安全而制定的一系列统一的技术规范和准则。而互操作性则是指不同系统、平台或设备之间能够相互通信、协作和共享信息的能力。技术标准与互操作性是确保信息系统正常运行和持续发展的重要保障。

1. 技术标准的重要性

技术标准在信息技术领域具有举足轻重的地位。首先，技术标准可以规范技术发展，避免技术混乱和重复开发；其次，技术标准可以促进技术创新，推动相关行业的进步与发展；最后，技术标准还可以保障信息安全，降低系统漏洞和风险。因此，制定和实施统一的技术标准对于推动信息技术的发展和应用具有重要意义。

2. 互操作性的挑战与要求

然而，实现不同系统、平台或设备之间的互操作性并非易事。首先，不同系统可能采用不同的技术架构和数据格式，导致在通信和协作过程中可能出现各种兼容性问题；其次，不同厂商的设备可能遵循不同的通信协议和标准，导致设备之间无法实现正常的信息交换和共享。因此，为了实现良好的互操作性，我们需要制定统一的技术标准和通信协议，并确保各系统、平台和设备都遵循这些标准和协议。

3. 应对策略与建议

为了应对技术标准与互操作性的挑战和要求，我们可以采取以下策略和建议：首先，积极参与国际和国内的技术标准制定工作，推动形成统一、开放的技术标准体系；其次，加强不同系统、平台和设备之间的测试与验证工作，确保它们能够遵循统一的技术标准和通信协议；最后，加强行业间的沟通与协作，共同推动信息技术领域的技术标准与互操作性发展。

三、人工智能与自动化技术的局限性

（一）AI算法的偏差与误判风险

随着人工智能（AI）技术的飞速发展，AI算法已广泛应用于各个领域，从推荐系统到自动驾驶，从医疗诊断到金融风控。然而，这些算法并非完美无缺，它们存在着偏差与误判的风险，这些风险可能源于数据、算法本身或人类干预等多个层面。

1. 数据偏差导致的算法误判

AI算法的训练依赖于大量数据，而数据的质量直接决定了算法的准确性。如果训练数据存在偏差（样本不均衡、标注错误或数据过时等），那么算法在做出决策时就可能受到这些偏差的影响，导致误判。例如，一个面部识别算法的训练数据中缺乏某些种族或年龄段的样本，那么该算法在识别这些人群时可能表现不佳。

2. 算法本身的局限性

即使数据质量得到保证，AI算法本身也可能存在局限性。这些局限性可能源于算法的设计、模型的复杂度或优化目标的选择等。例如，深度学习模型虽然强大，但它们往往需要大量的数据和计算资源来训练，且对于某些复杂问题可能难以找到全局最优解。此外，某些算法可能过于关注训练数据中的噪声或细节，而忽略了更重要的全局结构。

3. 人类干预的影响

在AI算法的开发和应用过程中，人类的干预也是不可或缺的。然而，人类的偏见和错误也可能被引入算法中。例如，开发者可能在设计算法时无意中引入了自己的偏见，或者在使用算法时对其进行了不当的调整。这些人为因素都可能导致算法的偏差和误判。

（二）自动化流程中的异常处理挑战

自动化技术已广泛应用于企业生产和运营流程中，旨在提高效率、降低成本并减少人为错误。然而，在自动化流程中处理异常情况时，往往面临着诸多挑战。

1. 异常检测的准确性

自动化流程中的异常检测通常依赖于预设的规则、阈值或机器学习模型。然而，这些方法可能无法准确识别所有异常情况，尤其是那些罕见或未知的异常。此外，误报和漏报也是异常检测中常见的问题，它们可能导致不必要的干预或未能及时处理的紧急情况。

2. 异常处理的灵活性

自动化流程通常要求系统能够自动处理异常情况，而无需人工干预。然而，在实际应用中，许多异常情况需要人类的判断和决策才能妥善处理。因此，如何在自动化流程中融入人类智能，实现灵活的异常处理，是一个具有挑战性的问题。

3. 自动化流程的可解释性

当自动化流程中的异常情况发生时，往往需要对原因进行解释和分析。然而，许多自动化系统和机器学习模型缺乏可解释性，使得人们难以理解其内部逻辑和决策过程。这增加了在异常情况下进行故障排查和原因分析的难度。

（三）人工智能在复杂决策中的局限性

人工智能在辅助或替代人类进行决策方面具有巨大潜力，但在处理复杂决策时，其局限性也愈发明显。

1. 缺乏全局观和长远视野

AI 算法通常基于历史数据和当前环境进行决策，而难以像人类那样考虑全局和长远的影响。这可能导致算法在面对复杂决策时缺乏远见和判断力，无法制定出真正符合长期利益的策略。

2. 难以处理不确定性和模糊性

复杂决策往往伴随着大量的不确定性和模糊性，如市场需求的变化、竞争对手的策略调整或政策法规的变动等。虽然某些 AI 算法能够处理一定程度的不确定性，但在面对高度复杂和模糊的问题时，它们往往难以给出可靠的决策建议。

3. 缺乏道德和伦理考量

与人类不同，AI 算法本身不具备道德和伦理观念。因此，在涉及伦理问题的复杂决策中，如医疗资源的分配、自动驾驶车辆的安全权衡等，AI 算法可能无法像人类那样综合考虑各种伦理因素并做出恰当的决策。

四、人才短缺与技能更新

（一）智慧财会领域专业人才的需求

随着信息技术的快速发展，智慧财会领域对专业人才的需求日益迫切。智慧财会是指利用大数据、人工智能、云计算等现代信息技术手段，对传统财会工作进行数字化、智能化改造，以提高工作效率和质量的方法。在这一背景下，具备信息技术和财会专业知识的复合型人才成了市场上的"香饽饽"。

1. 智慧财会领域的发展趋势

智慧财会领域正朝着自动化、智能化、数据化的方向发展。自动化可以大幅减少人工操作，提高处理效率；智能化则通过算法和模型对数据进行深度挖掘和分析，为决策提供有力支持；数据化则是将财会信息以数字化的形式进行存储、传输和处理，便于信息的共享和利用。这些发展趋势对专业人才提出了更高的要求。

2. 智慧财会领域对专业人才的具体需求

智慧财会领域需要的人才不仅要具备扎实的财会专业知识，还要熟悉信息技术、数据分析、业务运营等多个领域。具体来说，他们需要掌握财务软件的操作和维护、财务数据的分析和挖掘、业务流程的优化和再造等技能。此外，良好的沟通能力和团队协作精神也是必不可少的。

3. 智慧财会领域人才需求的紧迫性

随着企业数字化转型的加速推进，智慧财会领域对专业人才的需求越来越紧迫。然而，当前市场上具备相关技能的人才供不应求，这在一定程度上制约了智慧财会领域的发展。因此，加强人才培养和引进工作势在必行。

（二）传统财会人员技能转型的难题

面对智慧财会领域的发展趋势和人才需求，传统财会人员面临着技能转型的巨大压力。然而，他们在转型过程中遇到了诸多难题。

1. 技能和知识结构的局限性

传统财会人员长期从事基础性的账务处理工作，对新技术、新理念的接受程度有限。他们的技能和知识结构往往局限于传统的财会领域，难以适应智慧财会领域对复合型人才的需求。

2. 学习动力和时间的不足

由于工作繁忙、家庭负担等原因，传统财会人员在学习新技能和知识方面往往缺乏足够的动力和时间。这使得他们在技能转型过程中进展缓慢，甚至产生挫败感。

3. 职业发展路径的不明确

传统财会人员在向智慧财会领域转型时，往往面临着职业发展路径不明确的问题。他们不清楚自己应该朝哪个方向努力，也不了解市场上对智慧财会人才的需求情况。这种迷茫感进一步加剧了他们的转型难度。

（三）持续学习与职业发展的支持体系

为了帮助传统财会人员顺利实现技能转型，需要建立一个完善的持续学习与职业发展的支持体系。这个体系应该包括以下几个方面。

1. 提供多样化的学习资源和培训机会

针对传统财会人员的不同需求和特点，提供多样化的学习资源和培训机会。这些资源和机会可以包括在线课程、实体培训、工作坊、研讨会等多种形式，内容涵盖信息技术、数据分析、业务运营等多个领域。通过灵活多样的学习方式，帮助传统财会人员逐步掌握智慧财会领域所需的新技能和知识。

2. 建立激励机制和考核标准

为了激发传统财会人员的学习动力，需要建立相应的激励机制和考核标准。这些机制可以包括学分制、证书制度、职称晋升等，通过给予一定的物质和精神奖励，鼓励传统财会人员积极参与学习和培训活动。同时，制定明确的考核标准，对学习成果进行定期评估和反馈，帮助传统财会人员了解自己的进步和不足，及时调整学习策略和方向。

3. 提供职业规划和指导服务

针对传统财会人员在职业发展方面的迷茫感，需要提供专业的职业规划和指导服务。这些服务可以包括职业测评、职业咨询、导师制度等，通过帮助传统财会人员了解自己的兴趣、特长和价值观，明确职业发展方向和目标。同时，为他们提供与智慧财会领域相关的行业动态、职位信息等资讯服务，帮助他们更好地把握市场机遇和挑战。

4. 加强实践锻炼和交流合作

实践是检验学习成果的最好方式。因此，在支持体系中应加强实践锻炼的环节。可以通过组织项目实战、企业实习、案例分析等活动，让传统财会人员在实践中掌握新技能和知识。同时，加强与其他领域专业人才的交流合作，拓宽视野和思路，提升综合素质和竞争力。

第二节　经济管理方法的发展机遇

一、大数据与分析技术的崛起

（一）大数据在经济管理中的应用潜力

随着信息技术的飞速发展，大数据已经成为当今社会的一大特色和发展趋势。大数据以其海量、多样、快速和真实的特点，为经济管理领域带来了前所未有的应用潜力。

1. 市场趋势预测与消费者行为分析

在经济管理领域，市场趋势的准确预测和消费者行为的深入分析是至关重要的。大数据技术能够收集、整合和分析来自各种渠道的海量数据，包括社交媒体、在线购物、搜索引擎等，从而揭示出消费者的购买偏好、行为习惯和市场需求的变化趋势。这种深入的市场洞察有助于企业更精准地定位目标市场，制定有效的营销策略，优化产品设计和提高市场竞争力。

2. 供应链管理与优化

供应链管理是经济管理中的重要环节，涉及采购、生产、物流、销售等多个环节。大数据技术的应用可以帮助企业实现供应链的透明化和智能化管理。通过对供应链各环节数据的实时采集和分析，企业可以准确掌握库存情况、生产进度、物流状态等信息，及时发现潜在问题并采取相应的应对措施。这种数据驱动的供应链管理有助于降低库存成本、提高物流效率、增强市场响应速度，从而提升企业的整体运营效益。

3. 风险管理与决策支持

在经济管理过程中，风险是无处不在的，包括市场风险、信用风险、操作风险等。大数据技术的应用可以帮助企业建立全面的风险管理体系。通过对历史数据和实时数据的深度挖掘和分析，企业可以识别出潜在的风险因素，评估其可能性和影响程度，并制定相应的风险应对策略。这种基于数据的风险管理有助于降低企业的风险敞口，提高决策的科学性和准确性。

（二）高级分析技术对经济决策的支撑

高级分析技术，如机器学习、人工智能和深度学习等，正在改变我们对数据的理解和应用方式。在经济决策过程中，这些技术提供了强大的支撑和新的视角。

1. 预测模型的构建与优化

经济决策往往需要对未来的市场趋势、竞争态势和潜在机会进行预测。高级分析技术可以帮助企业构建精准的预测模型，通过对历史数据的训练和学习，模型能够自动识别出影响市场变化的关键因素，并预测其未来的发展趋势。这种基于数据的预测有助于企业把握市场先机，制定前瞻性的战略和计划。

2. 决策优化与模拟分析

经济决策往往涉及多个方面和多个目标，如何在有限的资源下实现最优的决策结果是一个复杂的问题。高级分析技术可以帮助企业进行决策优化和模拟分析。通过构建数学模型和优化算法，企业可以在不同的约束条件下寻找最优的决策方案。同时，模拟分析可以帮助企业评估不同决策方案的可能结果和风险，为决策提供更全面的支持。

3. 智能推荐与个性化服务

在经济管理领域,满足消费者的个性化需求是提高市场竞争力的关键。高级分析技术可以帮助企业实现智能推荐和个性化服务。通过对消费者数据的深度挖掘和分析,企业可以了解消费者的兴趣爱好、购买偏好和行为习惯,从而为他们提供定制化的产品和服务推荐。这种个性化的服务模式有助于提升消费者的满意度和忠诚度,增强企业的市场竞争力。

(三)数据驱动的管理决策模式转型

随着大数据和分析技术的广泛应用,数据驱动的管理决策模式正在成为企业转型的重要方向。这种转型不仅改变了企业的决策方式和流程,也对企业的组织结构、文化和人才提出了更高的要求。

1. 决策流程的变革与优化

在传统的决策流程中,企业往往依赖于经验和直觉进行决策。然而,在数据驱动的管理决策模式下,数据成为决策的核心和依据。企业需要建立完善的数据采集、存储和分析体系,确保数据的准确性、完整性和及时性。同时,决策流程也需要进行相应的变革和优化,以适应数据驱动的管理决策模式的要求。例如,企业可以建立跨部门的数据分析团队或数据中心,负责数据的整合和分析工作;在决策过程中引入数据分析结果作为重要参考依据;建立基于数据的决策评估机制等。

2. 组织结构的调整与协同

数据驱动的管理决策模式要求企业具备更高的组织灵活性和协同能力。企业需要打破传统的部门壁垒和层级结构,建立更加扁平化、网络化的组织结构。这种组织结构有助于促进部门之间的沟通和协作,实现数据的共享和利用。同时,企业也需要建立相应的激励机制和培训体系,鼓励员工积极参与数据分析工作并提升相关技能。

3. 企业文化与人才的转型

数据驱动的管理决策模式还要求企业培育一种以数据为核心的企业文化。这种文化强调数据的价值、准确性和创新性应用,鼓励员工积极运用数据进行决策和创新。同时,企业也需要加强对数据分析人才的培养和引进工作,建立一支具备专业素养和实践经验的数据分析团队。这支团队将成为企业实现数据驱动管理决策模式转型的关键力量。

二、数字化转型与流程自动化

(一)数字化转型提升管理效率

在数字化时代,企业的管理模式正在经历深刻的变革。数字化转型不仅仅是技术层面的革新，更是管理理念和方法的升级。通过数字化转型，企业可以大幅提升管理效率，进而增强市场竞争力。

1. 数字化转型优化信息管理

传统的管理模式往往依赖于纸质文档和人工传递，效率低下且容易出错。数字化转型通过引入电子文档管理系统，协同办公平台等数字化工具，实现信息的快速录入、存储、查询和共享。这不仅提高了信息处理的速度，还降低了出错率，使得管理者能够更加迅速、准确地做出决策。

2. 数字化转型强化数据分析能力

数字化转型使得企业能够收集并存储大量数据，包括市场趋势、客户需求、产品性能等多方面的信息。通过引入数据分析工具，企业可以对这些数据进行深入挖掘和分析，发现潜在的市场机会和客户需求，从而优化产品设计和服务流程。这种数据驱动的管理方式使得企业的决策更加科学和精准。

3. 数字化转型提升沟通协作效率

数字化转型打破了时间和空间的限制，使得企业内部的沟通协作变得更加高效。通过即时通讯工具、在线会议系统等数字化手段，员工可以随时随地进行沟通和协作，无需面对面接触。这不仅提高了工作效率，还降低了沟通成本，使得企业能够更加灵活地应对市场变化。

（二）流程自动化降低运营成本

流程自动化是数字化转型的重要组成部分。通过引入自动化工具和流程管理系统，企业可以实现业务流程的自动化处理，从而降低运营成本，提高运营效率。

1. 流程自动化减少人工干预

在传统的业务流程中，大量的人工干预不仅效率低下，而且容易出错。流程自动化通过引入自动化工具和流程管理系统，实现了业务流程的自动化处理。这不仅提高了处理速度，还降低了出错率，从而减少了人工成本和纠错成本。

2. 流程自动化优化资源配置

流程自动化使得企业能够更加精确地掌握各业务流程的需求和资源消耗情况。通过自动化工具对流程进行实时监控和分析，企业可以及时发现资源瓶颈和浪费现象，从而优化资源配置。这种基于数据的资源配置方式使得企业的资源利用更加高效和合理。

3. 流程自动化提升客户满意度

流程自动化不仅提高了企业内部运营效率，还提升了客户满意度。通过自动化工具对客户需求进行快速响应和处理，企业可以提供更加及时、准确的服务。同时，自动化工具还可以对客户数据进行深入挖掘和分析，发现潜在的服务需求和改进方向，从而提供更加个性化的服务体验。

（三）智能化工具在经济管理中的创新应用

随着人工智能技术的不断发展，智能化工具在经济管理中的应用越来越广泛。这些工具不仅提高了管理效率，还为企业带来了全新的管理视角和商业模式。

1. 智能化工具辅助决策支持

智能化工具通过引入机器学习和数据分析技术，可以对海量数据进行深入挖掘和分析。在经济管理中，这些工具可以为企业提供决策支持服务，帮助管理者更加科学和准确地做出决策。例如，基于大数据的智能预测模型可以预测市场趋势和客户需求变化，从而指导企业的战略规划和产品设计。

2. 智能化工具优化流程管理

智能化工具在流程管理方面也发挥了重要作用。通过引入自动化工具和人工智能算法，企业可以实现更加高效、智能的流程管理。例如，基于工作流的自动化管理系统可以根据业务规则自动分配任务和处理流程，从而降低人工干预的影响，并提高处理速度。同时，智能化工具还可以对流程进行实时监控和分析，发现潜在问题和改进方向。

3. 智能化工具推动商业模式创新

智能化工具的应用还为企业带来了全新的商业模式和盈利机会。例如，基于大数据和人工智能技术的智能推荐系统可以为客户提供更加个性化的产品推荐和服务体验；基于区块链技术的智能合约可以实现更加透明、高效的交易和结算过程；基于物联网技术的智能设备可以实现更加智能化的生产和供应链管理。这些创新应用不仅提升了企业的市场竞争力，还为消费者带来了更好的产品和服务体验。

三、人工智能在经济管理中的深化应用

（一）AI 在预测与决策支持中的角色

随着技术的飞速发展，人工智能已逐渐渗透到经济管理的各个领域，尤其在预测与决策支持方面发挥着越来越重要的作用。AI 的引入不仅提高了预测的准确性，还为决策提供了更加科学和全面的支持。

1. AI 在数据分析与预测中的应用

传统的经济预测方法往往依赖于历史数据和统计模型，但在处理复杂、非线性的经济现象时，其准确性和时效性往往受到限制。AI 技术，特别是机器学习算法，能够自动从海量数据中提取有用的信息，并构建复杂的预测模型。这些模型能够捕捉到传统方法

难以发现的数据模式和趋势，从而提供更准确的预测结果。

2. AI 在决策支持中的价值

决策是经济管理中的核心环节，而 AI 技术能够为决策者提供全面的支持。通过整合各种来源的数据，AI 可以帮助决策者更全面地了解市场状况、竞争态势和潜在风险。此外，AI 还可以模拟不同的决策情景，评估各种方案的可能结果，从而为决策者提供更加科学和全面的建议。

3. AI 在实时决策中的优势

经济环境瞬息万变，要求决策者能够快速做出反应。AI 技术能够实时处理和分析数据，为决策者提供即时的信息和建议。这使得决策者能够在第一时间把握市场机会，应对潜在威胁，从而提高决策的时效性和有效性。

（二）智能算法优化资源配置与计划

在经济管理中，资源的优化配置和计划制定是至关重要的。智能算法的应用为这一领域带来了革命性的变革，使得资源配置更加高效、计划制定更加精准。

1. 智能算法在资源配置中的应用

智能算法，如遗传算法、粒子群算法等，能够自动搜索和优化复杂的解空间，找到最优或近似最优的资源配置方案。这些算法可以根据不同的目标和约束条件，如成本、效率、风险等，进行多目标优化。通过引入智能算法，企业可以更加精确地满足市场需求，降低运营成本，提高资源利用效率。

2. 智能算法在计划制定中的价值

计划制定是经济管理中的关键环节，涉及生产、销售、物流等多个方面。智能算法可以帮助企业制定更加精准和可行的计划。通过整合历史数据和实时信息，智能算法可以预测未来的市场趋势和需求变化，从而为企业制定更加合理的生产计划、销售计划和物流计划。这有助于降低库存成本、提高市场响应速度、增强企业的竞争力。

3. 智能算法在动态环境中的适应性

经济环境不断变化，要求企业能够灵活调整资源配置和计划。智能算法具有很强的适应性和学习能力，能够根据环境的变化自动调整优化策略。这使得企业能够在动态环境中保持竞争优势，实现可持续发展。

（三）人工智能在风险管理中的潜力

风险管理是经济管理中的重要组成部分，涉及市场风险、信用风险、操作风险等多个方面。人工智能技术在风险管理领域具有巨大的潜力，可以帮助企业更加有效地识别、评估和控制风险。

1. AI 在市场风险管理中的应用

市场风险主要来源于市场价格的波动和不确定性。AI 技术可以通过分析大量的市场数据，构建复杂的预测模型来预测市场价格的变化趋势。这些模型可以帮助企业及时识别潜在的市场风险，并采取相应的对冲策略来降低风险敞口。此外，AI 还可以实时监测市场动态，为企业提供即时的风险预警和应对建议。

2. AI 在信用风险管理中的价值

信用风险主要来源于借款人或交易对手的违约行为。AI 技术可以帮助企业更加准确地评估借款人的信用状况，从而降低信用风险。通过整合各种来源的数据，如财务报表、征信记录、社交媒体信息等，AI 可以构建全面的信用评估模型。这些模型能够自动识别和评估借款人的还款能力和还款意愿，为企业提供更加科学和准确的信用决策支持。

3. AI 在操作风险管理中的潜力

操作风险主要来源于企业内部流程、人为错误或系统故障等因素。AI 技术可以帮助企业更加有效地识别和控制操作风险。通过引入自动化工具和智能监控系统，企业可以实时监测和分析内部流程的运行情况，及时发现潜在的操作风险并采取相应的纠正措施。此外，AI 还可以帮助企业优化内部流程设计，降低人为错误和系统故障的发生概率，从而提高企业的运营效率和风险管理水平。

四、跨界融合与创新机遇

（一）经济管理与其他学科的交叉融合

在知识经济的时代背景下，经济管理学不再孤立存在，而是与其他学科产生了深度的交叉融合。这种融合不仅丰富了经济管理学的内涵，也为其带来了新的发展机遇和创新空间。

1. 经济管理学与心理学的交叉融合

心理学研究人类行为和思维过程，而经济管理涉及人的决策、消费、投资等行为。两者的交叉融合产生了行为经济学、消费者行为学等分支领域。这些领域通过引入心理学的理论和方法，更加深入地剖析了经济现象背后的心理机制，为经济管理提供了更加精准的行为预测和策略设计。

2. 经济管理学与计算机科学的交叉融合

计算机科学为经济管理提供了强大的数据处理和分析工具。两者的交叉融合产生了计算经济学、数据科学等新兴领域。这些领域利用计算机科学的算法和模型，对海量数据进行挖掘和分析，揭示了经济现象中的复杂模式和关联，为经济管理提供了更加科学和全面的决策支持。

3. 经济管理学与法学的交叉融合

法学研究法律规则和法律现象，而经济管理涉及企业的合规经营、知识产权保护等问题。两者的交叉融合产生了经济法、知识产权管理等分支领域。这些领域通过引入法学的理论和方法，为经济管理提供了更加完善的法律框架和制度保障，促进了企业的规范运作和健康发展。

（二）新兴技术（如区块链、物联网）的整合应用

随着科技的飞速发展，新兴技术如区块链、物联网等逐渐渗透到经济管理的各个领域，为其带来了前所未有的创新机遇。

1. 区块链技术在经济管理中的应用

区块链技术以其去中心化、不可篡改的特性，为经济管理提供了新的信任机制和数据管理方式。在供应链管理、金融交易等领域，区块链技术可以实现信息的透明共享和可追溯性，降低交易成本和提高效率。同时，智能合约的引入使得合约执行更加自动化和智能化，减少了人为干预和纠纷的可能性。

2. 物联网技术在经济管理中的应用

物联网技术通过连接各种智能设备和传感器，实现了对物理世界的实时感知和数据收集。在经济管理领域，物联网技术可以应用于智能仓储、智能物流等场景，实现对库存、运输等环节的实时监控和优化。这些数据反馈到管理系统中，可以帮助企业更加精准地把握市场动态和客户需求，提高决策效率和运营水平。

（三）创新驱动的经济管理方法与模式

在跨界融合和新兴技术的共同推动下，经济管理方法与模式也呈现出创新驱动的发展趋势。

1. 基于大数据的决策支持系统

大数据技术的兴起使得企业能够收集和处理海量的数据资源。基于大数据的决策支持系统，通过整合各种来源的数据资源，利用数据挖掘和机器学习算法进行深度分析和预测，为企业管理者提供更加科学和全面的决策支持。这种系统不仅提高了决策的准确性和时效性，还降低了决策过程中的不确定性和风险。

2. 平台化经济管理模式

平台化经济管理模式以互联网平台为基础，通过连接多方资源和参与者，构建共享、协同的经济生态系统。这种模式打破了传统产业链的界限和壁垒，实现了资源的优化配置和高效利用。同时，平台化经济管理模式还促进了企业之间的合作与创新，推动了产

业的升级和转型。

3. 柔性化经济管理方法

柔性化经济管理方法强调企业的灵活性和适应性，以应对快速变化的市场环境。这种方法通过引入敏捷管理、精益创业等理念和方法，实现了企业组织结构的扁平化、工作流程的简化和员工激励的多样化。这使得企业能够更加迅速地响应市场变化、抓住发展机遇并应对挑战。同时，柔性化经济管理方法还注重员工的成长和发展，激发了员工的创造力和创新精神。

第三节　智慧财会与经济管理方法的未来趋势

一、智能化与自动化的深度融合

（一）智慧财会系统的全面智能化升级

随着科技的飞速发展，智能化已成为财会系统升级的重要方向。智慧财会系统的全面智能化升级，不仅提高了财会工作的效率，还为企业的决策提供了更加精准的数据支持。

1. 智能化技术在财会系统中的应用

智慧财会系统通过引入人工智能、大数据等先进技术，实现了对财务数据的自动化处理、分析和预测。这些智能化技术能够自动识别和提取关键信息，减少人工干预和错误，提高数据处理的准确性和时效性。同时，智慧财会系统还能够根据历史数据和算法模型，预测未来的财务趋势和风险，为企业的决策提供科学依据。

2. 智慧财会系统的功能拓展

除了基本的财务数据处理功能外，智慧财会系统还不断拓展其功能模块，以满足企业日益复杂的管理需求。例如，通过引入智能报销、智能支付等功能，实现对报销流程的自动化管理和优化，提高报销效率和准确性。同时，智慧财会系统还可以与企业的其他管理系统进行无缝对接，实现数据的共享和协同工作，提高了企业的整体运营效率。

3. 智慧财会系统的安全保障

在智能化升级的过程中，智慧财会系统始终注重数据的安全保障。通过采用先进的加密技术、访问控制等手段，确保财务数据在传输、存储和处理过程中的安全性和保密性。同时，智慧财会系统还建立了完善的数据备份和恢复机制，以防止数据丢失或损坏对企业造成不可挽回的损失。

（二）自动化技术在经济管理中的普及应用

自动化技术以其高效、准确的特点，在经济管理领域得到了广泛的普及和应用。它不仅提高了经济管理的效率，还降低了人为错误和成本，为企业的发展提供了有力支持。

1. 自动化技术在生产管理中的应用

在生产管理领域，自动化技术通过引入自动化生产线、机器人等设备，实现了对生产过程的自动化控制和优化。这不仅可以提高生产效率和产品质量，还可以降低生产成本和人力成本。同时，自动化技术还可以对生产数据进行实时采集和分析，为生产决策提供科学依据。

2. 自动化技术在财务管理中的应用

在财务管理领域，自动化技术通过引入自动化财务软件、智能支付等手段，实现了对财务流程的自动化管理和优化。这可以减少人工干预和错误，提高财务处理的准确性和时效性。同时，自动化技术还可以对财务数据进行深度分析和挖掘，为企业的财务决策提供有力支持。

3. 自动化技术在供应链管理中的应用

在供应链管理领域，自动化技术通过引入自动化仓储、智能物流等手段，实现了对供应链流程的自动化控制和优化。这可以提高供应链的响应速度和灵活性，降低库存成本和运输成本。同时，自动化技术还可以对供应链数据进行实时采集和分析，为企业的供应链决策提供科学依据。

（三）智能决策支持系统的成熟与发展

随着智能化技术的不断发展，智能决策支持系统已逐渐成为企业决策的重要工具。它通过整合各种数据和算法模型，为企业的决策提供全面、准确、及时的支持。

1. 智能决策支持系统的功能特点

智能决策支持系统具有强大的数据处理和分析能力，能够自动识别和提取关键信息，为决策者提供全面、准确的数据支持。同时，它还可以根据历史数据和算法模型，预测未来的市场趋势和风险，为企业的决策提供科学依据。此外，智能决策支持系统还具有可视化展示和交互式操作等功能，使得决策者能够更加直观地了解数据和模型结果，提高决策效率和准确性。

2. 智能决策支持系统的应用场景

智能决策支持系统在多个领域都有广泛的应用。例如，在市场营销领域，它可以帮助企业分析市场趋势和消费者行为，制定更加精准的市场营销策略。在风险管理领域，它可以帮助企业识别和评估潜在风险，制定更加有效的风险应对策略。在人力资源管理领域，它可以帮助企业分析员工绩效和人才需求，制定更加合理的人力资源规划。

3. 智能决策支持系统的发展趋势

随着技术的不断进步和应用需求的不断提高，智能决策支持系统将继续向更高层次发展。一方面，它将更加注重数据的多样性和实时性处理能力，以适应不断变化的市场环境和企业需求；另一方面，它将更加注重算法模型的优化和创新能力，以提高预测的准确性和时效性。同时，智能决策支持系统还将更加注重与其他管理系统的整合和协同工作能力，以实现企业整体运营效率的提升。

二、数据驱动的管理决策模式

（一）数据资产成为企业核心竞争力的重要组成部分

在数字化时代，数据已经成为企业运营和决策的核心。作为一种新型资产，数据不仅具有巨大的潜在价值，还是企业构建竞争优势、实现持续增长的关键要素。

1. 数据资产的定义与价值

数据资产是指企业在运营过程中产生、收集、处理并存储的各类数据，包括结构化数据（数据库中的表格数据）和非结构化数据（文本、图像、视频）。这些数据资产的价值在于，它们能够为企业提供关于市场、客户、产品、运营等多方面的深入洞察，从而支持更加精准和高效的决策。

2. 数据资产在提升企业竞争力中的作用

市场洞察：通过对市场数据的分析，企业可以及时发现市场趋势、竞争对手动态以及潜在的市场机会，从而调整市场策略，保持竞争优势。

客户理解：通过对客户数据的挖掘和分析，企业可以深入了解客户的消费习惯、偏好和需求，为客户提供更加个性化的产品和服务，提升客户满意度和忠诚度。

产品创新：数据资产可以为企业提供关于产品性能、用户反馈等方面的信息，支持企业进行产品迭代和创新，满足不断变化的市场需求。

运营优化：通过对运营数据的监控和分析，企业可以及时发现运营过程中的问题和瓶颈，优化流程、降低成本、提高效率。

3. 数据资产的管理与保护

为了充分发挥数据资产的价值，企业需要建立完善的数据管理体系，包括数据采集、存储、处理、分析和利用等环节。同时，随着数据安全和隐私保护问题的日益突出，企业还需要加强数据保护措施，确保数据的安全性和合规性。

（二）基于数据的精准营销与个性化服务趋势

在数字化营销时代，基于数据的精准营销和个性化服务已经成为企业获取竞争优势的重要手段。通过对客户数据的深入分析和挖掘，企业可以更加精准地定位目标客户群体，提供个性化的产品和服务，实现营销效果的最大化。

1. 精准营销的实现方式

目标客户定位：通过对客户数据的分析，企业可以识别出具有相似特征和需求的客户群体，进行精准的目标客户定位。

个性化推荐：根据客户的历史消费记录、浏览行为等数据，企业可以构建推荐算法，为客户提供个性化的产品推荐和服务建议。

营销效果评估：通过对营销活动的数据监控和分析，企业可以实时评估营销效果，及时调整策略，实现营销效果的最大化。

2. 个性化服务的发展趋势

定制化产品：根据客户的需求和偏好，企业可以提供定制化的产品设计和生产服务，满足客户的个性化需求。

智能化客服：通过引入自然语言处理、机器学习等技术，企业可以构建智能化的客服系统，为客户提供更加便捷、高效的服务体验。

客户体验优化：通过对客户反馈数据的分析，企业可以及时发现服务过程中的问题和不足，优化服务流程，提升客户体验。

（三）数据驱动的战略规划与绩效评估方法

在数据驱动的管理决策模式下，企业需要建立以数据为基础的战略规划和绩效评估体系。通过对数据的收集、分析和利用，企业可以更加科学、客观地制定战略目标，评估绩效成果，推动企业的持续发展。

1. 数据驱动的战略规划方法

市场分析：通过对市场数据的收集和分析，企业可以识别出市场的发展趋势和潜在机会，为战略目标的制定提供科学依据。

竞争态势分析：通过对竞争对手数据的挖掘和分析，企业可以了解竞争对手的优势和不足，为自身的战略定位提供参考。

资源配置优化：根据战略目标和市场需求，企业可以利用数据优化资源配置，确保资源的有效利用和最大化产出。

2. 数据驱动的绩效评估方法

关键绩效指标（KPI）设定：企业可以根据战略目标和业务需求，设定关键绩效指标，明确评估标准和目标值。

数据收集与处理：通过建立完善的数据收集和处理机制，企业可以确保绩效数据的准确性、完整性和及时性。

绩效分析与改进：通过对绩效数据的深入分析，企业可以评估各部门的绩效成果、识别问题和不足，为绩效改进提供科学依据。同时，企业还可以利用数据进行横向和纵向比较，评估自身在行业中的竞争地位和发展趋势。

三、跨界融合与创新引领发展

（一）学科交叉融合推动经济管理方法创新

在知识经济迅猛发展的当下，单一学科的知识和方法往往难以应对复杂多变的经济管理问题。因此，学科交叉融合成了推动经济管理方法创新的重要途径。学科交叉融合不仅打破了传统学科之间的界限，还促进了不同领域知识的相互渗透和融合，为经济管理方法的创新提供了广阔的空间和无限的可能。

1. 学科交叉融合的内涵与意义

学科交叉融合是指不同学科领域的知识、方法和技术相互渗透、融合，形成新的学科领域或研究方法的过程。这种融合可以发生在自然科学、社会科学和人文科学之间，也可以发生在同一学科领域内的不同分支之间。学科交叉融合的意义在于，它能够打破传统学科的思维定式和研究范式，促进不同领域知识的相互借鉴和融合，从而推动科学研究的创新和发展。

2. 学科交叉融合在经济管理中的应用

在经济管理领域，学科交叉融合的应用十分广泛。例如，经济学与心理学的交叉融合产生了行为经济学，它通过研究人们的心理和行为规律来揭示经济现象的本质；管理学与计算机科学的交叉融合产生了管理信息系统，它通过运用计算机技术和信息管理方法来提高企业的管理效率和竞争力。这些交叉融合的应用不仅丰富了经济管理的研究内容和方法，还为解决复杂经济管理问题提供了新的思路和手段。

3. 学科交叉融合推动经济管理方法创新的案例

以大数据技术与经济管理的交叉融合为例，大数据技术的应用为经济管理方法创新带来了新的机遇。通过大数据技术，可以对海量数据进行挖掘和分析，揭示隐藏在数据背后的经济规律和市场趋势。这种基于数据驱动的决策方法不仅可以提高决策的准确性和时效性，还可以为企业制定更加精准的市场营销策略和风险管理策略提供有力支持。此外，大数据技术还可以与经济预测、金融风险管理等领域相结合，推动这些领域的研究方法和应用创新。

（二）新兴技术与经济管理的深度融合趋势

随着科技的飞速发展，新兴技术如人工智能、大数据、云计算、物联网等正在以前所未有的速度改变着世界。这些技术的兴起不仅对经济社会产生了深刻影响，还与经济管理领域形成了深度融合的趋势。

1. 新兴技术对经济管理的影响

新兴技术的应用对经济管理的影响是多方面的。首先，新兴技术改变了传统经济管理模式和方法。例如，通过应用大数据技术，企业可以实现精细化管理和个性化服务；通过应用人工智能技术，企业可以提高自动化水平和创新能力。其次，新兴技术拓展了经济管理的应用领域。例如，物联网技术的应用可以实现供应链的智能化管理；区块链技术的应用可以提高金融交易的透明度和安全性。最后，新兴技术为经济管理研究提供了新的工具和手段。例如，复杂网络分析、机器学习等方法的应用可以帮助研究者更加深入地探索经济现象的本质和规律。

2. 新兴技术与经济管理的深度融合案例

以智能制造为例，智能制造是人工智能、大数据等新兴技术与制造业深度融合的产物。在智能制造模式下，企业可以实现生产过程的自动化、智能化和柔性化，从而提高生产效率、降低生产成本并满足个性化需求。同时，智能制造还可以与供应链管理、产品服务等领域相结合，推动整个产业链的协同创新和发展。这种深度融合不仅提高了制造业的竞争力，还为经济管理研究提供了新的方向和课题。

（三）创新文化与创新生态的构建与培育

创新是推动经济社会持续发展的不竭动力。在跨界融合与创新引领发展的背景下，构建和培育创新文化与创新生态显得尤为重要。创新文化是指一种鼓励创新、包容失败、追求卓越的文化氛围；创新生态则是指由创新主体、创新资源、创新环境等要素相互作用而形成的复杂系统。

1. 创新文化的构建

构建创新文化需要从多个方面入手。首先，要倡导开放包容的理念，鼓励不同观点和思想的碰撞与交流；其次，要建立激励创新的机制，为创新者提供必要的支持和保障；最后，要营造积极向上的氛围，让创新成为每个人的自觉行动。具体来说，可以通过举办创新大赛、设立创新奖励、推广创新案例等方式来营造创新文化氛围。

2. 创新生态的培育

培育创新生态需要注重以下几个方面。首先，要构建多元化的创新主体体系，包括企业、高校、科研机构等；其次，要优化创新资源配置，提高创新效率和成果质量；最后，要改善创新环境，为创新提供良好的外部条件和支持。具体来说，可以通过建立产学研合作机制、推动科技成果转化、加强知识产权保护等方式来培育创新生态。

3. 创新文化与创新生态的相互作用

创新文化与创新生态是相互作用、相互促进的关系。一方面，良好的创新文化可以激发人们的创新意识和热情，为创新生态的培育提供精神动力；另一方面，完善的创新生态可以为创新者提供更加广阔的平台和机会，进一步推动创新文化的发展。因此，在推动跨界融合与创新引领发展的过程中，应同时注重创新文化与创新生态的构建与培育。

四、智能化风险管理与合规性保障

（一）智能化风险识别与预警系统的建立

随着信息技术的飞速发展，智能化风险识别与预警系统已成为现代企业管理的重要组成部分。该系统能够利用大数据、人工智能等先进技术，对企业运营过程中可能面临的风险进行实时监控、精准识别和及时预警，从而帮助企业有效规避风险，保障业务稳定发展。

1. 智能化风险识别技术

智能化风险识别技术主要依赖于大数据分析和机器学习算法。通过对企业历史数据、市场数据、行业数据等多维度信息的深入挖掘和分析，系统可以自动识别出潜在的风险点，如市场风险、信用风险、操作风险等。同时，借助机器学习算法的不断学习和优化，系统的风险识别能力将逐渐提升，能够更加精准地识别出复杂多变的风险类型。

2. 实时风险监控与预警机制

实时风险监控与预警机制是智能化风险识别与预警系统的核心功能之一。该机制能够对企业运营过程中的各项关键指标进行实时监控，一旦发现异常或潜在风险，系统将立即触发预警机制，通过短信、邮件等方式及时通知相关管理人员，确保风险得到及时处理和控制。这种实时监控与预警机制可以大大提高企业的风险应对速度和准确性，降低风险带来的损失。

3. 智能化风险识别与预警系统的应用案例

以金融行业为例，智能化风险识别与预警系统已广泛应用于信贷风险管理、市场风险监控、反欺诈等多个领域。在信贷风险管理方面，系统可以通过对借款人的信用历史、财务状况、还款能力等多维度信息的分析，精准识别出潜在违约风险，帮助银行做出更加科学的信贷决策。在市场风险监控方面，系统可以实时监测市场动态和价格波动，及时发现潜在的市场风险，为企业的投资决策提供有力支持。在反欺诈方面，系统可以利用大数据和机器学习算法对交易行为进行深度分析，准确识别出欺诈行为，保障企业的资金安全。

（二）合规性监管技术的创新与应用

合规性监管是确保企业业务符合相关法律法规和行业标准的重要手段。随着监管要求的日益严格和复杂，传统的合规性监管方式已难以满足企业的需求。因此，合规性监管技术的创新与应用显得尤为重要。

1. 合规性监管技术的创新方向

合规性监管技术的创新主要围绕自动化、智能化和实时化三个方向展开。自动化是指通过技术手段实现合规流程的自动化处理以提高合规效率；智能化是指利用人工智能、大数据分析等技术提升合规监管的精准度和智能化水平；实时化则是指实现合规监管的实时动态监控和预警，确保企业业务始终符合监管要求。

2. 合规性监管技术的应用实践

在金融行业，合规性监管技术的应用已取得显著成效。例如，利用自然语言处理技术对金融文本进行自动解析和分类，帮助金融机构快速识别出潜在的合规风险点；利用大数据分析技术对交易数据进行实时监控和异常检测，及时发现并处理违规交易行为；利用区块链技术构建分布式账本，确保金融交易的透明性和可追溯性，降低合规风险等。这些应用实践不仅提高了金融机构的合规管理水平，也为其他行业提供了有益的借鉴和参考。

（三）风险管理与业务发展的协同推进

风险管理与业务发展是企业运营过程中密不可分的两个方面。有效的风险管理可以为业务发展提供有力保障，而业务发展也需要充分考虑风险因素，确保稳健推进。因此，实现风险管理与业务发展的协同推进至关重要。

1. 风险管理与业务发展的相互促进关系

风险管理可以为业务发展提供稳定的环境和条件，降低因风险事件导致的损失和影响。同时，业务发展也需要充分考虑风险因素，制定科学合理的业务规划和风险控制措施，确保业务稳健推进。因此，风险管理与业务发展之间存在相互促进的关系，二者需要紧密配合、协同推进。

2. 实现风险管理与业务发展协同推进的策略建议

为实现风险管理与业务发展的协同推进，企业需要采取以下策略建议：一是建立完善的风险管理体系和制度框架，确保风险管理工作有章可循、有据可查；二是加强风险管理部门与业务部门之间的沟通与协作，形成共同应对风险的合力；三是注重风险管理与业务发展的平衡性，既要确保业务发展的稳健性，又要充分考虑风险因素，避免盲目冒进；四是积极运用先进的风险管理技术和工具，提高风险管理的智能化水平和效率；五是加强员工的风险意识和合规意识培训，提升全员的风险管理能力和素质。

3. 风险管理与业务发展协同推进的实践案例

以某大型互联网企业为例，该企业在快速发展的同时，始终注重风险管理与业务发展的协同推进。通过建立完善的风险管理体系和制度框架、加强风险管理部门与业务部门之间的沟通与协作、积极运用先进的风险管理技术和工具等措施，该企业成功实现了风险管理与业务发展的相互促进和协同推进。在保障业务稳健发展的同时，有效规避了各类风险事件的发生，为企业的长期可持续发展奠定了坚实基础。

五、以人为本与可持续发展理念的贯彻

（一）人才培养与技能提升在智慧财会中的核心地位

随着信息技术的快速发展，智慧财会已成为企业财务管理的重要趋势。在这一背景下，人才培养与技能提升显得尤为重要，它们不仅是智慧财会发展的核心驱动力，也是企业保持竞争优势的关键。

1. 人才培养的重要性

在智慧财会时代，企业需要具备财务管理、信息技术和数据分析等多方面能力的复合型人才。这些人才不仅要掌握传统的财会知识，还需要具备创新思维和解决问题的能力。因此，企业必须重视人才培养，通过内部培训、外部引进等方式，打造一支高素质、专业化的财会团队。

2. 技能提升的途径

为了提升财会人员的技能水平，企业可以采取多种措施。首先，定期举办内部培训活动，邀请行业专家或专业培训机构进行授课，帮助财会人员掌握最新的财务管理理念和技术手段。其次，鼓励财会人员参加外部培训和认证考试，提升他们的专业素养和竞争力。最后，通过实践锻炼和案例分析等方式，培养财会人员的实际操作能力和问题解决能力。

3. 人才培养与技能提升的实践案例

许多成功的企业都注重人才培养与技能提升在智慧财会中的核心地位。例如，某大型互联网企业通过建立完善的培训体系、设立专项奖学金、与高校合作等方式，培养了一大批具备创新精神和实践能力的财会人才。这些人才在企业的财务管理、风险控制、

投资决策等方面发挥了重要作用，为企业的发展做出了巨大贡献。

（二）可持续发展理念在企业管理中的全面融入

随着全球环境问题的日益严峻，可持续发展已成为企业发展的必然选择。将可持续发展理念全面融入企业管理中，不仅有助于提升企业的社会责任感和品牌形象，还能为企业带来长期的经济效益。

1. 可持续发展理念的内涵

可持续发展理念强调经济、社会和环境之间的协调发展，要求企业在追求经济效益的同时，关注环境保护和社会责任。这意味着企业需要在生产经营过程中采取环保措施、节约资源、减少废弃物排放等，同时积极参与社会公益事业，为社会的可持续发展做出贡献。

2. 可持续发展理念在企业管理中的实践

为了将可持续发展理念融入企业管理中，企业需要从多个方面入手。首先，制定可持续发展战略和目标，明确企业在经济、社会和环境三个方面的责任和使命。其次，建立完善的管理体系和制度框架，确保可持续发展理念在企业的决策、生产、营销等各个环节中得到贯彻和落实。最后，加强员工培训和文化建设，提高员工对可持续发展理念的认识和认同感。

3. 可持续发展理念带来的益处

将可持续发展理念全面融入企业管理中，可以为企业带来诸多益处。首先，提升企业的社会责任感和品牌形象，增强消费者对企业的信任和好感度。其次，降低生产成本和风险，提高资源利用效率和产品质量。最后，开拓新的市场和商机，为企业的长期发展奠定坚实基础。

（三）社会责任与经济效益的双赢追求策略

在现代企业竞争中，单纯追求经济效益已无法满足社会的期望和要求。企业需要同时关注社会责任和经济效益，实现双赢的局面。这不仅是企业可持续发展的需要，也是社会和谐发展的必然要求。

1. 社会责任的内涵与重要性

社会责任是指企业在追求经济效益的同时，积极履行对股东、员工、消费者、社区及环境等利益相关方的责任。这些责任包括提供安全的产品和服务、保障员工的权益和福利、参与社会公益事业、保护环境等。履行社会责任有助于提升企业的品牌形象和声誉，增强企业的竞争力和可持续发展能力。

2. 经济效益与社会责任的平衡

追求经济效益是企业生存和发展的基础，但过度追求经济效益而忽视社会责任可能导致企业形象受损、声誉下降甚至面临法律诉讼等风险。因此，企业需要在经济效益和社会责任之间找到平衡点，实现双赢的局面。这要求企业在制定战略和目标时充分考虑社会责任因素，将社会责任融入企业的核心价值观和经营理念中。

3. 实现社会责任与经济效益双赢的策略

为了实现社会责任与经济效益的双赢，企业可以采取以下策略：首先，制定可持续发展战略和目标，明确企业在经济、社会和环境三个方面的责任和使命。其次，加强内部管理和制度建设，确保企业在生产经营过程中遵守法律法规和道德规范。再次，积极参与社会公益事业和环保活动，提升企业的社会形象和声誉。最后，加强与利益相关方的沟通和合作，共同推动社会的可持续发展。

4. 实践案例与启示

许多成功的企业都注重实现社会责任与经济效益的双赢。例如，某知名跨国公司通过采用环保材料、降低能耗、减少废弃物排放等措施，积极履行环境保护责任；同时关注员工福利和社区发展，积极参与社会公益事业。这些举措不仅提升了企业的品牌形象和声誉，还为企业带来了长期的经济效益和市场份额增长。这些实践案例启示我们：只有将社会责任与经济效益紧密结合起来，才能实现企业的可持续发展和社会的和谐进步。

第七章　智慧财会与经济管理方法的国际比较

第一节　国际智慧财会的发展现状

一、国际智慧财会的概念与框架

（一）智慧财会在国际范围内的应用

智慧财会，作为现代信息技术与财务管理结合的产物，正逐渐成为企业财务管理的新趋势。它利用大数据、人工智能、云计算等先进技术，实现对企业财务数据的智能化处理和分析，为企业的决策提供有力支持。在国际范围内，智慧财会的应用已经越来越广泛，成为推动企业发展的重要力量。

在国际范围内，越来越多的企业开始应用智慧财会，以提升自身的财务管理水平。这些企业利用智慧财会系统，实现了财务数据的实时更新和共享，加强了企业内部各部门之间的沟通与协作。同时，智慧财会还为企业提供了更加精准的财务分析，帮助企业及时发现潜在的风险和机会，为企业的战略决策提供了有力支持。

此外，一些国际知名企业还通过智慧财会系统，实现了全球范围内的财务集中管理。这种管理模式不仅提高了财务管理的效率和一致性，还降低了企业的运营成本和风险。这些企业的成功经验，为其他企业应用智慧财会提供了有益的借鉴和参考。

（二）国际智慧财会框架的构建与标准化

随着智慧财会在国际范围内的广泛应用，构建一个统一、标准的国际智慧财会框架显得尤为重要。这一框架不仅可以规范智慧财会的应用和发展，还可以促进国际间的财务信息共享和交流。

1. 国际智慧财会框架的构建

构建国际智慧财会框架需要从多个方面入手。首先，需要明确智慧财会的目标和原则，以确保框架的指导和引领作用。这些目标包括提高财务管理的效率和准确性、加强企业内部沟通与协作、降低运营成本和风险等。原则方面，应注重数据的真实性、完整性、及时性和安全性等。其次，需要制定智慧财会的技术标准和规范，以确保不同系统之间的兼容性和互操作性。这些标准和规范应包括数据采集、存储、处理、分析和共享等方面的要求，以及系统安全、隐私保护等方面的规定。最后，需要建立智慧财会的组织架构和治理机制，以确保框架的有效实施和持续改进。这些组织架构应包括专门的智慧财会团队或部门，负责框架的制定、实施、监督和评估等工作。治理机制方面，应注重多方参与、公开透明和持续改进等原则。

2. 国际智慧财会框架的标准化

为了实现国际智慧财会框架的标准化，需要采取多种措施。借鉴国际上的成功经验和实践案例，制定一套适用于全球范围的智慧财会标准。这些标准应包括技术标准、管理标准、安全标准等方面，以确保不同国家和地区之间的财务信息共享和交流。

加强与国际标准化组织的合作与交流，共同推动智慧财会标准的制定和完善。这些组织包括国际标准化组织（ISO）、国际电工委员会（IEC）等，它们在制定国际标准方面具有丰富的经验和资源。

通过举办国际会议、研讨会等活动，促进各国之间的智慧财会交流与合作。这些活动可以为各国提供一个展示自身成果、分享经验、探讨问题的平台，推动国际智慧财会框架的标准化进程。

二、国际智慧财会的技术应用

（一）人工智能、大数据和云计算在财会领域的应用现状

随着科技的飞速发展，人工智能、大数据和云计算等先进技术已经渗透到各行各业，财会领域也不例外。这些技术的应用不仅改变了传统财会的工作模式，还极大地提高了财会工作的效率和准确性。

1. 人工智能在财会领域的应用

人工智能技术在财会领域的应用主要体现在自动化账务处理、智能财务分析等方面。通过自动化账务处理，企业可以实现财务数据的自动录入、分类和汇总，减少人工操作环节，提高数据处理效率。而智能财务分析则可以利用机器学习等算法，对企业的财务数据进行深度挖掘和分析，发现数据背后的规律和趋势，为企业的决策提供有力支持。

2. 大数据在财会领域的应用

大数据技术可以帮助企业收集、存储和处理海量的财务数据，实现财务数据的全面覆盖和实时更新。通过对这些数据的分析，企业可以更加准确地了解自身的财务状况和经营成果，及时发现潜在的风险和机会。同时，大数据还可以帮助企业进行市场预测和趋势分析，为企业的战略决策提供数据支持。

3. 云计算在财会领域的应用

云计算技术为财会工作提供了更加灵活、高效的数据存储和处理方式。通过云计算平台，企业可以实现财务数据的集中存储和共享，方便企业内部各部门之间的沟通与协作。同时，云计算还可以提供强大的计算能力和弹性扩展能力，满足企业在不同时期的数据处理需求。

（二）自动化与智能化技术在国际财会中的实践案例

随着自动化与智能化技术的不断发展，越来越多的企业开始将这些技术应用于财会领域，取得了显著的成效。以下是一些国际财会中的实践案例。

1. 某跨国公司的自动化账务处理系统

某跨国公司利用自动化技术构建了一套完整的自动化账务处理系统。该系统可以实现财务数据的自动录入、分类、汇总和报表生成等功能，大大提高财务处理的效率和准确性。同时，该系统还可以与企业的其他系统进行无缝对接，实现企业内部数据的共享和协同工作。

2. 某知名企业的智能财务分析平台

某知名企业利用人工智能和大数据技术构建了一个智能财务分析平台。该平台可以对企业的财务数据进行深度挖掘和分析，发现数据背后的规律和趋势，为企业的决策提供有力支持。通过该平台，企业可以更加准确地了解自身的财务状况和经营成果，及时发现潜在的风险和机会。

3. 某国际集团的云计算财务管理解决方案

某国际集团利用云计算技术构建了一套完整的财务管理解决方案。该方案可以实现财务数据的集中存储、共享和处理，方便企业内部各部门之间的沟通与协作。同时，该方案还可以提供强大的计算能力和弹性扩展能力，满足企业在不同时期的数据处理需求。通过该方案，企业可以更加高效地进行财务管理和决策分析。

（三）跨国公司对智慧财会技术的采纳与布局

跨国公司作为全球经济的重要参与者，对智慧财会技术的采纳和布局具有重要意义。以下是一些跨国公司在智慧财会技术方面的采纳与布局情况。

1. 积极投入研发和创新

许多跨国公司都积极投入研发和创新，推动智慧财会技术的发展和应用。它们通过建立研发团队、与高校和研究机构合作等方式，不断探索新的技术和应用模式，为企业的财务管理和决策分析提供有力支持。

2. 构建完善的智慧财会体系

跨国公司通常具有较为复杂的组织架构和业务流程，因此需要构建完善的智慧财会体系以满足企业的实际需求。它们通过整合内部资源、优化业务流程、引入外部合作伙伴等方式，逐步建立起一套适用于自身的智慧财会体系。

3. 加强与金融科技公司的合作与交流

金融科技公司作为智慧财会技术的重要推动者，拥有丰富的技术资源和创新能力。跨国公司通过与金融科技公司的合作与交流，可以更加深入地了解最新的技术和应用趋势，共同推动智慧财会技术的发展和应用。同时，这种合作还可以帮助跨国公司更好地应对市场变化和竞争挑战。

三、国际智慧财会面临的挑战与机遇

（一）数据安全、隐私保护与合规性问题

在智慧财会的应用过程中，数据安全、隐私保护与合规性问题成为了首要挑战。随着大数据、云计算等技术的广泛应用，财会数据的安全存储和传输面临着越来越大的风险。同时，由于智慧财会涉及大量的个人和企业敏感信息，如何确保这些信息不被泄露和滥用也是亟待解决的问题。此外，不同国家和地区的法律法规对数据处理和隐私保护的要求不尽相同，这给跨国公司在全球范围内推广智慧财会带来了合规性挑战。

1. 数据安全挑战

智慧财会系统通常存储着大量的财务数据，包括企业资产、负债、收入、支出等关键信息。这些信息一旦泄露或被非法访问，将对企业造成严重的财务损失和声誉损害。因此，如何确保智慧财会系统的数据安全成为了首要任务。企业需要采取一系列安全措施，如加密技术、访问控制、安全审计等，以确保数据的机密性、完整性和可用性。

2. 隐私保护挑战

智慧财会涉及大量的个人和企业敏感信息，如员工薪酬、客户信息、商业机密等。这些信息在处理和分析过程中需要得到充分的保护，以避免被滥用或泄露给未经授权的第三方。企业需要建立严格的隐私保护政策和技术措施，确保个人和企业的隐私权得到尊重和保护。同时，企业还需要加强对员工的教育和培训，提高他们的隐私保护意识和能力。

3. 合规性挑战

不同国家和地区的法律法规对数据处理和隐私保护的要求不尽相同。这给跨国公司在全球范围内推广智慧财会带来了合规性挑战。企业需要了解并遵守各个国家和地区的

法律法规，确保智慧财会的应用符合当地法律要求。同时，企业还需要与当地政府、监管机构等建立良好的沟通机制，及时了解和应对法律法规的变化和更新。

（二）技术更新与人才短缺的全球性挑战

智慧财会的发展离不开先进技术的支持，但技术的快速更新和迭代也给企业带来了挑战。企业需要不断跟进新技术的发展，更新和升级智慧财会系统，以确保其始终保持领先地位。然而，新技术的掌握和应用需要大量的专业人才，而当前全球范围内的人才短缺问题日益严重，这给智慧财会的发展带来了制约。

1. 技术更新挑战

智慧财会涉及的技术领域非常广泛，包括人工智能、大数据、云计算、区块链等。这些技术不断发展和更新，新的算法、框架和平台不断涌现。企业需要密切关注新技术的发展动态，及时了解和掌握新技术的原理和应用方法。同时，企业还需要投入大量的资源和精力进行技术研发和创新，以推动智慧财会系统的不断升级和完善。

2. 人才短缺挑战

智慧财会的发展需要大量具备专业技能和知识的人才支持。然而，当前全球范围内的人才短缺问题日益严重。一方面，具备相关专业背景和技能的人才数量有限；另一方面，由于智慧财会涉及多个领域的知识和技术，对人才的要求非常高。企业需要加强人才培养和引进工作，通过内部培训、外部招聘等方式提高人才队伍的素质和能力。同时，企业还需要与高校、研究机构等建立紧密的合作关系，共同推动智慧财会领域的人才培养和技术创新。

（三）智慧财会带来的效率提升与成本节约机遇

尽管智慧财会面临着诸多挑战，但它也为企业带来了巨大的机遇。通过应用智慧财会技术，企业可以实现财务流程的自动化和智能化处理，提高财务工作的效率和准确性。同时，智慧财会还可以帮助企业实现成本节约和风险管理等方面的目标。

1. 效率提升机遇

智慧财会通过自动化和智能化技术实现了财务流程的简化和优化。企业可以利用智慧财会系统快速完成数据录入、分类、汇总等工作，减少人工操作环节和错误率。同时，智慧财会还可以提供实时财务报告和分析功能，帮助企业及时了解财务状况和经营成果。这些功能大大提高了财务工作的效率和准确性，为企业的发展提供了有力支持。

2. 成本节约机遇

智慧财会的应用可以帮助企业实现成本节约的目标。通过自动化处理大量财务数据和信息，企业可以减少人工成本和时间成本。同时，智慧财会还可以帮助企业优化资源配置和降低库存成本等方面的目标。这些成本节约措施为企业的发展提供了更多的资金和资源支持。

3. 风险管理机遇

智慧财会还可以帮助企业实现风险管理的目标。通过实时监控和分析财务数据及信息，企业可以及时发现潜在的风险和问题，并采取相应的措施进行防范和应对。这有助于降低企业的财务风险和经营风险，提高企业的稳定性和可持续发展能力。

四、国际智慧财会的发展趋势

（一）智慧财会技术的持续创新与优化

随着科技的飞速发展，智慧财会技术正处于持续创新与优化的过程中。从最初的自动化账务处理到如今的智能财务分析、预测与决策支持，智慧财会已经走过了漫长的道路，并展现出更加广阔的应用前景。

1. 技术创新推动智慧财会升级

在技术创新方面，人工智能、大数据、云计算、区块链等前沿技术不断融合应用于智慧财会领域。例如，通过深度学习算法，智慧财会系统可以更加精准地进行财务数据分析与预测；利用区块链技术，可以实现财务数据的不可篡改性和透明性，提高财务信息的真实性和可信度。

2. 优化用户体验，提升工作效率

在优化用户体验方面，智慧财会系统正朝着更加智能化、人性化的方向发展。通过自然语言处理、智能语音交互等技术，用户可以更加便捷地与系统进行交互，提高工作效率。同时，系统还能根据用户的使用习惯和反馈进行持续优化，提供更加个性化的服务。

3. 强化安全保障措施

针对数据安全、隐私保护等挑战，智慧财会技术也在不断强化安全保障措施。通过采用先进的加密技术、访问控制机制以及定期的安全审计和漏洞扫描等手段，确保财务数据和用户信息的安全。

（二）国际合作与标准化在智慧财会领域的加强

随着全球经济一体化的深入发展，国际合作与标准化在智慧财会领域的加强成为必然趋势。不同国家和地区的企业在智慧财会应用方面面临着相似的挑战和机遇，通过加强国际合作与交流，可以共同推动智慧财会技术的发展和应用。

1. 国际合作促进技术交流与共享

在国际合作方面，各国企业和研究机构通过联合研发、技术交流、人才培养等方式加强合作。这种合作不仅有助于推动智慧财会技术的创新与发展，还能促进技术成果的共享和推广应用。同时，国际合作还能帮助企业更好地了解不同国家和地区的法律法规和市场需求，为智慧财会的全球推广奠定基础。

2. 标准化推动智慧财会规范发展

在标准化方面，国际组织和行业协会正在制定和完善智慧财会相关的标准和规范。这些标准和规范涉及数据格式、交换协议、安全要求等方面，旨在确保不同系统和平台之间的兼容性和互操作性。标准化的推进将有助于降低智慧财会系统的开发和维护成本，提高系统的可靠性和稳定性。

（三）智慧财会对未来国际财务管理模式的影响

智慧财会技术的广泛应用将对未来国际财务管理模式产生深远的影响。从传统的以人工为主的财务管理模式向以智能化、自动化为主的现代财务管理模式转变已经成为不可逆转的趋势。

1. 财务管理流程的简化与优化

在智慧财会技术的支持下，财务管理流程将得到简化和优化。通过自动化处理大量财务数据和信息，可减少人工操作环节和错误率，提高财务工作的效率和准确性。同时，智能财务分析功能还能帮助企业更加深入地了解自身的财务状况和经营成果，为决策提供有力支持。

2. 财务管理角色的转变与升级

随着智慧财会技术的应用，财务管理人员的角色也将发生转变和升级。他们不再仅仅局限于传统的账务处理和数据统计工作，而是需要更多地参与到企业的战略决策和业务活动中来。这就要求财务管理人员具备更高的专业素养和综合能力，能够充分利用智慧财会技术为企业创造价值。

3. 全球化财务管理的挑战与机遇

在全球化背景下，智慧财会技术的应用也为企业带来了全球化财务管理的挑战与机遇。企业需要面对不同国家和地区的法律法规、税收政策、市场环境等差异，这就要求智慧财会系统具备更强的适应性和灵活性。同时，全球化也为企业提供了更广阔的市场和资源配置空间，智慧财会技术将帮助企业更好地把握这些机遇。

第二节　国际经济管理方法的创新与实践

一、国际经济管理方法的创新趋势

（一）基于大数据与人工智能的决策支持系统

随着信息技术的飞速发展，大数据与人工智能已经成为国际经济管理方法创新的重要驱动力。基于大数据与人工智能的决策支持系统，正在逐步改变传统的决策模式，为国际企业提供了更加科学、高效的管理手段。

1. 大数据在决策支持中的应用

大数据技术的核心是能够从海量、复杂的数据中快速提取有价值的信息。在国际经济管理中，大数据的应用已经渗透到市场分析、风险管理、供应链优化等多个领域。通过大数据分析，企业可以更加准确地把握市场动态，预测未来趋势，从而制定出更加合理的经营策略。

2. 人工智能在决策支持中的角色

人工智能技术的发展为决策支持系统注入了新的活力。通过机器学习和深度学习等算法，人工智能可以自动识别和处理复杂的模式与关系，为决策者提供更加精准的建议。此外，人工智能还可以模拟人类专家的决策过程，提供多维度的决策支持。

3. 基于大数据与人工智能的决策支持系统的优势

基于大数据与人工智能的决策支持系统具有以下优势：首先，它可以处理大规模的数据集，提供全面的市场洞察；其次，它可以通过智能算法快速找到数据中的隐藏模式，提高决策的准确性；最后，它可以根据实时数据动态调整决策策略，使决策更加灵活和适应变化。

（二）数字化转型与流程自动化在国际企业中的应用

数字化转型与流程自动化是当前国际企业管理方法创新的重要方向。通过引入先进的技术和工具，企业可以实现业务流程的优化和升级，提高运营效率和管理水平。

1. 数字化转型的推动力

数字化转型的推动力主要来自于两个方面：一是技术的快速发展，如云计算、物联网、大数据等技术的成熟应用；二是市场竞争的加剧，迫使企业不断寻求创新的管理方法来提高竞争力。数字化转型可以帮助企业实现业务模式的创新、客户体验的提升以及运营成本的降低。

2. 流程自动化的实践

流程自动化是数字化转型的重要组成部分。通过引入自动化工具和技术，企业可以实现业务流程的自动化处理，减少人工干预和错误率。例如，在财务管理领域，通过自动化账务处理系统，企业可以大大提高财务处理的效率和准确性；在供应链管理领域，通过自动化仓储和物流系统，企业可以实现库存的优化和物流成本的降低。

3. 数字化转型与流程自动化的挑战与对策

虽然数字化转型与流程自动化为企业带来了诸多好处，但在实施过程中也面临着一些挑战，如技术选型、员工培训、数据安全等问题。为了克服这些挑战，企业需要制定详细的实施计划，明确目标和路线图；同时加强员工培训和技术支持，确保转型和自动化的顺利进行；最后还需要建立完善的数据安全和管理机制，保障企业信息的安全和合规性。

（三）跨界融合与创新在国际经济管理中的实践

跨界融合与创新是当前国际经济管理方法创新的另一重要趋势。通过跨行业、跨领域的合作与交流，企业可以借鉴其他领域的成功经验和创新理念，为自身的发展注入新的活力。

1. 跨界融合的实践案例

跨界融合的实践案例层出不穷，如互联网与传统产业的融合、金融与科技的融合等。这些融合不仅产生了新的业务模式和产品形态，还推动了相关产业的升级和转型。在国际经济管理中，跨界融合也为企业带来了新的发展机遇和管理挑战。

2. 创新在国际经济管理中的重要性

创新是国际经济管理的核心驱动力。只有不断创新，企业才能在激烈的市场竞争中立于不败之地。创新不仅包括技术创新和产品创新，还包括管理创新、商业模式创新等多个方面。在国际经济管理中，创新可以帮助企业打破传统束缚，探索新的市场机会和发展空间。

3. 推动跨界融合与创新的策略建议

为了推动跨界融合与创新在国际经济管理中的实践，企业需要采取以下策略建议：首先，建立开放、包容的企业文化，鼓励员工积极提出创新想法和建议；其次，加强与外部机构、高校和研究机构的合作与交流，借鉴其他领域的成功经验和创新理念；最后，投入足够的资源进行研发和创新实践，确保创新成果的落地和转化。同时，政府和相关机构也应为跨界融合与创新提供良好的政策环境和支持措施。

二、国际经济管理方法的实践案例

（一）跨国公司成功应用创新经济管理方法的案例

跨国公司作为全球经济活动的重要参与者，其成功应用创新经济管理方法的案例层出不穷。这些案例不仅展示了跨国公司在应对复杂市场环境时的灵活性和前瞻性，也为其他企业提供了宝贵的经验和借鉴。

1. 苹果公司：供应链管理与创新生态系统的构建

苹果公司通过精心构建的供应链管理体系和创新生态系统，成功地将全球各地的供应商、生产商、销售商紧密联系在一起，实现了产品的快速迭代和市场的迅速扩张。苹果公司的供应链管理注重精细化、个性化和智能化，通过大数据分析、云计算等技术手段，实现对供应链各环节的实时监控和优化。同时，苹果公司还通过搭建创新生态系统，鼓励合作伙伴进行技术创新和产品创新，从而不断推出具有市场竞争力的新产品。

2. 亚马逊公司：基于大数据与人工智能的精准营销

亚马逊公司利用大数据和人工智能技术，对消费者的购物行为、兴趣爱好等进行深入挖掘和分析，实现了精准营销。亚马逊的推荐系统可以根据消费者的历史购买记录和浏览行为，为其推荐相关的产品和服务，从而提高销售转化率和客户满意度。同时，亚马逊还通过自动化仓储和物流系统，实现了库存的优化和物流成本的降低，进一步提升了企业的竞争力。

（二）新兴市场国家在经济管理方法上的探索与突破

新兴市场国家在全球经济格局中的地位日益重要，它们在经济管理方法上的探索与突破也备受关注。这些国家通过借鉴国际先进经验，结合本国实际情况，创造出了一系列具有特色的经济管理方法。

1. 中国的"互联网+"战略与数字化转型

中国政府提出了"互联网+"战略，旨在通过互联网技术与传统产业的深度融合，推动经济的数字化转型和升级。在这一战略指导下，中国企业纷纷加快数字化转型步伐，利用大数据、云计算、人工智能等技术手段，提升业务效率和创新能力。同时，政府还通过政策引导和支持，推动互联网技术在教育、医疗、金融等领域的广泛应用，为经济发展注入新的动力。

2. 印度的金融科技创新实践

印度作为一个人口众多、经济快速发展的新兴市场国家，在金融科技创新方面取得了显著成果。印度政府积极推动金融科技的发展，通过政策扶持和监管创新，为金融科技企业提供了良好的发展环境。印度的金融科技创新实践主要集中在移动支付、网络借贷、智能投顾等领域，这些创新不仅提高了金融服务的效率和便捷性，还为广大民众提供了更加多样化的金融服务选择。

（三）国际合作项目中的经济管理方法创新与应用

国际合作项目是促进国际间经济交流与合作的重要途径，在这些项目中，经济管理方法的创新与应用也显得尤为重要。通过引入先进的经济管理方法和技术手段，可以提高项目的执行效率和质量，促进合作各方的共赢发展。

1. "一带一路"倡议中的经济管理方法创新

"一带一路"倡议中国政府提出的重大国际合作项目，其旨在加强与沿线国家的经济联系和合作。在这一倡议中，经济管理方法的创新与应用发挥了重要作用。例如，在基础设施建设领域，通过引入 PPP（政府和社会资本合作）模式，实现了政府与市场的有效结合，提高了项目的融资效率和建设质量。在贸易便利化领域，通过推动电子商务和跨境电商的发展，降低了贸易成本和时间成本，促进了沿线国家的贸易往来。

2. 国际能源合作项目中的经济管理方法应用

国际能源合作项目涉及多个国家和地区，具有高度的复杂性和不确定性。在这些项目中，经济管理方法的应用对于确保项目的顺利进行和取得成功至关重要。例如，在跨国油气管道建设项目中，通过引入风险管理方法和技术手段，对项目的政治风险、经济风险、技术风险等进行全面评估和管理，确保项目的稳定运营和收益回报。同时，在项目融资和资金管理方面，通过采用多元化的融资方式和资金池管理模式，降低了项目的融资成本和资金风险。

三、国际经济管理方法面临的挑战与机遇

（一）全球化背景下的经济复杂性与管理难度

随着全球化进程的加速，国际经济环境日益复杂多变，给国际经济管理带来了前所未有的挑战。全球化不仅促进了资本、技术、信息等生产要素的跨国流动，也加剧了国际竞争和市场的不确定性。在这一背景下，国际经济管理面临着诸多难题。

1. 经济复杂性的挑战

全球化背景下，国际经济体系呈现出多元化、交织化的特点。不同国家和地区的经济发展水平、产业结构、政策环境等存在巨大差异，导致国际经济关系错综复杂。此外，全球产业链、供应链的深度融合也使得各国经济相互依存度不断提高，任何一环的变化都可能对整个体系产生深远影响。这种复杂性给国际经济管理带来了极大的挑战，要求管理者具备全局思维和跨国协调能力，以应对不断变化的国际经济环境。

2. 管理难度的增加

全球化加剧了国际竞争，使得企业在全球范围内寻求资源配置和市场拓展。然而，不同国家和地区的法律、法规、文化等存在显著差异，给企业跨国经营带来了诸多困难。此外，国际金融市场的不稳定性、汇率波动、贸易摩擦等因素也增加了企业跨国经营的风险。这些因素都要求国际经济管理方法不断创新和完善，以适应全球化背景下的新挑战。

（二）技术变革对国际经济管理方法的新要求

随着科技的不断进步和创新，新技术对国际经济管理方法提出了新的要求。大数据、人工智能、区块链等技术的广泛应用正在深刻改变着国际经济的运行方式和管理模式。

1. 大数据与人工智能的应用

大数据和人工智能技术的发展为国际经济管理提供了强大的数据支持和智能决策工具。通过大数据挖掘和分析，管理者可以更加准确地把握市场动态和消费者需求，为企业制定更加精准的市场策略。同时，人工智能技术可以模拟人类专家的决策过程，提供多维度的决策支持，帮助管理者在复杂多变的国际经济环境中做出科学决策。

2. 区块链技术的革命性影响

区块链技术作为一种去中心化的分布式账本技术，正在对国际经济管理产生革命性影响。区块链技术可以确保交易数据的真实性和不可篡改性，提高交易的透明度和安全性。在国际贸易、金融等领域，区块链技术可以降低交易成本、提高交易效率、减少欺诈风险，为国际经济管理带来新的机遇。

（三）新兴市场与新技术带来的发展机遇

尽管国际经济管理面临着诸多挑战，但新兴市场和新技术的崛起也为其带来了巨大的发展机遇。新兴市场国家经济的快速发展和新技术的不断涌现为国际经济管理提供了新的增长点和动力源泉。

1. 新兴市场的潜力与机遇

新兴市场国家作为全球经济的重要增长极，具有巨大的市场潜力和发展机遇。这些国家人口众多、消费需求旺盛，为企业提供了广阔的市场空间。同时，新兴市场国家的经济结构和产业结构正在不断升级和优化，为企业提供了更多的投资机会和合作伙伴。对于国际经济管理来说，新兴市场不仅是一个重要的增长点，也是一个重要的创新源泉。

2. 新技术的驱动与变革

新技术的不断涌现和应用正在深刻改变着国际经济的运行方式和管理模式。例如，数字经济、绿色经济等新兴产业的发展为国际经济管理提供了新的增长点和动力源泉；

物联网、云计算等技术的应用为国际供应链管理提供了更加高效和智能的解决方案；人工智能、大数据等技术的融合应用为国际金融市场提供了更加精准和高效的风险管理工具。这些新技术不仅为国际经济管理带来了新的机遇，也为其创新和发展提供了强大的驱动力。

四、国际经济管理方法的未来展望

（一）经济管理方法的持续创新与优化方向

随着全球经济一体化的不断深入，经济管理方法将持续创新与优化，以适应日益复杂的国际经济环境。未来，经济管理方法的创新将主要体现在以下几个方面。

1. 数字化与智能化转型

数字化和智能化是未来经济管理方法创新的重要方向。通过大数据、人工智能等技术的应用，实现对经济活动的实时监测、预测和决策，可提高管理效率和准确性。数字化和智能化转型将推动经济管理方法从传统的经验型向数据驱动型转变，为国际经济管理提供更加科学、精准的支持。

2. 多元化与个性化管理

随着全球经济的多元化发展，未来经济管理方法将更加注重多元化和个性化管理。不同国家和地区的经济环境、文化背景、政策体系等存在显著差异，要求经济管理方法具备更强的适应性和灵活性。同时，企业间的竞争也日益激烈，个性化管理将成为企业提升竞争力的重要手段。因此，未来经济管理方法将更加注重对不同国家和地区、不同企业的差异化分析和管理。

3. 可持续性与绿色发展

可持续性和绿色发展是未来经济管理方法创新的重要考量因素。随着全球环境问题的日益严峻，各国纷纷提出可持续发展战略和绿色发展理念。未来经济管理方法将更加注重对环境保护、资源节约等方面的考量，推动经济发展与环境保护的协调发展。同时，绿色产业的发展也将为经济管理方法创新提供新的机遇和动力。

（二）国际合作在经济管理方法创新中的重要作用

国际合作在经济管理方法创新中具有重要作用。随着全球经济一体化的不断深入，各国之间的经济联系日益紧密，国际合作成为推动经济管理方法创新的重要途径。

1. 共享资源与技术

国际合作可以促进各国之间共享资源和技术，为经济管理方法创新提供有力支持。通过国际合作，各国可以共同研发新技术、新方法，推动经济管理方法的不断进步。同时，国际合作还可以促进各国之间的人才交流，为经济管理方法创新提供智力支持。

2. 协调政策与标准

国际合作可以协调各国之间的政策和标准，为经济管理方法创新提供统一的环境和平台。通过国际合作，各国可以共同制定国际经济规则和标准，推动国际经济秩序朝着更加公正、合理的方向发展。同时，国际合作还可以促进各国之间的政策沟通，避免政策冲突和贸易摩擦，为经济管理方法创新创造良好的外部环境。

3. 应对全球性挑战

国际合作可以共同应对全球性挑战，如气候变化、金融危机等，为经济管理方法创新提供新的机遇和动力。通过国际合作，各国可以共同研究全球性问题的解决方案，推动经济管理方法在不断应对挑战中实现创新和发展。同时，国际合作还可以增强各国之间的互信和合作意愿，为经济管理方法创新提供坚实的政治基础。

（三）新兴技术与经济管理方法的深度融合趋势

随着科技的不断进步和创新，新兴技术与经济管理方法的深度融合将成为未来发展的重要趋势。这种融合将为经济管理方法带来革命性的变革和创新机遇。

1. 大数据与人工智能的深度融合

大数据和人工智能技术的深度融合将为经济管理方法提供强大的数据支持和智能决策能力。通过大数据挖掘和分析，管理者可以更加准确地把握市场动态和消费者需求；通过人工智能技术，管理者可以模拟人类专家的决策过程，提供多维度的决策支持。这种深度融合将使经济管理方法更加科学、精准和高效。

2. 区块链技术的广泛应用

区块链技术作为一种去中心化的分布式账本技术，将为经济管理方法提供新的解决方案和思路。通过区块链技术，交易数据可以被真实、完整地记录下来，并且不可篡改、可追溯；同时，区块链技术还可以提高交易的透明度和安全性。这种技术的应用将为国际贸易、金融等领域带来革命性的变革和创新机遇。

3. 物联网技术的普及与推广

物联网技术的普及与推广将为经济管理方法提供更加全面、实时的数据支持。通过物联网技术，各种设备和传感器可以实时收集、传输和处理数据，使管理者能够更加准确地了解生产、销售等各个环节的实际情况。这种技术的应用将为供应链管理、库存管理等领域带来新的变革和创新机遇。

第三节　国际智慧财会与经济管理方法的比较与借鉴

一、国际智慧财会与经济管理方法的异同点

（一）智慧财会与经济管理方法在理念上的共通性

智慧财会与经济管理方法在理念上存在显著的共通性，主要体现在以下几个方面。

1. 数据驱动决策

无论是智慧财会还是经济管理方法，都强调数据在决策中的重要性。智慧财会通过大数据、云计算等技术手段，实现对财务数据的实时收集、处理和分析，为企业的财务决策提供科学依据。而经济管理方法也注重数据的收集和分析，通过对市场、消费者等数据的挖掘，为企业的战略决策和市场策略提供支持。这种数据驱动决策的理念在两者中得到了充分体现。

2. 追求效率与效益

智慧财会和经济管理方法都致力于提高企业的运营效率和经济效益。智慧财会通过自动化、智能化的财务处理流程，减少人工干预，提高财务处理效率；同时，通过对财务数据的深入分析，可发现潜在的财务风险和机会，为企业的财务决策提供支持，进而提升企业的经济效益。而经济管理方法则通过优化资源配置、提高生产效率、拓展市场渠道等手段，实现企业的经济效益最大化。

3. 注重风险管理与控制

在风险管理与控制方面，智慧财会和经济管理方法都表现出高度的关注。智慧财会通过智能化的风险识别、评估和监控机制，实现对财务风险的有效控制；同时，借助大数据等技术手段，对企业的财务状况进行实时监测和预警，为企业的风险管理提供有力支持。而经济管理方法也注重风险的管理和控制，通过多元化经营、风险分散等手段降低企业的经营风险。

（二）技术应用与实践领域上的差异性分析

尽管智慧财会与经济管理方法在理念上存在共通性，但在技术应用和实践领域上却表现出一定的差异性。

1. 技术应用差异

智慧财会主要依赖于大数据、云计算、人工智能等先进技术进行财务数据的收集、处理和分析。这些技术的应用使得智慧财会能够实现自动化、智能化的财务处理流程，

提高财务处理效率和质量。而经济管理方法虽然也涉及一些技术的应用，如市场分析软件、供应链管理系统等，但其对技术的依赖程度相对较低，更多地依赖于管理者的经验和判断。

2. 实践领域差异

智慧财会主要应用于企业的财务管理领域，包括财务报表编制、财务分析、成本控制、风险管理等方面。其目标是实现企业财务管理的智能化和自动化，提高企业的财务管理水平和效率。而经济管理方法则广泛应用于企业的各个领域，如战略管理、市场营销、人力资源管理、生产管理等。其目标是优化企业的资源配置，提高企业的经济效益和市场竞争力。

（三）面临的挑战与机遇的共性与特性

智慧财会与经济管理方法在面临的挑战与机遇方面既存在共性也存在特性。

1. 共性挑战与机遇

无论是智慧财会还是经济管理方法都面临着数据安全和隐私保护的挑战。随着大数据等技术的应用越来越广泛，数据的安全性和隐私保护问题也日益突出。如何确保数据的安全性和隐私性成为两者共同面临的挑战。同时，新技术的发展也为两者带来了新的机遇。如人工智能、区块链等新兴技术的应用为智慧财会和经济管理方法提供了新的解决方案和创新思路。

2. 特性挑战与机遇

对智慧财会而言，其面临的挑战还包括如何与传统财会模式进行有效融合以及如何应对新技术带来的财务风险等问题。而对经济管理方法而言，其面临的挑战则更多地体现在如何适应不断变化的市场环境以及如何应对全球化带来的竞争压力等方面。在机遇方面，智慧财会可以借助新技术的发展推动企业财务管理的创新和升级；而经济管理方法则可以通过不断拓展新的应用领域和创新管理模式来提升企业的市场竞争力。

二、国际智慧财会对经济管理方法的借鉴价值

随着信息技术的迅猛发展，智慧财会已经成为现代企业管理中不可或缺的一部分。其运用大数据、云计算、人工智能等前沿技术，为企业的财务管理提供了更高效、精准的方法。同时，智慧财会不仅仅局限于财务管理领域，其在经济管理方法中也具有重要的借鉴价值。

（一）智慧财会技术在经济管理中的应用潜力

智慧财会技术的应用不仅提高了财务管理的效率和准确性，同时也为经济管理带来

了新的思路和手段。具体而言，智慧财会技术在经济管理中的应用潜力主要体现在以下几个方面。

1. 自动化流程优化资源配置

智慧财会通过自动化的流程处理，能够减少人工干预，提高处理效率。在经济管理中，可以借鉴智慧财会的自动化流程，优化资源的配置和管理。例如，在供应链管理、人力资源管理等领域，可以运用自动化技术，实现资源的合理配置和高效利用。

2. 大数据分析提升决策科学性

智慧财会利用大数据技术进行数据的收集、处理和分析，为企业的财务决策提供科学依据。在经济管理中，也可以运用大数据技术对市场、消费者等数据进行深入挖掘和分析，为企业的战略决策和市场策略提供有力支持。通过对大数据的挖掘和分析，企业可以更好地把握市场动态和消费者需求，并制定更加科学、合理的经济决策。

3. 人工智能技术助力智能化决策

人工智能技术在智慧财会中的应用已经越来越广泛，如智能化的风险评估、智能化的财务分析等。在经济管理中，也可以借鉴人工智能技术的应用，实现智能化决策。例如，在企业的市场预测、产品定位等方面，可以运用人工智能技术进行智能化分析和预测，为企业的决策提供科学依据。

（二）智慧财会的数据驱动决策模式对经济管理方法的启示

数据驱动决策模式已经成为现代企业管理的重要趋势之一。智慧财会作为财务管理的重要分支，其数据驱动决策模式对经济管理方法具有重要的启示作用。

1. 强调数据的重要性

数据已经成为现代企业决策的重要依据之一。在经济管理中，也应该注重数据的收集和分析工作，确保数据的准确性和完整性。只有掌握了充分、准确的数据信息，才能为企业的决策提供有力的支持。

2. 建立科学的数据分析体系

智慧财会通过科学的数据分析体系实现了对财务数据的深入挖掘和分析。在经济管理中也应该建立科学的数据分析体系和方法论框架，运用统计学、计量经济学等科学方法进行数据的分析和处理工作。通过对数据的深入分析可以揭示出隐藏在背后的规律和趋势，为企业的战略制定提供科学依据。

3. 推动决策过程的透明化和规范化

智慧财会通过数据驱动决策模式推动了决策过程的透明化和规范化。在经济管理中也应该推动决策过程的透明化和规范化工作，确保决策过程公正、透明，减少主观因素和人为干扰的影响。这样可以提高企业的决策质量和效率，为企业的可持续发展奠定坚实的基础。

（三）智慧财会的风险管理理念在经济管理中的融合

风险管理是企业经营管理中的重要环节之一。智慧财会作为财务管理的重要组成部分，其风险管理理念对经济管理中的风险管理具有重要的借鉴意义。

1. 建立全面的风险管理体系

智慧财会通过建立全面的风险管理体系实现了对财务风险的有效控制和管理。在经济管理中也应该建立全面的风险管理体系，包括风险识别、评估、监控和处置等环节。只有建立了全面的风险管理体系才能确保企业及时发现和应对各种潜在的风险和挑战。

2. 强化风险防范意识

风险防范意识是风险管理的重要组成部分之一。在经济管理中也应该强化风险防范意识，加强对潜在风险的识别和预警工作。企业应该建立风险意识文化，提高员工的风险意识和应对能力，确保企业在面临风险时能够迅速做出反应并采取有效的应对措施。

3. 借鉴先进的风险管理方法和技术

智慧财会运用先进的风险管理方法和技术实现了对财务风险的有效控制和管理。在经济管理中也应该积极借鉴先进的风险管理方法和技术，如风险量化模型、风险评估工具等。这些先进的方法和技术可以帮助企业更好地识别和评估潜在的风险，并制定更加科学、合理的风险管理策略。

三、国际经济管理方法对智慧财会的指导意义

随着全球化进程的加速和科技的飞速发展，智慧财会作为财务管理领域的新兴分支，正日益受到广泛关注。与此同时，国际经济管理方法作为一套成熟的理论和实践体系，对智慧财会的发展具有重要的指导意义。

（一）经济管理方法在智慧财会战略规划中的应用

战略规划是企业发展的重要组成部分，对于智慧财会而言同样如此。经济管理方法中的战略规划理念和方法论框架，对智慧财会的战略规划具有重要的指导意义。

1. 明确智慧财会的发展目标

经济管理方法强调目标导向，即明确企业的发展目标和方向。在智慧财会的战略规划中，也应首先明确发展目标，如提高财务管理效率、降低财务风险、优化资源配置等。只有明确了发展目标，才能有针对性地制定战略规划和实施措施。

2. 制定科学合理的战略规划

经济管理方法注重科学决策和合理规划。在智慧财会的战略规划中，也应运用科学的方法论框架，对内部和外部环境进行深入分析，识别出机遇和挑战，制定出科学合理的战略规划。这包括确定关键成功因素、制定实施路径和时间表、明确资源需求和配置等。

3. 强化战略执行和监控

经济管理方法强调战略执行和监控的重要性。在智慧财会的战略规划中，也应注重战略的执行和监控工作。通过建立有效的执行机制和监控体系，确保战略规划得到有效实施，及时发现和解决问题，确保智慧财会的发展目标得以实现。

（二）经济管理方法对智慧财会人才培养与技能提升的借鉴

人才是企业发展的核心资源，对于智慧财会而言同样如此。经济管理方法在人才培养和技能提升方面的成功经验和方法论框架，对智慧财会具有重要的借鉴意义。

1. 建立完善的人才培养体系

经济管理方法注重人才培养的系统性和持续性。在智慧财会中，也应建立完善的人才培养体系，包括制定明确的人才培养目标、设计针对性的培训课程和实践项目、建立有效的激励机制等。通过系统性和持续性的人才培养工作，可提升智慧财会人员的专业素养和综合能力。

2. 强化实践能力和创新意识的培养

经济管理方法强调实践能力和创新意识的重要性。在智慧财会中，也应注重实践能力和创新意识的培养工作。通过设计实践性的项目和任务、鼓励创新思维和尝试、提供实践机会和资源等方式，可激发智慧财会人员的实践能力和创新意识，推动智慧财会的创新和发展。

3. 借鉴多元化的培训方法和技术

经济管理方法在培训方法和技术方面具有丰富的经验和多元化的选择。在智慧财会中，也可以借鉴这些多元化的培训方法和技术，如案例分析、角色扮演、模拟演练等。这些方法和技术可以帮助智慧财会人员更好地理解和掌握相关知识和技能，提高培训效果和质量。

（三）经济管理方法的创新理念在智慧财会中的实践与推广

创新是企业发展的重要驱动力，对于智慧财会而言同样如此。经济管理方法中的创新理念和方法论框架，对智慧财会的创新实践具有重要的指导意义。

1. 营造创新氛围和文化

经济管理方法强调创新氛围和文化的重要性。在智慧财会中，也应积极营造创新氛围和文化，鼓励创新思维和尝试，提供创新机会和资源。通过建立良好的创新机制和文化氛围，激发智慧财会人员的创新意识和积极性，推动智慧财会的创新和发展。

2. 探索新的财务管理模式和方法

经济管理方法注重探索新的管理模式和方法。在智慧财会中，也应积极探索新的财务管理模式和方法，如基于大数据和人工智能的财务分析、智能化的风险管理等。通过不断探索和实践新的管理模式及方法，提高智慧财会的管理水平和效率，为企业的发展提供有力支持。

3. 推广成功经验和实践案例

经济管理方法注重成功经验的总结和实践案例的推广。在智慧财会中，也应积极总结和推广成功经验及实践案例，为其他企业和行业提供借鉴及参考。通过分享成功经验和实践案例，促进智慧财会领域的交流和合作，推动智慧财会行业的整体进步和发展。

四、国际智慧财会与经济管理方法的融合趋势

在全球化日益加强的今天，智慧财会与经济管理方法的融合已成为企业发展的必然趋势。这种融合不仅能够提高企业的财务管理效率和经济管理水平，还能够为企业的发展注入新的动力。

（一）智慧财会与经济管理方法的相互渗透和融合

随着信息技术的发展，智慧财会与经济管理方法的相互渗透和融合越来越明显。一方面，智慧财会的发展为经济管理提供了更加准确、高效的数据支持和分析方法；另一方面，经济管理方法的不断创新也为智慧财会提供了更加广阔的应用空间和更加丰富的管理手段。

1. 智慧财会对经济管理方法的影响

智慧财会的发展对经济管理方法产生了深远的影响。首先，通过运用大数据、云计算等信息技术，智慧财会能够更加准确、快速地处理和分析财务数据，为经济管理提供有力的数据支持。其次，智慧财会的风险管理理念、自动化流程等也为经济管理方法的创新提供了有益的借鉴。

2. 经济管理方法对智慧财会的促进

经济管理方法的不断创新也为智慧财会的发展提供了强大的动力。一方面，经济管理方法的发展推动了智慧财会向更加智能化、自动化的方向发展；另一方面，经济管理

方法中的战略规划、人才培养等理念也为智慧财会的发展提供了有益的指导。

（二）新兴技术在智慧财会与经济管理中的共同应用前景

随着人工智能、大数据等新兴技术的不断发展，它们在智慧财会与经济管理中的共同应用前景也越来越广阔。这些技术的应用将进一步提高财务管理的效率和准确性，同时也将为企业的经济管理带来更多的创新机遇。

1. 人工智能在智慧财会与经济管理中的应用

人工智能技术在智慧财会与经济管理中有着广泛的应用前景。例如，通过运用人工智能技术，可以实现财务数据的自动化处理和分析，提高财务管理的效率和准确性。同时，人工智能技术还可以应用于风险预测、市场趋势分析等方面，为企业的经济管理提供更加科学、准确的决策支持。

2. 大数据在智慧财会与经济管理中的应用

大数据技术也是智慧财会与经济管理中不可或缺的技术之一。通过运用大数据技术，企业可以更加全面地收集和分析财务数据，为经济管理提供更加准确、全面的数据支持。同时，大数据技术还可以应用于消费者行为分析、市场需求预测等方面，帮助企业更好地把握市场机遇和挑战。

（三）国际合作在推动智慧财会与经济管理方法融合中的作用

在全球化的背景下，国际合作在推动智慧财会与经济管理方法融合中发挥着越来越重要的作用。通过国际合作，不同国家和地区的企业可以共享资源、交流经验，共同推动智慧财会与经济管理方法的融合和发展。

1. 促进资源共享与经验交流

国际合作可以促进不同国家和地区的企业之间的资源共享和经验交流。通过共享先进的技术和管理经验，各国企业可以相互学习、取长补短，共同推动智慧财会与经济管理方法的创新和发展。这种合作不仅可以提高企业的竞争力，还可以促进全球经济的繁荣和发展。

2. 推动标准化与规范化进程

国际合作还可以推动智慧财会与经济管理方法的标准化和规范化进程。通过制定国际统一的标准和规范，可以确保不同国家和地区的企业在财务管理和经济管理方面采用相同或相似的方法和手段，提高全球范围内的管理效率和协同性。这将有助于降低企业的运营成本和风险，提高全球经济的稳定性和可持续性。

第八章 智慧财会与经济管理方法的政策与法规

第一节 智慧财会与经济管理方法的政策环境

一、国家政策对智慧财会与经济管理的支持

在智慧财会与经济管理领域，国家政策发挥着重要的引导和推动作用。通过制定扶持政策、推动科技与创新发展、提供资金支持和税收优惠等措施，政府为智慧财会与经济管理的融合与发展创造了良好的环境和条件。

（一）政府在智慧财会与经济管理领域的扶持政策概述

为了推动智慧财会与经济管理的发展，各国政府纷纷出台了一系列扶持政策。这些政策旨在为企业提供支持，促进技术创新和产业升级。

1. 设立专项资金支持项目

政府通过设立专项资金支持项目，为智慧财会与经济管理领域的研究和实践提供资金支持。这些项目通常涵盖技术研发、人才培养、市场推广等多个方面，有助于提升整个行业的创新能力和竞争力。

2. 制定行业标准和规范

政府还致力于制定智慧财会与经济管理的行业标准和规范，以确保行业的健康有序发展。这些标准和规范不仅有助于提升行业的服务质量和效率，还能为企业间的合作与交流提供便利。

3. 加强国际合作与交流

为了借鉴国际先进经验和技术，政府还积极加强与国际社会在智慧财会与经济管理领域的合作与交流。通过举办国际会议、签署合作协议等方式，可推动国内外企业、研究机构和高校之间的深入合作与资源共享。

（二）国家科技与创新政策对智慧财会和经济管理的推动作用

科技与创新是推动智慧财会和经济管理发展的关键动力。国家科技与创新政策在这一领域发挥着重要的引导作用。

1. 鼓励技术研发与创新

国家科技政策通过设立科研项目、提供研发资金等方式，鼓励企业和科研机构在智慧财会与经济管理领域进行技术研发和创新。这有助于推动新技术、新方法的不断涌现，提升行业的整体技术水平。

2. 培养高素质人才

为了支持智慧财会与经济管理的发展，国家还注重培养高素质人才。通过优化教育资源配置、设立奖学金和实训基地等方式，吸引更多年轻人投身这一领域，为行业的持续发展提供源源不断的人才支持。

3. 推动产学研一体化发展

国家科技与创新政策还致力于推动产学研一体化发展。通过加强企业、高校和科研机构之间的合作与交流，促进技术创新和成果转化。这种合作模式有助于缩短技术研发到市场应用的周期，提高整个行业的创新效率。

（三）政府资金投入与税收优惠政策对行业发展的促进

除了直接的政策扶持外，政府还通过资金投入和税收优惠政策等措施来支持智慧财会与经济管理的发展。

1. 政府资金投入

政府通过设立专项资金、投资基金等方式，为智慧财会与经济管理领域的企业和项目提供资金支持。这些资金可以用于技术研发、市场推广、人才培养等方面，有助于降低企业的创新风险和市场开拓成本。

2. 税收优惠政策

为了鼓励企业加大在智慧财会与经济管理领域的投入，政府还出台了一系列税收优惠政策。这些政策包括减免税费、提高研发费用加计扣除比例等，这有助于降低企业的税收负担，提高其盈利能力和市场竞争力。

3. 政府采购支持

政府还可以通过采购支持的方式，推动智慧财会与经济管理领域的产品和服务在公共部门的应用。这不仅可以为企业带来稳定的订单和收入来源，还能提升整个行业的社会认知度和影响力。

二、国际政策环境与智慧财会的协同发展

在全球化日益深入的今天，智慧财会作为现代企业管理的重要组成部分，其发展与国际政策环境紧密相连。国际组织在智慧财会与经济管理方面制定的政策框架、跨国政

策合作以及国际经济政策环境的变化，都对智慧财会的发展产生着深远的影响。

（一）国际组织在智慧财会与经济管理方面的政策框架

国际组织在推动智慧财会与经济管理的发展方面发挥着重要作用。它们通过制定国际性的政策框架和标准，促进各国在智慧财会与经济管理领域的合作与交流。

1. 制定国际标准与规范

国际组织如国际财务报告准则委员会（IFRS）等，致力于制定和完善国际财务报告准则，为智慧财会提供统一的国际标准和规范。这些标准和规范有助于提高企业财务报告的透明度和可比性，促进国际资本市场的健康发展。

2. 推动跨国界合作

国际组织积极推动各国在智慧财会与经济管理领域的跨国界合作。例如，通过举办国际会议、搭建交流平台等方式，可促进不同国家和地区之间的经验分享与技术合作，共同推动智慧财会与经济管理方法的创新和发展。

3. 关注新兴市场与发展中国家需求

国际组织在制定政策框架时，还关注新兴市场和发展中国家的需求。它们通过提供技术援助、培训和教育等支持，帮助这些国家和地区提升智慧财会与经济管理水平，促进全球经济的均衡发展。

（二）跨国政策合作对智慧财会与经济管理方法的影响

跨国政策合作在智慧财会与经济管理领域具有重要意义。通过加强国际合作与交流，各国可以共同应对挑战、分享经验并推动创新。

1. 促进资源共享与技术创新

跨国政策合作有助于各国在智慧财会与经济管理领域实现资源共享和技术创新。通过合作研发、联合培养人才等方式，各国可以相互借鉴先进经验和技术成果，共同推动行业的发展与进步。

2. 提高国际竞争力

跨国政策合作有助于提高各国在智慧财会与经济管理领域的国际竞争力。通过参与国际合作项目、加入国际组织等方式，各国可以提升自身在国际舞台上的地位和影响力，为本国企业拓展国际市场提供更多机遇。

3. 应对全球性挑战

面对全球经济一体化带来的挑战，如跨境税收征管、国际金融监管等问题，跨国政策合作显得尤为重要。通过加强国际合作与协调，各国可以共同应对这些全球性挑战，维护国际经济秩序和金融稳定。

（三）国际经济政策环境变化对行业的挑战与机遇

国际经济政策环境的变化对智慧财会与经济管理领域既带来挑战也带来机遇。适应和应对这些变化是行业发展的关键。

1. 挑战：贸易保护主义与地缘政治风险

当前国际经济环境中存在着贸易保护主义和地缘政治风险等问题。这些问题可能导致国际贸易摩擦加剧、市场准入限制增多等不利局面，对智慧财会与经济管理领域的企业造成冲击和挑战。企业需要密切关注国际政策动态，灵活调整市场策略以应对潜在风险。

2. 机遇：数字经济与科技创新发展

与此同时，数字经济和科技创新的快速发展也为智慧财会与经济管理领域带来了新的机遇。随着大数据、人工智能等技术的不断进步和应用拓展，智慧财会的功能和效率将得到大幅提升。企业需要积极拥抱科技创新，利用新技术优化财务管理流程，提高决策效率，并拓展新的市场机遇。

3. 适应与应对策略

面对国际经济政策环境的变化带来的挑战和机遇，智慧财会与经济管理领域的企业需要采取积极的适应和应对策略。这包括加强内部管理优化、提高风险防范意识、加大科技创新投入以及拓展国际合作与交流等。通过这些措施的实施，企业可以更好地应对外部环境的变化并保持持续稳健的发展态势。

三、政策环境对行业创新与应用的引导

智慧财会与经济管理作为现代企业管理的重要组成部分，其创新与应用受到政策环境的深刻影响。政策环境不仅为智慧财会与经济管理方法创新提供了方向指引，还通过行业应用政策的支持与规范，促进了这些创新方法在实践中的应用与推广。同时，政策变动也对行业发展趋势产生潜在影响，需要行业内的企业和从业人员密切关注与适应。

（一）政策环境对智慧财会与经济管理方法创新方向的引导

政策环境在智慧财会与经济管理方法的创新过程中起着重要的引导作用。通过制定相关政策，政府能够明确创新方向，推动行业内的技术创新和管理升级。

1. 鼓励技术创新和研发投入

政府通过出台相关政策，鼓励企业进行技术创新和研发投入。这些政策通常包括财政补贴、税收减免等措施，旨在降低企业的创新风险和成本，激发其创新活力。在智慧财会与经济管理领域，这意味着企业将更加关注于引入先进技术，如大数据、人工智能

等，以提升财务管理效率和质量。

2. 强化数据安全与隐私保护

随着智慧财会与经济管理的深入应用，数据安全与隐私保护问题日益凸显。政策环境在这方面也给出了明确的指引，要求企业在创新过程中必须严格遵守相关法律法规，保障用户数据的安全和隐私。这促使企业在推动技术创新的同时，也加大了对数据安全技术的研发和应用力度。

3. 推广绿色可持续发展理念

在环保和可持续发展日益成为全球共识的背景下，政策环境也强调智慧财会与经济管理方法的创新应符合绿色、可持续发展的要求。这意味着企业在创新过程中需要注重节能减排、资源循环利用等方面的问题，推动行业内的绿色发展和转型升级。

（二）行业应用政策对智慧财会与经济管理实践的支持和规范

行业应用政策在智慧财会与经济管理实践过程中起着至关重要的支持和规范作用。这些政策旨在促进先进技术的合理应用，保障行业健康有序发展。

1. 提供标准化的指导框架

行业应用政策为智慧财会与经济管理提供了标准化的指导框架。通过制定统一的技术标准、操作规范等文件，政府帮助企业明确了智慧财会与经济管理的实施路径和基本要求，降低了企业在实践过程中的盲目性和风险性。

2. 加大资金支持力度

为了推动智慧财会与经济管理在行业内的广泛应用，政府还通过提供专项资金支持、设立示范项目等方式加大对企业的扶持力度。这些资金支持措施有助于解决企业在实践过程中遇到的资金瓶颈问题，推动先进技术的快速普及和应用。

3. 强化监管与评估机制

行业应用政策建立了严格的监管与评估机制，以确保智慧财会与经济管理方法的合规性和有效性。政府通过对企业实践活动的定期检查、评估和审计等手段，及时发现和纠正可能存在的问题和风险点，保障行业内健康有序的发展环境。

（三）政策变动对行业发展趋势的潜在影响

政策环境的不稳定性和多变性对智慧财会与经济管理的发展趋势产生潜在影响。企业需要密切关注政策动向并做出适应性调整以应对可能的变化。

1. 影响技术研发方向和投资策略

政策变动可能导致技术研发方向和投资策略的调整。例如，如果政府加强了对数据安全与隐私保护的监管力度，企业可能需要在相关技术研发上加大投入以满足合规要求；

而如果政府取消或减少了某项财政补贴政策，企业则需要重新评估投资回报率和风险水平并做出相应决策。

2. 促进行业洗牌和竞争格局变化

政策变动可能促进行业洗牌和竞争格局的变化。新政策的出台或旧政策的调整往往会给行业带来新的发展机遇和挑战点，一些适应能力强的企业可能会抓住机遇迅速崛起并成为行业领军者；而一些反应迟钝或实力较弱的企业则可能面临被淘汰出局的风险。

3. 推动企业加强国际合作与交流

面对不断变化的政策环境，企业需要加强国际合作与交流以共同应对挑战并寻求更多发展机遇。通过参与国际会议、加入国际组织等方式与海外同行进行深入合作和交流，可以帮助企业了解更多先进理念和技术动态，并提升自身在国际市场中的竞争力。

第二节　智慧财会与经济管理方法的法规要求

一、智慧财会与经济管理的法律法规体系

智慧财会与经济管理作为现代企业运营的核心环节，其涉及的法律法规体系对于保障企业财务管理的合规性、规范性和安全性至关重要。随着技术的不断发展和应用，智慧财会与经济管理的法律法规体系也在不断完善和更新，以适应新的市场环境和业务需求。

（一）智慧财会与经济管理方法涉及的法律法规概览

智慧财会与经济管理方法涉及的法律法规众多，涵盖了财务、税务、审计、信息安全等多个领域。这些法律法规共同构成了智慧财会与经济管理的法律基础，为企业的财务管理活动提供了明确的指导和规范。

1. 财务类法律法规

财务类法律法规主要包括《公司法》《会计法》《企业财务报告条例》等，这些法律法规规定了企业会计核算、财务报告编制和披露的基本要求，确保企业财务信息的真实、完整和准确。在智慧财会与经济管理中，企业需要严格遵守这些法律法规，利用先进的技术手段提高财务信息的透明度和可信度。

2. 税务类法律法规

税务类法律法规主要包括《税收征管法》《企业所得税法》等，这些法律法规规定了企业纳税的义务和权利，以及税务管理的程序和要求。在智慧财会与经济管理中，企业

需要依法纳税，合理利用税收政策，降低税务风险，提高税务合规性。

3. 审计类法律法规

审计类法律法规主要包括《审计法》《注册会计师法》等，这些法律法规规定了审计工作的基本原则、程序和要求，以及审计人员的职责和权利。在智慧财会与经济管理中，企业需要接受外部审计机构的监督，确保财务信息的合规性和公正性。

4. 信息安全类法律法规

信息安全类法律法规主要包括《网络安全法》《个人信息保护法》等，这些法律法规规定了企业在信息处理、存储和传输过程中的安全保护义务和责任。在智慧财会与经济管理中，企业需要加强信息安全管理，保障财务信息的安全性和保密性。

（二）关键法律法规对智慧财会与经济管理实践的要求

关键法律法规对智慧财会与经济管理实践提出了明确要求，企业需要在实际操作中严格遵守这些要求，确保财务管理的合规性和规范性。

1. 会计核算与报告要求

根据《会计法》和《企业财务报告条例》等法律法规的要求，企业需要建立规范的会计核算体系，按照规定的会计政策和会计估计进行核算，编制真实、完整、准确的财务报告。同时，企业还需要及时披露财务信息，接受外部监督。

2. 税务合规性要求

根据《税收征管法》和《企业所得税法》等法律法规的要求，企业需要依法纳税，按照规定的税率和税基计算应纳税额，及时申报和缴纳税款。同时，企业还需要加强税务风险管理，防范税务违法行为的发生。

3. 审计监督要求

根据《审计法》和《注册会计师法》等法律法规的要求，企业需要接受外部审计机构的监督，配合审计工作，提供真实、完整、准确的财务资料和其他相关信息。同时，企业还需要加强内部审计工作，发现财务管理中存在的问题并及时整改。

4. 信息安全保护要求

根据《网络安全法》和《个人信息保护法》等法律法规的要求，企业需要加强信息安全管理，建立完善的信息安全保护体系，采取必要的技术措施和管理措施保障财务信息的安全性和保密性。同时，企业还需要加强员工的信息安全意识培训和教育。

（三）法规变动对行业合规性管理的影响

法规变动对行业合规性管理产生深远影响，企业需要密切关注法规动态并及时调整财务管理策略以适应新的法律环境。

1. 提高合规性管理意识

法规变动要求企业提高合规性管理意识,加强对法律法规的学习和宣传,确保员工了解和掌握相关法律法规的要求。同时,企业还需要建立完善的合规性管理制度和流程,明确各部门和人员的职责及权限。

2. 加强风险防范和控制

法规变动要求企业加强风险防范和控制工作,建立完善的风险管理体系和内部控制机制。通过风险评估和识别工作,及时发现和应对潜在的合规性风险;通过内部控制工作,规范财务管理流程和行为,降低违规操作的可能性。

3. 强化外部合作与交流

面对不断变化的法律环境,企业需要加强与外部机构(律师事务所、会计师事务所等)的合作与交流。通过与专业机构的合作,获取最新的法律法规信息和解读意见;通过与其他企业的交流,分享经验做法和应对策略;共同推动行业合规性管理水平的提升。

二、数据保护与隐私安全法规

随着智慧财会的广泛应用,数据保护与隐私安全问题日益凸显。为了保障个人和企业的数据安全,各国纷纷出台相关法规,对智慧财会中的数据处理提出了严格要求。这些法规不仅规范了数据处理行为,还设置了违规处理的法律后果,以确保数据安全和隐私权益得到有效保护。

(一)数据保护法规在智慧财会中的应用要求

数据保护法规在智慧财会中的应用要求主要体现在以下几个方面。

1. 数据收集与使用的合法性

智慧财会涉及大量个人和企业数据的收集和使用。数据保护法规要求,在收集和使用这些数据时,必须遵守合法性原则,即必须事先获得数据主体的明确同意,并告知数据收集的目的、方式和范围。同时,收集的数据必须严格限于实现特定目的所需的最小范围,不得随意扩大使用范围或用于其他目的。

2. 数据的安全性与保密性

数据保护法规强调数据的安全性和保密性。智慧财会系统必须采取必要的技术和管理措施,确保数据的完整性、可用性和保密性。这包括采用加密技术保护数据传输和存储安全,建立访问控制和审计机制防止未经授权的访问和泄露,以及定期进行数据备份和恢复测试以应对可能的安全事件。

3. 数据主体的权利保护

数据保护法规赋予数据主体一系列权利，如知情权、访问权、更正权、删除权等。智慧财会系统必须尊重并保障这些权利的实现。例如，当数据主体请求访问或更正其个人数据时，系统应提供便捷的途径和方式；当数据主体要求删除其个人数据时，系统应在合理期限内予以删除或匿名化处理。

（二）隐私安全法规对智慧财会数据处理的限制

隐私安全法规对智慧财会数据处理的限制主要体现在以下几个方面。

1. 禁止未经授权的数据处理

隐私安全法规严格禁止未经授权的数据处理行为。这包括未经同意收集个人敏感信息、超出授权范围使用数据、非法获取或泄露他人数据等。智慧财会系统必须确保所有数据处理行为都在法律允许的范围内进行，并事先获得数据主体的明确授权。

2. 限制数据跨境流动

为了保护本国公民的数据安全和隐私权益，一些国家制定了数据跨境流动的限制措施。这些措施要求，在将数据传输到境外之前，必须事先获得相关机构的批准或符合特定的条件。智慧财会系统需要关注这些跨境流动限制措施，确保在合规的前提下进行数据传输和处理。

3. 强化数据控制者的责任和义务

隐私安全法规强化了数据控制者的责任和义务。数据控制者不仅需要建立完善的数据保护制度和管理体系，还需要定期对数据处理活动进行风险评估和审计，及时发现和解决潜在的安全隐患。同时，当发生数据泄露等安全事件时，数据控制者应立即启动应急响应机制，通知受影响的数据主体并报告相关监管机构。

（三）违规处理个人与企业数据的法律后果

违规处理个人与企业数据将承担严重的法律后果，包括民事责任、行政责任和刑事责任等。

1. 民事责任

违规处理个人与企业数据可能导致数据主体的财产损失或精神损害。在这种情况下，数据主体有权要求侵权者承担民事责任，包括赔偿损失、消除影响、恢复名誉等。同时，数据控制者还可能面临合同违约等民事纠纷的风险。

2. 行政责任

违反数据保护与隐私安全法规的行为可能受到监管机构的行政处罚。处罚措施包括警告、罚款、没收违法所得、责令停业整顿等。对于严重违法行为，监管机构还可能吊销相关许可证或取消经营资格。

3. 刑事责任

在某些情况下，违规处理个人与企业数据可能构成犯罪行为。例如，非法获取、出售或提供公民个人信息等行为可能触犯刑法中关于侵犯公民个人信息罪的相关规定。对于构成犯罪的行为，侵权者将承担刑事责任，包括有期徒刑、罚金等刑罚。

三、行业标准与规范

随着信息技术的快速发展，智慧财会与经济管理已成为企业财务管理的重要趋势。在这一背景下，行业标准与规范的作用日益凸显。它们不仅推动了智慧财会的发展，促进了经济管理的规范化，还对提升智慧财会与经济管理水平起到了关键作用。

（一）财会行业标准化对智慧财会发展的推动

财会行业标准化是智慧财会发展的基石。通过制定和实施统一的标准，可以确保财务信息的准确性、可比性和透明度，从而提高财务管理的效率和质量。具体来说，财会行业标准化对智慧财会发展的推动作用主要体现在以下几个方面。

1. 促进数据规范化处理

财会行业标准化规定了财务数据的格式、分类和编码等要求，使得不同企业、不同系统之间的财务数据能够实现规范化处理。这有助于减少数据转换和整合的工作量，提高数据处理的效率和准确性。

2. 推动技术创新与应用

财会行业标准化为智慧财会技术的创新和应用提供了统一的平台和接口。在标准化的基础上，企业可以更加便捷地引入新的技术工具和方法，如大数据分析、人工智能等，从而提升财务管理的智能化水平。

3. 提升行业协作效率

财会行业标准化有助于加强企业之间的协作与交流。通过采用统一的标准，不同企业可以更加顺畅地进行财务数据的交换和共享，提高行业协作的效率和质量。

（二）经济管理方法标准化对行业规范化的意义

经济管理方法标准化是行业规范化的重要组成部分。通过制定和实施统一的经济管理方法标准，可以规范企业的经济行为，提高经济管理的科学性和有效性。具体来说，经济管理方法标准化对行业规范化的意义主要体现在以下几个方面。

1. 规范企业经济行为

经济管理方法标准化为企业提供了明确的经济管理指南和规范。这有助于引导企业按照统一的标准进行经济决策和行为选择，避免盲目性和随意性，从而规范企业的经济行为。

2. 提高管理效率和质量

经济管理方法标准化将先进的管理理念和方法固化在标准中，使得企业可以更加便捷地学习和借鉴这些经验。这有助于提高企业经济管理的效率和质量，推动行业整体水平的提升。

3. 增强行业竞争力

经济管理方法标准化有助于提升行业的整体竞争力。通过采用统一的标准和方法，企业可以更加准确地把握市场趋势和客户需求，优化资源配置和业务流程，从而在激烈的市场竞争中脱颖而出。

（三）行业标准与规范对提升智慧财会与经济管理水平的作用

行业标准与规范在提升智慧财会与经济管理水平方面发挥着至关重要的作用。它们为企业提供了明确的指导和规范，推动了技术创新和应用，加强了行业协作与交流。具体来说，行业标准与规范的作用主要体现在以下几个方面。

1. 提供指导和规范

行业标准与规范为企业提供了详细的操作指南和规范要求。这使得企业在实施智慧财会和经济管理时能够有章可循、有据可查，确保各项工作的顺利开展和高效执行。

2. 推动技术创新和应用

行业标准与规范为技术创新和应用提供了良好的环境和条件。在标准化的基础上，企业可以更加放心地引入新的技术工具和方法，推动智慧财会和经济管理的不断创新及发展。

3. 加强行业协作与交流

行业标准与规范促进了企业之间的协作与交流。通过共同遵循统一的标准和规范，不同企业可以更加顺畅地进行合作与沟通，分享经验和资源，共同推动行业的进步和发展。

第三节　智慧财会与经济管理方法的政策与法规影响

一、政策与法规对行业发展的驱动作用

智慧财会与经济管理行业作为现代经济体系中的重要组成部分，其健康发展离不开

政策与法规的引导和规范。政策与法规不仅为行业提供了明确的发展方向和目标，还通过规范市场行为、提升服务质量、保障数据安全等方面，为行业的可持续发展奠定了坚实的基础。

（一）利好政策促进智慧财会与经济管理行业的快速发展

政府通过出台一系列利好政策，为智慧财会与经济管理行业的快速发展提供了有力的支持。这些政策不仅降低了企业的运营成本，提高了市场竞争力，还鼓励了创新技术的应用和研发，推动了行业的整体进步。

1. 财政补贴和税收优惠

政府通过提供财政补贴和税收优惠政策，减轻了企业的经济负担，增加了企业的可支配收入。这使得企业有更多的资金投入到智慧财会与经济管理的研发和应用中，推动了行业的技术创新和产业升级。

2. 金融支持

政府通过设立专项基金、提供贷款担保等方式，为智慧财会与经济管理行业提供了金融支持。这些措施降低了企业的融资难度和成本，为企业的发展提供了资金保障。同时，金融支持还鼓励了更多的社会资本进入该行业，增加了市场的活力和竞争力。

3. 人才培养和引进

政府通过加大对智慧财会与经济管理领域的人才培养力度，提高了行业的人才素质和数量。此外，政府还通过引进海外高端人才和团队，为行业注入了新的思想和理念。这些人才和团队的加入，推动了行业的技术进步和管理创新。

4. 市场推广和应用示范

政府通过组织市场推广活动、建立应用示范项目等方式，提高了智慧财会与经济管理行业的知名度和影响力。这些活动和项目不仅展示了行业的最新技术和成果，还促进了企业与用户之间的交流和合作。通过市场推广和应用示范，更多的企业和用户开始关注和认可智慧财会与经济管理行业，为行业的快速发展奠定了市场基础。

（二）严格法规提升行业整体的合规性与服务质量

在智慧财会与经济管理行业的发展过程中，严格的法规起到了至关重要的作用。这些法规不仅规范了市场行为，保障了公平竞争，还提高了行业整体的合规性和服务质量。

1. 数据安全与隐私保护法规

针对智慧财会与经济管理行业涉及的大量敏感数据，政府出台了一系列数据安全与隐私保护法规。这些法规要求企业必须采取严格的数据加密、访问控制等措施，确保数据的安全性和保密性。同时，法规还规定了企业在处理个人数据时必须遵守的原则和程序，保障了用户的隐私权益。这些法规的实施，使得行业在数据安全和隐私保护方面达到了更高的标准。

2. 业务规范与监管要求

政府通过制定业务规范和监管要求，对智慧财会与经济管理行业进行了全面的规范和管理。这些规范和要求涵盖了企业的业务范围、操作流程、风险控制等方面，确保了企业的业务行为符合法律法规和市场准则。同时，政府还通过设立监管机构、加强监督检查等方式，确保企业严格遵守业务规范和监管要求，提高了行业的整体合规性。

3. 服务质量与用户权益保障法规

为了提升智慧财会与经济管理行业的服务质量和用户满意度，政府出台了一系列服务质量与用户权益保障法规。这些法规要求企业必须提供优质的服务和产品，保障用户的合法权益。同时，法规还规定了企业在处理用户投诉、纠纷等问题时必须遵守的程序和原则，确保了用户的权益得到有效维护。这些法规的实施，使得行业在服务质量和用户权益保障方面取得了显著的进步。

（三）政策与法规共同塑造行业的健康生态环境

政策与法规在智慧财会与经济管理行业的发展过程中相互补充、相互促进，共同塑造了行业的健康生态环境。政策为行业的发展提供了方向和支持，而法规则为行业的规范和管理提供了保障。二者相辅相成，共同推动了智慧财会与经济管理行业的健康发展。

1. 政策引导与法规规范相结合

政府在制定政策时充分考虑了行业的特点和发展需求，通过政策引导鼓励企业加大研发投入、拓展市场应用等。同时，政府还通过法规规范企业的市场行为和服务质量，保障了行业的公平竞争和用户的合法权益。政策与法规的相互配合，使得行业在发展方向上更加明确，在市场行为上更加规范。

2. 监管与自律相结合

政府在加强对智慧财会与经济管理行业的监管的同时，也注重引导行业自律。通过设立行业协会、制定行业准则等方式，鼓励企业自觉遵守市场规则和行业规范，提高自身的竞争力和社会责任感。监管与自律的相结合，使得行业在发展过程中既受到了有效的外部监督，又形成了良好的内部自我管理机制。

3. 营造公平竞争的市场环境

政策与法规的共同作用还为智慧财会与经济管理行业营造了公平竞争的市场环境。通过打击不正当竞争行为、保护知识产权等方式，维护了市场的公平和秩序。这使得企业在竞争中更加注重创新和服务质量，推动了行业的整体进步和发展。

二、政策与法规变动对行业策略的调整

随着经济社会的发展和市场环境的变化，政策与法规不断进行调整以适应新的形势和需求。对于智慧财会与经济管理行业而言，政策与法规的变动不仅意味着行业规则的改变，还直接影响着企业的经营策略、市场布局以及竞争格局。因此，行业参与者需要密切关注政策与法规的变动，并及时调整自身策略以应对可能带来的影响。

（一）行业参与者如何应对政策与法规的变动

面对政策与法规的变动，行业参与者需要采取积极有效的措施来应对，以确保企业的稳健发展。具体来说，可以从以下几个方面入手。

1. 加强政策与法规的研究和解读

行业参与者应设立专门的团队或委托专业机构，对政策与法规的变动进行持续跟踪和研究。通过深入解读政策与法规的内容、目的和影响，企业可以更加准确地把握政策走向和市场趋势，为策略调整提供科学依据。

2. 调整经营策略和市场布局

根据政策与法规的变动，行业参与者需要灵活调整经营策略和市场布局。例如，当政策鼓励某一领域的发展时，企业可以加大对该领域的投入和拓展；当法规对某一业务进行限制时，企业需要寻找替代业务或调整业务模式以规避风险。

3. 加强与政府和相关机构的沟通与合作

行业参与者应积极参与政府和相关机构组织的座谈会、研讨会等活动，与政府和相关机构建立良好的沟通渠道。通过及时反映企业的诉求和建议，企业可以争取到更加有利于自身发展的政策环境。

4. 提高企业的合规意识和能力

面对日益严格的法规要求，行业参与者需要提高企业的合规意识和能力。通过加强内部合规管理、完善合规制度、开展合规培训等措施，企业可以确保自身业务符合法规要求，避免因违规行为而引发的法律风险。

（二）策略调整对行业竞争格局的潜在影响

政策与法规的变动往往会导致行业竞争格局的改变。当行业参与者根据政策与法规的变动调整自身策略时，可能会引发以下潜在影响。

1. 市场份额的重新分配

策略调整可能会导致市场份额的重新分配。一些能够适应政策与法规变动并快速调整策略的企业可能会抓住市场机遇，扩大市场份额；而一些反应迟缓或调整不当的企业则可能会面临市场份额缩减的风险。

2. 竞争格局的变化

策略调整可能会改变企业之间的竞争关系。一些原本处于领先地位的企业可能会因为策略调整不当而失去竞争优势；而一些原本处于追赶地位的企业则可能会因为及时调整策略而实现反超。

3. 行业集中度的提高

在某些情况下，政策与法规的变动可能会推动行业集中度的提高。例如，当政策鼓励行业整合或限制小规模企业发展时，一些大型企业可能会通过兼并收购等方式扩大规模，提高市场占有率，从而导致行业集中度的提高。

（三）政策与法规变动中的市场机遇与风险防范

政策与法规的变动既带来了挑战，也孕育着市场机遇。对于行业参与者而言，如何在变动中把握机遇、防范风险至关重要。

1. 把握市场机遇

政策与法规的变动往往会为行业带来新的发展机遇。例如，当政府出台鼓励科技创新、支持产业升级等政策时，企业可以积极响应政策号召，加大研发投入、推动技术创新和产业升级。此外，企业还可以关注政策与法规变动中可能出现的新的市场需求和业务领域，及时布局并拓展新的市场空间。

2. 防范法律风险

面对政策与法规的变动，企业需要加强法律风险防范意识。首先，企业应确保自身业务符合法规要求，避免因违规行为而引发的法律风险。其次，企业应建立完善的法律风险防控体系，包括定期开展合规检查、加强合规培训、建立风险预警机制等措施。最后，企业还应积极应对可能发生的法律纠纷和诉讼事件，维护企业的合法权益。

3. 强化风险管理

除了法律风险外，政策与法规的变动还可能给企业带来其他方面的风险，如市场风险、经营风险、财务风险等。因此，企业需要强化风险管理意识，建立完善的风险管理体系。通过定期开展风险评估、制定风险应对策略、建立风险应对机制等措施，企业可以更好地应对政策与法规变动带来的各种风险挑战。

第九章　智慧财会与经济管理方法的教育与培训

第一节　智慧财会与经济管理方法的教育体系

一、高等教育中的智慧财会与经济管理课程设置

随着信息技术的飞速发展和经济全球化的不断深入，财会与经济管理领域正面临着前所未有的变革。为了适应这一趋势，高等教育中的财会与经济管理课程设置也需要不断创新和完善。

（一）财会专业中的智慧财会理论与实践课程

智慧财会作为财会领域的新兴分支，旨在通过运用先进的信息技术和智能化的分析工具，提高财会工作的效率和准确性。在高等教育中，财会专业应设置相应的智慧财会理论与实践课程，以培养学生的信息素养和数据分析能力。

1. 智慧财会理论基础课程

这类课程应涵盖智慧财会的基本概念、发展历程、核心技术以及应用场景等内容。通过系统学习，学生能够全面了解智慧财会的理论框架和知识体系，为后续的实践操作打下坚实基础。

2. 智慧财会实践应用课程

实践是检验理论的有效手段。高校应与企业合作，共同开发智慧财会实践应用课程，让学生在真实的企业环境中进行实操练习。课程内容可以包括智能财务分析、自动化账务处理、风险识别与防控等模块，旨在培养学生的实际操作能力和问题解决能力。

3. 智慧财会技术前沿讲座

为了让学生了解最新的智慧财会技术动态和发展趋势，高校可以定期邀请行业专家或技术领军人物来校举办讲座。通过与专家的交流互动，学生能够拓宽视野，激发创新思维。

（二）经济管理专业中的创新方法与技术应用课程

经济管理专业作为培养经济管理人才的重要基地，同样需要关注创新方法与技术应用课程的设置。这些课程旨在培养学生的创新意识和实践能力，使其能够更好地适应复

杂多变的经济环境。

1. 创新理论与方法课程

这类课程应介绍创新的基本概念、创新过程的理论模型以及创新方法的实践应用等内容。通过学习，学生能够掌握创新思维的基本原理和方法论，为后续的实践活动提供理论指导。

2. 技术应用与案例分析课程

为了让学生更好地理解创新方法在实际经济管理中的应用，高校可以开设技术应用与案例分析课程。课程内容可以围绕某一具体技术或方法展开，通过案例分析的方式，深入剖析其在企业经营管理中的成功应用和经验教训。

3. 创新实践与项目课程

实践是培养学生创新能力的关键环节。高校应鼓励学生参与创新实践项目，如创业计划、科技竞赛等。通过实践锻炼，学生能够将所学知识转化为实际能力，提升自身的综合素质。

（三）跨学科课程设置与综合性教育模式

在当今这个知识爆炸的时代，单一学科的知识已经难以满足复杂问题的解决需求。因此，高等教育中的财会与经济管理课程设置需要打破学科壁垒，实现跨学科融合和综合性教育。

1. 跨学科基础课程

高校可以开设一些跨学科的基础课程，如计算机科学、数据科学、心理学等。这些课程能够为学生提供多元化的知识背景和思维方式，有助于培养复合型人才。

2. 综合性实验与实践课程

为了让学生更好地将所学知识应用于实际问题解决中，高校可以设计一些综合性的实验与实践课程。这些课程可以围绕某一具体问题或项目展开，需要学生综合运用所学知识和技能进行解决。通过这种方式，学生能够锻炼自己的综合能力和团队协作能力。

3. 产学研合作教育模式

产学研合作教育是实现跨学科融合和综合性教育的有效途径。高校可以与企业、科研机构等合作，共同开展人才培养、科学研究和社会服务等活动。通过产学研合作教育，学生能够接触到更广泛的知识领域和更真实的实践环境，有助于提升其综合素质和创新能力。

二、智慧财会与经济管理方法的教材和教学资源

随着信息技术的快速发展和经济全球化的深入推进，智慧财会与经济管理已成为高等教育领域的重要发展方向。为了培养高素质人才，专业教材的编写与更新、数字化教学资源与在线课程的开发以及校企合作与行业案例库的构建显得尤为重要。

（一）专业教材的编写与更新

专业教材是学生学习和教师授课的重要参考依据，其编写质量和更新速度直接影响到教学效果和人才培养质量。因此，在智慧财会与经济管理领域，专业教材的编写与更新工作至关重要。

1. 教材编写应紧跟时代步伐

随着智慧财会与经济管理领域的不断发展，新的理念、方法和技术不断涌现。教材编写者应及时关注行业动态和前沿技术，将最新成果融入教材中，确保教材内容的时效性和前瞻性。

2. 教材编写应注重理论与实践相结合

智慧财会与经济管理是一门实践性很强的学科，教材编写者在编写过程中应注重理论与实践的结合，通过案例分析、实操演练等方式，帮助学生更好地理解和掌握相关知识。

3. 教材更新应建立长效机制

为了确保教材的持续更新和完善，高校和教育机构应建立教材更新长效机制，定期组织专家对教材进行评审和修订，确保教材内容始终与行业发展保持同步。

（二）数字化教学资源与在线课程开发

随着信息技术的不断发展，数字化教学资源和在线课程已成为高等教育领域的重要发展趋势。在智慧财会与经济管理领域，数字化教学资源与在线课程的开发对于提升教学质量和效果具有重要意义。

1. 开发高质量的数字化教学资源

高校和教育机构应组织专业团队开发高质量的数字化教学资源，包括电子课件、在线题库、模拟实验等，为学生提供更加丰富多样的学习体验。同时，这些数字化教学资源还可以为教师备课和教学提供有力支持。

2. 打造精品在线课程

在线课程具有时空灵活、资源共享等优势，是高等教育领域的重要发展方向。在智慧财会与经济管理领域，高校和教育机构应积极打造精品在线课程，邀请行业专家和优秀教师进行授课，为学生提供更加便捷高效的学习途径。

3. 加强数字化教学资源与在线课程的推广应用

为了确保数字化教学资源与在线课程的有效利用，高校和教育机构应加强其推广应用工作，通过宣传推广、培训指导等方式，提高教师和学生对这些资源和课程的认知度和使用意愿。

（三）校企合作与行业案例库的构建

校企合作和行业案例库是连接高校与企业、理论与实践的重要桥梁。在智慧财会与经济管理领域，加强校企合作和行业案例库的构建对于提升人才培养质量和促进产业发展具有重要意义。

1. 深化校企合作，共建实训基地

高校应积极与企业开展合作，共同建设实训基地，为学生提供实践锻炼的机会。通过校企合作，学生可以更加直观地了解企业运营流程和实际工作环境，提高其实践能力和综合素质。

2. 共同开发行业案例库

行业案例库是智慧财会与经济管理领域的重要教学资源，对于培养学生的分析能力和解决问题的能力具有重要作用。高校和企业应共同开发行业案例库，将实际工作中的典型案例进行整理和分析，为学生提供更加丰富多样的学习素材。

3. 加强校企合作的长效机制建设

为了确保校企合作的持续深入开展，高校和企业应建立长效合作机制，明确合作目标、内容和方式，定期进行评估和总结，确保合作成果的有效转化和利用。

三、教育体系中的实践环节与能力培养

在教育体系中，实践环节是连接理论知识与实际应用的桥梁，对于学生能力的培养和职业素养的提升有至关重要的作用。

（一）实验室建设与模拟实训环境

实验室是学校教育体系中的重要组成部分，为学生提供了将理论知识应用于实践的平台。实验室建设与模拟实训环境的完善，对于提高学生的实践能力和创新能力具有重要意义。

1. 实验室建设的必要性

实验室是学生进行科学实验、验证理论和探索未知的重要场所。通过实验室建设，学校可以为学生提供先进的实验设备和良好的实验环境，满足学生开展各种实验活动的需求。这有助于学生更好地理解和掌握理论知识，提高其动手能力和解决问题的能力。

2. 模拟实训环境的重要性

模拟实训环境是模拟真实工作场景或业务流程的虚拟环境，可以让学生在接近实际的工作环境中进行实践操作。通过模拟实训，学生可以更好地了解实际工作的流程和要求，提高其适应能力和应变能力。同时，模拟实训还可以帮助学生发现自己的不足之处，有针对性地进行改进和提升。

3. 实验室建设与模拟实训环境的结合

实验室建设和模拟实训环境应该相互结合，形成一个完整的实践教学体系。学校可以根据不同专业和课程的需求，建设具有针对性的实验室和模拟实训环境，为学生提供更加全面、系统的实践教学服务。同时，学校还可以与企业合作，共同建设实验室和模拟实训环境，引入企业的真实案例和数据，使实践教学更加贴近实际。

（二）企业实习与项目实践机会

企业实习和项目实践是学生将所学知识应用于实际工作的重要途径，也是提升学生职业素养和综合能力的重要手段。

1. 企业实习的意义

企业实习是学生进入企业，参与企业实际工作的一种实践方式。通过企业实习，学生可以深入了解企业的运营流程、管理模式和市场环境，提高其职业素养和适应能力。同时，企业实习还可以帮助学生建立职业网络，为未来的职业发展打下基础。

2. 项目实践的价值

项目实践是学生以团队的形式，完成一个具有实际应用价值的项目的过程。通过项目实践，学生可以将所学知识应用于实际项目中，提高其解决问题的能力和团队协作能力。同时，项目实践还可以帮助学生积累项目经验，为未来的职业发展增添筹码。

3. 企业实习与项目实践的结合

企业实习和项目实践应该相互结合，形成一个完整的实践教学体系。学校可以与企业合作，共同制定实习计划和项目计划，为学生提供更加贴近实际的实践教学服务。同时，学校还可以邀请企业导师参与学生的实习和项目实践过程，为学生提供更加专业的指导和帮助。

（三）学生能力与职业素养的综合提升

学生能力与职业素养的综合提升是教育体系的最终目标，也是衡量教育质量的重要标准。通过实验室建设与模拟实训环境、企业实习与项目实践机会等实践环节的锻炼，学生的能力和职业素养可以得到全面提升。

1. 能力的提升

通过实践环节的锻炼，学生可以提高其动手能力、解决问题的能力、创新能力和团队协作能力等。这些能力是学生未来职业发展中不可或缺的重要素质，也是其在激烈竞争中脱颖而出的关键因素。

2. 职业素养的提升

职业素养是指学生在职业发展中所需具备的道德品质、职业态度、职业意识和职业行为习惯等。通过实践环节的锻炼，学生可以培养其责任感、敬业精神、团队合作精神和职业道德等职业素养，为其未来的职业发展奠定坚实的基础。

3. 综合提升的实现途径

学生能力与职业素养的综合提升需要学校、企业和学生三方的共同努力。学校应该加强实践教学体系的建设和完善，为学生提供更加全面、系统的实践教学服务；企业应该积极参与学生的实践教学过程，为学生提供更加贴近实际的实践机会和指导；学生应该珍惜实践机会，积极参与各种实践活动，努力提升自己的能力和职业素养。

第二节　智慧财会与经济管理方法的培训模式

一、在职人员的智慧财会与经济管理培训

随着信息技术的迅猛发展和经济全球化的不断深化，智慧财会与经济管理已成为企业提升竞争力、实现可持续发展的重要手段。在职人员作为企业发展的中坚力量，其技能水平和创新能力的提升对于推动企业智慧财会与经济管理的发展具有至关重要的作用。因此，针对在职财会人员的技能提升培训、面向经济管理工作者的创新方法培训以及企业内部培训与外部培训资源的选择显得尤为重要。

（一）针对在职财会人员的技能提升培训

在职财会人员是企业财务管理和决策支持的重要力量，其技能水平直接影响到企业财务管理的效率和准确性。因此，针对在职财会人员的技能提升培训至关重要。

1. 加强信息技术培训

随着信息技术在财会领域的广泛应用，财会人员需要熟练掌握各种财务软件、数据分析工具等信息技术手段。企业应定期组织信息技术培训，帮助财会人员提高信息处理能力，更好地应对复杂多变的财务环境。

2. 强化财务分析与决策能力培训

财务分析与决策是财会人员的核心职责之一。企业应通过案例分析、模拟演练等方式，加强财会人员的财务分析与决策能力培训，提高其发现问题、分析问题和解决问题的能力。

3. 注重职业道德与法规培训

财会人员作为企业财务信息的直接处理者和提供者，其职业道德和法规意识对于企业财务信息的真实性和准确性具有重要影响。企业应注重职业道德与法规培训，帮助财会人员树立正确的职业观念和法律意识，确保企业财务信息的合规性和公信力。

（二）面向经济管理工作者的创新方法培训

经济管理工作者是企业战略规划和经营管理的重要参与者，其创新能力和管理方法的先进性对于推动企业智慧财会与经济管理的发展具有重要意义。因此，面向经济管理工作者的创新方法培训同样重要。

1. 引入先进的管理理念和方法

企业应积极引入国内外先进的管理理念和方法，如精益管理、六西格玛管理等，通过培训使经济管理工作者掌握这些先进的管理理念和方法，提高其管理水平和创新能力。

2. 加强团队建设与沟通能力培训

经济管理工作者需要具备良好的团队建设和沟通能力，才能更好地协调企业内部各部门之间的关系，推动企业智慧财会与经济管理的发展。企业应通过团队建设活动、沟通技巧培训等方式，加强经济管理工作者的团队建设与沟通能力培训。

3. 培养创新思维和解决问题的能力

创新思维和解决问题的能力是经济管理工作者必备的核心素质。企业应通过案例分析、头脑风暴等方式，培养经济管理工作者的创新思维和解决问题的能力，使其能够更好地应对复杂多变的经营环境。

（三）企业内部培训与外部培训资源的选择

在选择培训资源时，企业应充分考虑内部培训与外部培训资源的优缺点，结合企业实际情况进行选择。

1. 内部培训资源的优势与不足

内部培训资源包括企业内部的专业人员、经验丰富的管理者等。这些人员对企业的情况较为熟悉，能够根据企业的实际需求进行针对性的培训。但内部培训资源可能存在知识更新速度较慢、培训方法单一等不足。

2. 外部培训资源的优势与不足

外部培训资源包括专业的培训机构、行业专家等。这些资源具有知识更新速度快、培训方法多样等优势，能够为企业提供更加全面、专业的培训服务。但外部培训资源可能存在对企业情况不够了解、培训成本较高等问题。

3. 企业应根据实际情况进行选择

在选择培训资源时，企业应充分考虑自身的实际情况和需求，如培训预算、培训时间、培训目标等。对于关键岗位和核心技能的培训，企业可以优先考虑内部培训资源；对于新知识、新技能的培训，企业可以考虑引入外部培训资源。同时，企业还可以采用内外部培训相结合的方式，充分发挥两种资源的优势，提高培训效果。

二、培训模式与方法创新

随着科技的进步和社会的发展，传统的培训模式已经难以满足日益多样化的培训需求。因此，培训模式与方法的创新显得尤为重要。

（一）线上线下相结合的混合培训模式

随着信息技术的飞速发展，教育培训领域也迎来了前所未有的变革。线上线下相结合的混合培训模式作为一种新兴的教育形态，正在逐步成为培训行业的主流趋势。这种模式充分利用了现代信息技术的优势，打破了时间和空间的限制，为学习者提供了更加灵活、便捷的学习方式。

1. 线上学习的优势

线上学习以其独特的方式，为学习者带来了诸多便利。首先，线上学习具有时间灵活性。学习者可以根据自己的时间安排，随时随地登录学习平台进行学习，无需受到固定课程时间的限制。这种灵活性使得学习者能够更好地平衡工作、学习和生活之间的关系，提高学习效率。

线上学习具有地点自由性。只要有网络覆盖的地方，学习者就可以随时开始学习。这种无地域限制的特点使得学习者能够充分利用碎片时间，无论是在家中、办公室还是旅途中，都可以进行有效的学习。

此外，线上学习平台通常提供丰富多样的学习资源。这些资源包括视频课程、在线讲座、互动讨论等，能够满足学习者的不同需求。学习者可以根据自己的兴趣和需求，选择适合自己的学习内容和方式，实现个性化的学习体验。

2. 线下实践的重要性

尽管线上学习具有诸多优势，但线下实践同样不可忽视。线下实践能够让学习者将线上所学知识应用到实际场景中，从而加深对知识的理解和掌握。通过实际操作和亲身体验，学习者能够更好地理解知识的内涵和外延，提高知识的应用能力。

同时，线下实践也是检验学习成果的有效途径。通过实践中的表现和反馈，学习者可以及时了解自己的不足之处，并针对性地进行改进。这种实时的反馈机制有助于学习者及时发现问题、解决问题，提高学习效果。

此外，线下实践还能够促进学习者之间的交流和合作。在实践过程中，学习者可以相互学习、相互帮助，共同解决问题。这种合作式的学习方式不仅能够提高学习效果，还能够培养学习者的团队协作能力和沟通能力。

3. 线上线下相结合的优势

线上线下相结合的混合培训模式综合了线上学习和线下实践的优势，为学习者提供了更加全面、系统的学习体验。这种模式能够根据学习者的需求和特点，灵活调整线上线下的比例和内容，实现个性化的学习路径。

线上线下相结合能够充分发挥线上学习的优势。学习者可以通过线上平台获取丰富的学习资源，进行自主学习和预习。同时，线上平台还可以提供实时的学习反馈和评估，帮助学习者及时了解自己的学习进度和效果。

线上线下相结合能够弥补线上学习的不足。通过线下实践环节，学习者可以将线上所学知识应用于实际场景中，加深对知识的理解和掌握。同时，线下实践还能够提供真实的反馈和评估，帮助学习者及时发现问题并进行改进。

此外，线上线下相结合还能够促进学习者之间的交流和合作。在线上平台，学习者可以通过讨论区、社区等功能与其他学习者进行互动和交流；在线下实践中，学习者可以共同解决问题、分享经验，形成良好的学习氛围和合作关系。

除了上述优势外，线上线下相结合的混合培训模式还具有以下特点：

一是灵活性高。混合培训模式可以根据学习者的需求和实际情况进行灵活调整。例如，在特殊时期或紧急情况下，可以临时增加线上学习的比重，确保学习的连续性和稳定性。

二是适应性强。混合培训模式可以适应不同学习者的特点和需求。无论是初学者还是有一定基础的学习者，都可以通过调整线上线下的比例和内容，找到适合自己的学习路径。

三是效果显著。混合培训模式结合了线上学习和线下实践的优势，能够显著提高学习效果和学习者的满意度。通过线上线下的有机结合，学习者可以更加全面、深入地掌握知识，提高实际应用能力。

（二）案例教学、模拟演练与实战应用

在教育培训领域，案例教学、模拟演练与实战应用作为一种将理论知识与实际操作相结合的教学方法，日益受到广泛关注。这种方法旨在通过真实案例的分析、模拟环境的演练以及实际工作的应用，提高学习者的实践能力、解决问题的能力以及应对复杂情境的能力。

1.案例教学的价值

案例教学是一种以真实案例为基础的教学方法，它强调学习者通过对案例的分析、讨论和解决，来深入理解理论知识，并培养批判性思维、创新思维和解决问题的能力。案例教学不同于传统的灌输式教学，它更加注重学习者的主体性和参与性，让学习者在分析问题、解决问题的过程中，逐渐掌握知识和技能。

案例教学的价值主要体现在以下几个方面：

案例教学有助于学习者更加深入地了解实际工作中的问题和挑战。通过真实案例的呈现，学习者可以接触到实际工作中可能遇到的各种情境和问题，从而增强对实际工作的认识和了解。这种认识不仅有助于学习者更好地理解理论知识，还能够为其未来的职业发展提供有力的支持。

案例教学有助于提高学习者的批判性思维和创新能力。在分析案例的过程中，学习者需要运用所学的理论知识，结合实际情况进行判断和推理。这种过程不仅要求学习者具备扎实的知识基础，还需要其具备独立思考、敢于质疑的精神。同时，案例教学鼓励学习者提出新的观点和方法，从而激发其创新能力和探索精神。

案例教学有助于培养学习者的团队协作能力。在案例教学中，学习者通常需要分组进行讨论和合作，共同解决问题。这种合作过程不仅有助于培养学习者的沟通能力和团队协作精神，还能够让其学会如何与他人协作、如何共同完成任务。

2.模拟演练的作用

模拟演练是一种模拟真实场景或业务流程的虚拟实践方式，它能够让学习者在接近实际的工作环境中进行操作和演练。模拟演练不仅可以帮助学习者熟悉实际工作的流程和要求，还能够提高其操作技能和应变能力。

模拟演练的作用主要体现在以下几个方面：

模拟演练为学习者提供了一个安全的实践环境。在实际工作中，操作失误或判断错误可能带来严重的后果。而在模拟演练中，学习者可以在一个相对安全的环境中进行尝试和探索，不必担心造成实际损失或风险。这种环境有助于学习者放松心态、大胆尝试，从而更好地掌握知识和技能。

模拟演练有助于学习者熟悉实际工作的流程和要求。通过模拟真实场景或业务流程，学习者可以亲身体验并了解实际工作的各个环节和步骤。这种体验不仅有助于学习者加深对理论知识的理解，还能够让其更好地适应未来的工作环境。

模拟演练有助于提高学习者的操作技能和应变能力。在模拟演练中，学习者需要面对各种复杂情境和问题，并尝试通过操作和解决来应对这些挑战。这种过程不仅有助于学习者提高操作技能，还能够锻炼其应对突发情况和解决问题的能力。

3.实战应用的意义

实战应用是将所学知识应用于实际工作中的最终环节，也是检验学习效果的重要方式。通过实战应用，学习者可以将所学知识转化为实际成果，为企业或组织创造价值。

实战应用的意义主要体现在以下几个方面：

实战应用有助于检验学习者的学习效果。通过在实际工作中的应用，学习者可以直观地看到自己所学知识的实际效果和价值。这种反馈不仅有助于学习者了解自己的学习进度和不足之处，还能够为其后续的学习提供方向和目标。

实战应用有助于提升学习者的职业竞争力。在现代社会中，具备实践经验和实际操作能力的人才往往更具竞争力。通过实战应用，学习者可以积累宝贵的实践经验，提高自己的实际操作能力，从而在未来的职业发展中更具优势。

实战应用有助于推动企业或组织的创新发展。学习者将所学知识应用于实际工作中，可能会带来新的思路和方法，从而推动企业或组织的创新和发展。这种创新不仅有助于提升企业或组织的竞争力，还能够为社会带来更多的价值和贡献。

（三）个性化培训与定制课程服务

在当今社会，教育培训行业正面临着前所未有的变革。随着学习者需求的多样化和个性化，传统的培训模式已经难以满足市场的需求。因此，个性化培训与定制课程服务应运而生，成为了一种全新的培训模式。这种服务模式旨在根据学习者的需求和特点，量身定制培训计划，以提高学习效果和满意度。

1.个性化培训的重要性

每个学习者都是独一无二的个体，他们拥有不同的学习背景、学习风格和学习目标。因此，个性化培训显得尤为重要。它可以根据学习者的实际情况和需求，制定针对性的学习计划和教学方案，帮助学习者更加高效地掌握知识和技能。

个性化培训能够充分发挥学习者的潜能。传统的培训模式往往采用一刀切的教学方式，忽视了学习者的个体差异。而个性化培训则可以根据学习者的特点，制定符合其学习风格和兴趣爱好的教学计划，从而激发学习者的学习兴趣和动力，更好地发挥其潜能。

个性化培训有助于提高学习效果。通过了解学习者的学习背景和现有水平，个性化培训可以为其制定合适的学习目标和进度安排。同时，它还可以根据学习者的反馈和表现，及时调整教学策略和方法，确保学习者能够循序渐进地掌握知识，提高学习效果。

个性化培训有助于提升学习者的满意度。传统的培训模式往往让学习者感到单调乏味，难以满足其多样化的需求。而个性化培训则可以根据学习者的需求和期望，为其提供更加灵活、个性化的学习体验，从而提升学习者的满意度和忠诚度。

2.定制课程服务的优势

定制课程服务是一种根据企业或组织的实际需求，量身定制的课程服务。它可以根据企业或组织的文化、价值观和业务特点，设计符合其特色的课程内容和教学方式。这种服务模式具有显著的优势。

定制课程服务可以确保课程内容与实际工作紧密相关。传统的培训课程往往注重理论知识的传授，忽视了与实际工作的结合。而定制课程服务则可以根据企业或组织的实际需求，设计符合其业务特点的课程内容，使学习者能够在学习过程中更好地理解和应用所学知识。

定制课程服务有助于提升学习者的参与度。由于课程内容与实际工作紧密相关，学习者能够更加深入地了解课程内容与实际工作的联系，从而更加积极地参与学习和讨论。这种参与度的提升有助于加深学习者对知识的理解和掌握，提高学习效果。

定制课程服务有助于增强企业或组织的凝聚力。通过设计符合企业或组织文化的课程内容和教学方式，定制课程服务可以帮助学习者更好地融入企业或组织的文化中，增强其对企业或组织的认同感和归属感。这种凝聚力的增强有助于提升企业或组织的整体绩效和竞争力。

3.个性化培训与定制课程服务的结合

个性化培训与定制课程服务应该相互结合，形成一个完整的培训体系。这种结合可以为企业或组织提供更加全面、系统的培训服务，满足其多样化的培训需求。

个性化培训可以为定制课程服务提供有力支持。通过对学习者的需求和特点进行深入分析，个性化培训可以为企业或组织提供更加精准的课程设计建议。同时，它还可以根据学习者的反馈和表现，及时调整课程内容和教学方式，确保定制课程服务的针对性和实用性。

定制课程服务可以为个性化培训提供丰富的资源和实践平台。通过与企业或组织的紧密合作，定制课程服务可以为其提供符合需求的培训资源和案例，为个性化培训提供有力的支撑。同时，它还可以为学习者提供实践机会和场景，帮助其在实际工作中应用所学知识，提升实践能力和综合素质。

个性化培训与定制课程服务的结合有助于形成良性的互动和循环。通过不断地收集和分析学习者的反馈和需求，个性化培训可以不断优化和完善定制课程服务的内容和质量；而定制课程服务的实践应用又可以为个性化培训提供新的思路和方向，推动其不断创新和发展。

三、培训效果评估与反馈机制

培训是企业发展的重要支撑，而培训效果的评估与反馈机制则是确保培训质量、提升培训效果的关键环节。

（一）培训成果的量化评估与考核

在当今日益竞争激烈的社会环境中，培训已经成为企业和组织提升员工能力、推动持续发展的重要手段。然而，仅仅开展培训并不足以确保效果的最大化，对于培训成果的量化评估与考核同样至关重要。通过具体的数据和指标来衡量学员的学习成果和进步程度，不仅有助于检验培训的有效性，还能为未来的培训规划和改进提供有力依据。

1.设定明确的评估指标

设定明确的评估指标是培训成果量化评估的基石。这些指标不仅应紧密关联培训目标和课程内容，还需能够真实、全面地反映学员的学习成果。具体而言，评估指标可以包括以下几个方面：

知识掌握程度是衡量学员学习成果的基础指标。通过考核学员对培训内容的理解、记忆和应用能力，可以初步判断其是否达到了预期的知识水平。例如，可以采用笔试、在线测试等方式，对学员的知识掌握情况进行量化评估。

技能提升水平是评估培训效果的关键指标。对于许多技能培训课程而言，学员是否能够熟练掌握并应用所学技能至关重要。因此，可以通过实操考核、模拟演练等方式，对学员的技能操作水平进行客观评价。

此外，工作态度改变也是不可忽视的评估指标。培训不仅应关注学员的知识和技能提升，还应关注其工作态度和价值观的转变。通过观察和反馈，可以评估学员在培训后是否表现出更加积极、主动的工作态度，以及是否能够更好地融入团队、适应企业文化。

在设定评估指标时，还需注意指标的可操作性和可衡量性。只有那些能够明确量化、便于操作的指标，才能为培训成果的评估提供有力支持。

2.采用多种评估方法

为了确保评估结果的全面性和客观性，应采用多种评估方法相结合的方式进行培训成果的量化评估。这些方法可以从不同的角度对学员的学习成果进行衡量，从而得出更加准确、公正的评估结果。

笔试是评估学员知识掌握程度的常用方法。通过设计涵盖培训内容的试卷，可以检验学员对知识的理解和记忆情况。然而，笔试也有其局限性，如难以评估学员的实际应用能力和创新思维。因此，在采用笔试的同时，还应结合其他评估方法进行综合评估。

实操考核是评估学员技能提升水平的有效手段。通过模拟实际工作场景，要求学员进行操作演示或完成任务，可以直观地观察其技能掌握情况。实操考核不仅可以检验学员的技能水平，还能发现其在操作过程中的问题和不足，为其后续改进提供指导。

项目评估则是一种更加全面、深入的评估方法。通过要求学员参与实际项目或任务，观察其在团队协作、问题解决等方面的表现，可以更加全面地评估其学习成果和综合素质。项目评估不仅可以检验学员的实际应用能力，还能为其未来的职业发展提供有益的经验和教训。

除了以上几种常见的评估方法外，还可以根据培训内容和目标选择其他适合的评估方法，如问卷调查、面谈反馈等。这些方法可以从不同角度收集学员和培训组织者的意见和建议，为培训成果的评估和改进提供有力支持。

3.及时反馈评估结果

评估结果的及时反馈是培训成果量化评估的重要环节。通过及时将评估结果反馈给学员和培训组织者，可以让他们了解培训的效果和不足，进而采取相应的措施进行改进和提升。

对于学员而言，评估结果的反馈可以帮助他们了解自己的学习成果和进步情况，以及需要改进的地方。同时，通过与其他学员的比较和交流，他们还可以发现自己的优势和不足，从而更加有针对性地制定后续学习计划。

对于培训组织者而言，评估结果的反馈则可以为他们提供改进培训内容和方法的依据。通过分析学员的评估结果和反馈意见，培训组织者可以了解培训课程的优点和不足，进而调整培训策略、优化培训资源、提升培训质量。

在反馈评估结果时，应注意方式和时机的选择。可以采用面谈、邮件、在线平台等多种方式进行反馈，确保信息传达的及时性和有效性。同时，还应在合适的时机进行反馈，如在培训结束后立即进行初步反馈，并在一段时间后进行追踪反馈，以全面了解学员的学习进展和成果。

（二）学员反馈与培训质量改进

在培训过程中，学员的反馈扮演着至关重要的角色。它不仅是改进培训质量的重要依据，还是确保培训效果最大化的关键所在。通过收集和分析学员的反馈信息，我们可以深入了解培训的实际效果，及时发现存在的问题和不足，进而采取针对性的改进措施，提升培训的质量和效果。

1.建立有效的反馈渠道

要确保学员能够畅所欲言地提出自己的意见和建议，建立有效的反馈渠道是首要任务。反馈渠道应具备便捷性、实时性和保密性等特点，以鼓励学员积极参与反馈过程。

具体而言，可以通过以下几种方式建立反馈渠道：一是设置意见箱，为学员提供一个匿名反馈的途径，确保他们可以在不受干扰的情况下提出自己的意见；二是开通在线反馈平台，利用现代科技手段，让学员可以随时随地进行反馈，提高反馈的及时性和便捷性；三是组织座谈会，定期邀请学员参加，面对面地交流意见和建议，以便更深入地了解他们的需求和想法。

这些反馈渠道不仅为学员提供了表达意见的平台，也为培训组织者收集反馈信息提供了便利。通过多样化的反馈渠道，我们可以确保收集到真实、全面的学员反馈信息，为后续的分析和改进工作提供有力支持。

2.定期分析反馈信息

收集到学员的反馈信息后，我们需要定期进行分析和整理，以便找出培训过程中存在的问题和不足，以及学员对培训的期望和需求。这个过程需要细致入微，确保分析结果的准确性和客观性。

我们可以采用定性的分析方法，对学员的反馈信息进行分类和归纳，提取出关键信息和主题。例如，我们可以将学员的反馈分为课程内容、教学方法、培训环境等方面，然后针对每个方面进行深入的分析和讨论。

我们可以结合定量的分析方法，对学员的反馈进行统计和量化分析。例如，可以统计学员对某个课程模块的满意度评分，或者计算某个教学方法的采用率等，以便更直观地了解学员的反馈情况。

通过定期分析反馈信息，我们可以全面了解学员对培训的评价和看法，发现培训过程中的问题和不足，为后续的改进工作提供有力支持。

3.制定改进措施并持续跟进

基于反馈信息的分析结果，我们需要制定相应的改进措施，以解决学员反馈的问题，提升培训质量。改进措施应该具有针对性和可操作性，能够切实解决学员的关切和需求。

例如，如果学员普遍反映课程内容过于理论化，缺乏实践操作，我们可以考虑调整课程内容，增加实践环节和案例分析，以提高课程的实用性和吸引力。如果学员对教学方法提出改进意见，我们可以尝试引入新的教学方法和手段，如互动式教学、在线学习等，以激发学员的学习兴趣和积极性。

制定改进措施后，我们还需要对其实施效果进行持续跟进和评估。这可以通过定期收集学员的反馈意见、观察学员的学习表现和成果等方式进行。通过跟进评估，可以了解改进措施的实际效果，发现可能存在的问题和不足，进而进行进一步的调整和优化。

同时，还应建立一种持续改进的文化氛围，鼓励学员和培训组织者积极参与改进过程，共同推动培训质量的不断提升。这种文化氛围的建立，需要我们不断加强沟通和协作，形成良好的互动和合作机制。

（三）持续学习路径与职业发展支持

培训，作为提升个人技能与素质的关键环节，在现代组织中发挥着不可替代的作用。然而，仅仅依赖于一次性的培训活动，往往难以达到长期、持续的效果。因此，建立持续学习路径和提供职业发展支持，成为确保培训效果长期发挥的关键所在。

1.规划清晰的职业发展路径

对于学员而言，明确的职业发展方向和目标是其持续学习的动力源泉。一个清晰的职业发展路径，不仅能够让学员对自己的未来有明确的规划，还能够为其提供一个明确的学习和成长方向。

我们需要根据组织的战略目标和业务需求，制定出不同阶段的职业发展目标和相应的能力要求。这些目标和要求应该具有可衡量性、可实现性，以确保学员能够清楚地了解自己的职业发展路径。

我们需要根据这些目标和要求，设计出相应的培训和学习内容。这些内容应该涵盖学员所需的知识、技能、态度等各个方面，以确保学员在达成职业发展目标的过程中，能够得到全面的支持和帮助。

此外，我们还需要定期评估学员的职业发展进度和学习成果，以便及时调整职业发展路径和培训内容，确保其始终与组织的发展需求保持一致。

2.提供多样化的学习资源

在持续学习的过程中，学员需要多样化的学习资源来满足不同阶段的学习需求。这些资源可以包括在线课程、实体书籍、行业报告、实践经验等，它们能够为学员提供丰富的知识和信息，帮助其不断提升自己的能力和素质。

我们需要根据学员的职业发展路径和学习需求，精选合适的学习资源。这些资源应该既能够涵盖学员所需的基本知识，又能够提供深入的专业知识，以满足学员在不同阶段的学习需求。

我们需要为学员提供便捷的学习方式和渠道。例如，通过建立在线学习平台，学员可以随时随地进行学习；通过举办线下研讨会或讲座，学员可以与行业专家面对面交流，获取更深入的见解和指导。

此外，我们还需要鼓励学员自主学习和分享。通过设立学习奖励机制、举办学习成果展示活动等方式，激发学员的学习热情和积极性；通过搭建学习交流平台，促进学员之间的知识共享和经验交流。

3.建立学习社群和导师制度

学习社群和导师制度是促进学员持续学习和职业发展的重要支持。通过学习社群，学员可以与其他志同道合的人一起交流学习心得和经验，分享彼此的成功与失败，共同促进彼此的成长和进步。通过导师制度，学员可以得到行业内资深人士的指导和帮助，了解行业的最新动态和发展趋势，更好地规划自己的职业发展道路。

为了有效建立学习社群和导师制度，我们需要采取一系列措施。首先，我们可以通过社交媒体、在线论坛等渠道建立学习社群，为学员提供一个交流互动的平台。在这个平台上，学员可以发布自己的学习心得、提出问题、寻求帮助等。同时，我们还需要定期举办线上或线下的社群活动，如主题讨论、经验分享会等，以促进学员之间的深入交流和合作。

我们需要积极寻找并邀请行业内资深人士担任导师。这些导师应该具有丰富的行业经验和专业知识，能够为学员提供有针对性的指导和建议。同时，我们还需要建立导师与学员之间的匹配机制，确保学员能够得到适合自己的导师。在导师制度下，学员不仅可以得到导师的专业指导，还可以通过与导师的互动，拓展自己的人际关系和职业网络。

此外，我们还需要为学习社群和导师制度提供必要的支持和保障。例如，我们可以为导师提供一定的激励措施，如荣誉证书、奖励金等，以激发其参与导师制度的积极性和热情。同时，我们还需要为学习社群提供必要的技术支持和维护服务，确保其稳定运行和持续发展。

第三节　智慧财会与经济管理方法的继续教育

一、继续教育的重要性与必要性

随着科技的不断进步和全球化的加速发展，继续教育在当今社会已显得愈发重要。它不仅是个人职业发展的关键环节，也是企业乃至整个行业保持竞争力的基石。

（一）适应行业发展的持续学习需求

1. 行业发展日新月异，要求从业者不断学习

在当今时代，各行各业的发展速度可谓日新月异。新的技术、理念和方法层出不穷，给行业带来了前所未有的变革。这种变革要求从业者必须保持敏锐的洞察力和学习力，才能紧跟行业发展的步伐。否则，即便拥有再丰富的经验和技能，也可能因为无法适应新的行业环境而面临淘汰的风险。

2. 持续学习有助于把握行业趋势，提升职业发展前景

通过持续学习，从业者可以及时了解并掌握行业的最新动态和趋势，从而为自己的职业发展做出更加明智的规划和决策。此外，随着知识的不断更新和积累，从业者的职业竞争力也会得到显著提升，进而在职业生涯中获得更多的发展机遇和空间。

3. 终身学习成为行业发展的必然要求

随着行业的不断演进和变革，终身学习已经成为从业者的必然要求。只有持续不断地学习和进步，才能在这个日新月异的时代中立足并取得成功。因此，对于从业者来说，接受继续教育不仅是一种职业需求，更是一种生活态度和价值观的体现。

（二）保持专业竞争力的终身教育理念

1. 终身教育理念强调持续学习与自我提升

终身教育理念强调个人在职业生涯中应该始终保持学习的状态，通过不断学习和自我提升来保持专业竞争力。这种理念认为，学习不仅仅是在学校阶段的任务，而是贯穿于人的一生，是一个永无止境的过程。

2. 终身教育有助于应对职业挑战与机遇

在职业生涯中，个人会面临各种挑战和机遇。只有具备足够的知识和技能储备，才能从容应对这些挑战并抓住机遇。终身教育正是帮助个人不断积累知识和技能的重要途径，它可以让个人在职业生涯中始终保持领先地位，并具备更强的应变能力和创新能力。

3. 终身教育是实现个人价值与社会价值的重要桥梁

通过终身教育，个人可以不断提升自己的专业素养和综合能力，从而更好地实现个人价值和社会价值。一个具备高度专业素养和综合能力的人才，不仅能够在职业生涯中取得更好的成就，还能够为社会做出更大的贡献。因此，终身教育不仅关乎个人的职业发展，更关乎整个社会的进步和发展。

（三）法规政策更新与职业技能跟进

1. 法规政策不断更新，要求从业者及时跟进学习

随着社会的不断进步和发展，政府对于各行各业的法规政策也在不断更新和完善。

这些法规政策的更新往往涉及行业的标准、规范、操作流程等方面，对于从业者的职业技能和知识储备提出了新的要求。因此，从业者必须及时跟进学习，了解并掌握最新的法规政策，以确保自己的工作符合行业标准和规范。

2. 职业技能需要不断更新和提升以适应行业变化

除了法规政策的更新外，行业的快速发展和变革也对从业者的职业技能提出了更高的要求。新的技术、设备和方法不断涌现，要求从业者必须具备相应的操作技能和应用能力。因此，从业者需要不断更新和提升自己的职业技能，以适应行业的变化和发展需求。这种技能更新和提升可以通过参加培训课程、学习新的技术文档、参与行业交流等方式实现。

3. 继续教育是实现法规政策更新与职业技能跟进的重要途径

继续教育是实现法规政策更新与职业技能跟进的重要途径。通过参加各种形式的继续教育活动，如培训班、研讨会、在线课程等，从业者可以及时了解并掌握最新的法规政策和行业动态，同时也可以学习和掌握新的职业技能和方法。这些继续教育活动不仅可以帮助从业者保持与行业的同步发展，还可以提升他们的职业竞争力和发展潜力。

二、继续教育的形式与途径

继续教育作为终身学习的重要组成部分，其形式与途径随着时代的发展也在不断地丰富和变化。

（一）定期举办的专题研讨会与讲座

在快速变化的时代背景下，无论是个人还是组织，都需要不断地更新知识、提升技能，以适应日新月异的行业环境。专题研讨会与讲座作为继续教育中的重要一环，以其独特的魅力和优势，成为深化学习与交流的黄金机会。

1.专题研讨会与讲座的定义及特点

专题研讨会与讲座，作为继续教育的一种重要形式，旨在通过集中研讨和专家讲解的方式，促进参与者对某一特定领域或问题的深入理解和认识。它们通常围绕某一核心议题或热点问题展开，邀请业内专家学者进行主讲，并通过互动讨论、案例分析等形式，激发参与者的思考和创新。

专题研讨会与讲座的特点主要表现在以下几个方面：首先，它们具有明确的针对性和实用性，能够针对某一领域或问题提供深入的分析和探讨；其次，它们具有高度的互动性和参与性，鼓励参与者积极发言、提问和讨论；最后，它们还具有灵活性和多样性，可以根据不同的需求和目标进行定制和调整。

2.专题研讨会与讲座在继续教育中的作用

专题研讨会与讲座在继续教育中扮演着举足轻重的角色。它们不仅为参与者提供了一个学习和交流的平台，更是推动知识更新、技能提升和行业发展的重要力量。

专题研讨会与讲座能够帮助参与者及时了解行业最新的发展动态和趋势。通过邀请业内专家学者进行分享和讲解，参与者可以获取最新的研究成果、前沿技术和市场动向，从而为自己的职业发展提供有力的支持。

专题研讨会与讲座有助于提升参与者的专业素养和技能水平。通过深入学习和交流，参与者可以加深对某一领域或问题的理解，掌握更为先进和实用的技能和方法，提升自己的竞争力和适应能力。

专题研讨会与讲座为参与者提供了一个与同行交流的平台。在这里，参与者可以结识来自不同领域和地区的专业人士，分享彼此的经验和心得，共同探讨行业未来的发展方向和挑战。这种跨领域的交流有助于拓展参与者的视野和思维方式，激发新的灵感和创意。

3.如何有效参与专题研讨会与讲座

要有效参与专题研讨会与讲座，参与者需要做好充分的准备和规划。以下是一些建议：

参与者需要提前了解活动的主题和内容，确保自己对相关领域或问题有一定的了解和认识。这有助于参与者更好地融入讨论和交流中，提出有针对性的问题和观点。

参与者需要积极参与讨论和交流。在专题研讨会与讲座中，互动和讨论是非常重要的环节。参与者应该勇于发表自己的观点和看法，与其他参与者进行深入的交流和探讨。这不仅有助于加深对某一问题的理解，还能够结交志同道合的朋友和合作伙伴。

参与者需要做好笔记和总结工作。在参与活动的过程中，参与者应该及时记录重要的观点和信息，并在活动结束后进行总结和反思。这有助于巩固所学知识，提升学习效果，并将所学应用到实际工作中去。

参与者需要保持开放的心态和积极的态度。在专题研讨会与讲座中，可能会遇到不同的观点和看法。参与者应该以开放的心态接受这些观点，从中汲取有益的信息和启示。同时，参与者还需要保持积极的态度，不断学习和进步，为自己的职业发展打下坚实的基础。

（二）专业认证与进阶培训项目

在知识爆炸的时代，持续学习和专业发展成为每个从业者不可忽视的任务。专业认证与进阶培训项目作为继续教育的重要形式，为从业者提供了提升专业技能和知识水平的有效途径。

1.专业认证与进阶培训项目的定义及类型

专业认证与进阶培训项目是指针对某一具体技能或知识领域，通过系统的课程学习和实践操作，帮助从业者提升专业技能和知识水平的教育活动。这些项目旨在使从业者具备更高层次的专业素养，以适应不断变化的市场需求和职业挑战。

专业认证与进阶培训项目的类型多种多样，涵盖了各个行业和领域。其中，职业资格证书考试培训是最为常见的一种形式。这类培训项目通常与某一行业的职业资格认证体系相挂钩，通过培训使从业者掌握必要的职业知识和技能，进而获得相应的职业资格证书。此外，技能提升培训也是一类重要的培训项目，它针对从业者的实际需求，提供针对性的技能培训和指导，帮助从业者提升在特定领域的专业水平。还有管理培训项目，旨在培养从业者的管理能力和领导力，使其能够更好地担任管理职务，推动组织的发展。

2.专业认证与进阶培训项目在继续教育中的意义

专业认证与进阶培训项目在继续教育中扮演着举足轻重的角色，对从业者的职业发展具有重要意义。

这些项目为从业者提供了系统、全面的知识和技能培训。通过参加培训项目，从业者可以系统地学习新的知识和技能，掌握行业前沿的动态和趋势，从而提升自身的专业素养和竞争力。同时，培训项目中的实践操作环节，能够帮助从业者将理论知识转化为实际操作能力，提高解决实际问题的能力。

专业认证与进阶培训项目有助于从业者获得职业资格证书或进阶证书。这些证书是从业者专业能力和水平的重要证明，能够为其职业发展提供更多机会和空间。拥有相关证书的从业者，在求职、晋升和职业发展方面往往更具优势，更容易获得用人单位的认可和青睐。

专业认证与进阶培训项目有助于从业者形成终身学习的意识和习惯。在快速发展的时代，知识和技能的不断更新是必然的。通过参加培训项目，从业者可以不断拓宽视野、更新知识、提升技能，保持与时俱进的状态。这种终身学习的意识和习惯，对于从业者的个人成长和职业发展具有深远的影响。

3.如何选择适合的专业认证与进阶培训项目

在选择适合的专业认证与进阶培训项目时，从业者需要综合考虑多个因素。

明确自己的职业目标和发展需求。不同的职业目标和发展阶段，对知识和技能的需求是不同的。因此，在选择培训项目时，从业者需要明确自己的职业发展方向和目标，选择与之相关的培训项目，以确保培训内容与自己的职业需求相契合。

了解培训机构的资质和师资力量。培训机构的资质和师资力量是影响培训质量的重要因素。在选择培训项目时，从业者需要了解培训机构的背景、资质和师资力量，确保其具备提供高质量培训的能力。同时，还可以通过查看培训机构的过往培训成果和学员评价等方式，进一步了解其培训质量和效果。

考虑培训时间、地点和费用等实际因素。培训时间、地点和费用等因素可能会影响到从业者的参与度和培训效果。因此，在选择培训项目时，从业者需要充分考虑自己的实际情况，选择适合自己时间和地点的培训项目，并合理安排费用预算，确保自己能够顺利完成培训任务。

（三）社区网络与交流平台的利用

1. 社区网络与交流平台的定义及功能

随着互联网的普及和发展，社区网络与交流平台已经成为继续教育的新途径。这些平台通常以某一专业领域或兴趣爱好为主题，聚集了大量志同道合的用户。它们提供了丰富的在线资源和交流机会，方便用户随时随地学习和交流。常见的社区网络与交流平台包括专业论坛、社交媒体群组、在线学习平台等。

2. 社区网络与交流平台在继续教育中的优势

社区网络与交流平台在继续教育中具有诸多优势。首先，它们打破了时间和空间的限制，方便用户随时随地学习和交流。其次，这些平台聚集了大量专业领域的用户和专家，提供了丰富的知识和信息来源。最后，通过参与在线讨论和交流，用户还可以拓展人脉和视野，提升自己的沟通能力和团队协作能力。

3. 如何有效利用社区网络与交流平台进行继续教育

要有效利用社区网络与交流平台进行继续教育，用户需要做好以下几点。首先，要明确自己的学习目标和需求，选择适合自己的平台和资源。其次，要积极参与在线讨论和交流，勇于发表自己的观点和看法。最后，还要善于总结和反思在平台上学到的知识和经验，将其应用到实际工作中去。同时，也要注意保护个人隐私和信息安全，避免在不良平台上泄露个人信息或遭受网络诈骗等风险。

三、行业组织与企业在继续教育中的作用

随着知识经济的不断发展和全球竞争的日益加剧，继续教育对于个人职业发展、企业竞争力提升以及行业整体进步都具有至关重要的作用。在这个过程中，行业组织和企业扮演着举足轻重的角色。

（一）行业组织提供的培训资源与指导

1. 行业组织作为桥梁，连接政府与企业

行业组织通常扮演着政府与企业之间的桥梁角色，它们能够及时传达政府的政策导向和行业动态，同时也能够反馈企业的需求和声音。在继续教育方面，行业组织可以根据行业的发展趋势和企业的实际需求，提供针对性的培训资源和指导，帮助企业和个人更好地适应行业变化。

2. 提供专业的培训资源和课程

行业组织往往拥有丰富的专业知识和资源，能够整合行业内的优秀教育资源和专家力量，为会员企业或广大从业者提供高质量的培训课程和资料。这些培训课程可能涉及行业前沿技术、政策法规解读、市场动态分析等方面，对于提升从业者的专业素养和综合能力具有重要作用。

3. 提供职业指导和发展规划建议

除了提供专业培训资源外，行业组织还可以为从业者提供职业指导和发展规划建议。通过了解从业者的个人情况和职业目标，结合行业发展趋势和市场需求，行业组织可以帮助从业者制定更加合理、可行的职业发展规划，提供职业晋升和转型的建议和支持。

（二）企业内部继续教育与员工发展规划

1. 企业继续教育是员工成长的重要支撑

企业内部继续教育是员工成长和发展的重要支撑。通过定期开展各类培训课程、研讨会等活动，企业可以帮助员工不断提升专业技能和知识水平，增强员工的岗位胜任力和创新能力。同时，企业还可以根据员工的个人情况和职业发展需求，为员工定制个性化的学习计划和发展路径。

2. 企业继续教育与员工发展规划紧密相连

企业内部继续教育与员工发展规划紧密相连。一方面，企业可以通过分析员工的培训需求和职业发展目标，制定符合企业战略发展方向的员工培训计划；另一方面，员工在接受培训的过程中也可以更加清晰地了解自己的职业定位和发展方向，从而制定出更加符合自身情况的职业发展规划。

3. 企业内部继续教育有助于营造良好的学习氛围

通过在企业内部开展各类培训活动和学习项目，企业可以营造一个积极向上的学习氛围和文化氛围。这种氛围不仅有助于激发员工的学习热情和创新精神，还能够增强员工的归属感和忠诚度，为企业的可持续发展提供有力的人才保障。

（三）企业与教育机构的合作模式探索

1. 企业与教育机构合作的必要性

企业与教育机构合作开展继续教育项目具有诸多优势。首先，教育机构通常拥有丰富的教育资源和师资力量，能够为企业提供高质量的培训课程和教学服务。其次，教育机构还能够根据企业的实际需求和员工的特点定制个性化的学习方案和发展路径。最后，通过与教育机构的合作，企业还可以拓宽人才招聘渠道和校企合作渠道，为企业的长期发展储备更多优秀人才。

2. 企业与教育机构合作的模式与实践

企业与教育机构的合作模式多种多样，可以根据实际情况进行选择。常见的合作模式包括共建实训基地、开设定制课程、共同研发项目等。这些合作模式既能够充分发挥教育机构的专业优势和资源优势，又能够满足企业的实际需求和发展目标。在实践中，不少企业已经与教育机构建立了紧密的合作关系并取得了显著的成效。

3. 企业与教育机构合作的挑战与对策

虽然企业与教育机构合作具有诸多优势和实践成果，但在合作过程中也可能面临一些挑战和问题。例如双方沟通协调难度较大、资源共享机制不完善、利益分配不均等。为了克服这些挑战和问题，双方需要建立有效的沟通协调机制、完善资源共享和利益分配机制、加强合作过程的监管和评估等。同时还需要注重长期合作关系的维护和发展，不断推动合作模式的创新和完善。

第十章 智慧财会与经济管理方法的组织 文化和领导力

第一节 组织文化在智慧财会与经济管理方法中的作用

一、组织文化的定义与构成要素

组织文化作为组织内部的灵魂，是组织在长期的发展过程中所形成的、被成员共同认可和遵循的价值观念、行为准则和思维方式等。它是组织独特的精神风貌和行为模式的体现，对组织的发展和成员的行为具有重要的导向和约束作用。

（一）组织文化的内涵解析

1. 组织文化的概念界定

组织文化是指在一定的社会历史条件下，组织在长期的实践活动中所形成的，为组织成员普遍认可和遵循的，具有本组织特色的价值观念、团体意识、行为规范和思维模式的总和。它既是组织内部的精神力量，又是组织外部形象的体现，是组织在长期的发展过程中积淀而成的精神财富。

2. 组织文化的主要特征

组织文化具有独特性、传承性、功能性、人本性和创新性等特征。每个组织的文化都是独特的，反映了组织的历史、使命和愿景；同时，组织文化一旦形成，就会在组织内部传承和发展，对组织成员的行为产生影响；组织文化的功能性体现在它能够引导和规范组织成员的行为，增强组织的凝聚力和向心力；人本性则强调组织文化应以人为本，尊重和保护成员的利益和尊严；创新性则要求组织文化能够不断创新，适应时代的发展和组织的变革。

3. 组织文化的结构层次

组织文化的结构层次通常包括物质层、行为层、制度层和精神层。物质层是组织文化的表层部分，包括组织的标志、工作环境、产品等；行为层是组织成员在工作和生活中表现出的行为方式；制度层是组织的规章制度和管理机制；精神层是组织文化的核心和灵魂，包括组织的价值观念、使命和愿景等。这四个层次相互关联、相互作用，共同构成了组织文化的完整体系。

（二）组织文化的核心价值观与行为准则

1. 核心价值观的定义与作用

核心价值观是组织文化的核心和基石，是组织在长期的发展过程中形成的、被全体成员共同认可和遵循的价值观念和行为准则。它对组织的使命、愿景和目标具有重要的指导作用，能够凝聚组织成员的力量，推动组织不断向前发展。核心价值观的作用主要体现在以下几个方面：首先，它是组织成员行为的准则和导向；其次，它能够增强组织的凝聚力和向心力；最后，它是组织形象的重要组成部分，能够提升组织的知名度和美誉度。

2. 行为准则的制定与践行

行为准则是组织成员在工作和生活中应该遵循的行为规范和道德标准。它是组织文化的具体体现，也是组织成员行为的约束和引导。制定行为准则的目的在于明确组织成员的行为界限和标准，引导其树立正确的价值观念和职业道德。在践行行为准则的过程中，组织成员需要自觉遵守规范，严格要求自己，做到言行一致。同时，组织也需要加强对成员行为的监督和管理，确保行为准则的有效执行。

3. 价值观与行为准则的关系

价值观和行为准则是相辅相成的关系。价值观是行为准则的基础和指导，为组织成员提供了行为的方向和目标；而行为准则则是价值观的具体体现和实践，通过规范成员的行为来维护和强化组织的文化。因此，在构建组织文化时，需要明确并坚持核心价值观的主导地位，同时制定切实可行的行为准则来引导和规范成员的行为。

（三）组织文化对成员行为的影响机制

1. 组织文化的导向作用

组织文化通过明确的价值观念和行为准则来引导和规范组织成员的行为。它使成员在潜意识中形成对组织目标的认同和追求，从而在工作中表现出与组织目标一致的行为。这种导向作用能够增强成员的责任感和使命感，提高组织的执行力和凝聚力。

2. 组织文化的约束作用

组织文化通过成文或不成文的规范来约束组织成员的行为。这些规范包括组织的规章制度、道德规范以及惯例等。它们对成员的行为起到了监督和约束的作用，防止了不良行为的发生和传播。同时，这种约束作用也能够促进成员之间的合作和信任，维护组织的稳定和发展。

3. 组织文化的激励作用

组织文化通过营造积极向上的氛围和激励机制来激发组织成员的积极性和创造力。它使成员在工作中感受到归属感和成就感，从而更加努力地工作和贡献自己的力量。这种激励作用能够提升组织的整体绩效和竞争力。

二、组织文化在智慧财会中的实践意义

随着信息技术的快速发展和数字化时代的到来，智慧财会已成为企业财务管理的重要趋势。在这个过程中，组织文化作为企业内部的精神力量和行为准则，对智慧财会系统建设与应用、财会工作效率提升以及财会团队建设与人才培养等方面都具有重要的实践意义。

（一）组织文化对智慧财会系统建设与应用的推动作用

1. 组织文化为智慧财会系统建设提供指导

组织文化中的核心价值观和行为准则，能够为企业智慧财会系统的建设提供明确的指导方向。在建设过程中，企业需要充分考虑组织文化的特点和要求，确保智慧财会系统能够与企业的文化理念相契合，从而更好地服务于企业的财务管理目标。

2. 组织文化促进智慧财会系统的应用与推广

组织文化中的创新精神和开放态度，有助于企业积极拥抱新技术、新理念，推动智慧财会系统的应用与推广。通过营造良好的文化氛围，企业可以鼓励员工积极学习、掌握智慧财会系统的操作技能，提高系统的使用效率和效果。

3. 组织文化保障智慧财会系统的安全与稳定

组织文化中的诚信、责任等价值观念，能够引导员工自觉遵守企业规章制度和职业道德规范，保障智慧财会系统的安全与稳定运行。同时，企业还可以通过文化引导，增强员工的风险意识和安全意识，提高系统的风险防范能力。

（二）文化氛围在提升财会工作效率中的作用

1. 文化氛围激发财会人员的工作热情

积极向上的文化氛围能够激发财会人员的工作热情和积极性。在良好的文化环境中，财会人员会更加认同企业的使命和目标，以更加饱满的热情投入到工作中去，从而提高工作效率和质量。

2. 文化氛围促进财会工作的创新与发展

鼓励创新、宽容失败的文化氛围有助于财会工作的创新与发展。在这种环境中，财会人员敢于尝试新方法、新思路，不断探索财务管理的最佳实践，推动财会工作的持续

改进和优化。

3. 文化氛围提升财会团队的协作能力

团结协作、相互支持的文化氛围能够提升财会团队的协作能力。在这种氛围中，财会人员会更加注重团队的整体利益和目标，积极与团队成员沟通交流、分享经验，共同应对工作中的挑战和困难。

（三）组织文化在财会团队建设与人才培养中的影响

1. 组织文化塑造财会团队的精神风貌

组织文化作为财会团队的精神支柱和行为准则，能够塑造团队的精神风貌和形象。通过传承和弘扬企业的核心价值观和行为准则，财会团队会形成独特的精神气质和团队风格，成为企业财务管理的重要力量。

2. 组织文化引导财会人才的培养方向

组织文化对财会人才的培养方向具有重要的引导作用。企业需要根据自身的文化特点和要求，制定符合实际的人才培养计划和方案，确保培养出的财会人才能够认同企业的文化理念，适应企业的发展需求。

3. 组织文化为财会人才提供成长环境

良好的组织文化能够为财会人才提供优越的成长环境和发展空间。通过营造积极向上的文化氛围、提供丰富的学习资源和培训机会，企业可以吸引和留住优秀的财会人才，促进他们的快速成长和发展。

三、组织文化在经济管理方法中的应用

组织文化作为企业内部的精神支柱和行为准则，对经济管理方法的选择和实施具有深远的影响。

（一）组织文化对经济管理决策模式的塑造

1. 组织文化影响决策者的价值观念和思维方式

组织文化中的核心价值观、使命和愿景等要素，会深深影响决策者的价值观念和思维方式。在面临经济管理决策时，决策者会不自觉地以组织文化的价值标准来衡量和判断各种选择，从而做出符合组织文化要求的决策。这种影响是潜移默化的，但却是决定性的。

2. 组织文化决定决策过程中的信息处理和沟通方式

不同的组织文化会形成不同的信息处理和沟通方式。在开放、创新的文化中，决策者更倾向于收集多元化的信息，鼓励成员之间的自由沟通和交流，以便更全面地了解问

题并找到创新的解决方案。而在保守、封闭的文化中，决策者可能更倾向于依赖传统的信息来源和沟通渠道，对新的信息和观点持谨慎甚至排斥的态度。

3. 组织文化塑造决策的执行和反馈机制

决策的执行和反馈是经济管理决策过程中的重要环节。组织文化通过影响成员的行为准则和执行力，塑造决策的执行效果。同时，组织文化也影响成员对决策结果的反馈态度和行为。在积极、进取的文化中，成员更愿意提供建设性的反馈和建议，以便不断改进和优化决策；而在消极、保守的文化中，成员可能更倾向于保持沉默或避免提供负面反馈。

（二）文化导向在资源优化配置中的指导作用

1. 文化导向影响资源配置的目标和原则

企业的资源配置目标和原则往往受到组织文化的影响。例如，以创新为导向的文化可能更注重对研发和创新活动的资源投入，以追求技术领先和产品差异化；而以成本为导向的文化则可能更注重对生产和运营成本的控制和优化，以追求成本领先和效率提升。因此，在制定资源配置方案时，企业需要充分考虑自身的文化导向和要求。

2. 文化导向指导资源配置的过程和方

资源配置的过程和方法需要考虑企业的文化导向。例如，在团队协作的文化中，企业可能更倾向于采用民主、参与的资源配置方式，鼓励各部门和成员共同参与决策和执行；而在等级森严的文化中，企业可能更倾向于采用自上而下、命令式的资源配置方式，强调上级对下级的控制和指挥。不同的资源配置方式会对企业的资源配置效率和效果产生不同的影响。

3. 文化导向提升资源配置的效率和效果

通过发挥文化的导向作用，企业可以更加精准地识别和配置关键资源，提升资源配置的效率和效果。例如，在客户导向的文化中，企业会更加关注客户需求和市场变化，优先配置能够满足客户需求和市场趋势的资源；而在社会责任导向的文化中，企业会更加注重对社会和环境的贡献，积极配置能够推动可持续发展和社会进步的资源。

（三）组织文化在风险管理与内部控制中的角色

1. 组织文化影响风险管理和内部控制的意识和态度

组织文化中的风险观念和内控意识会深刻影响成员对风险管理和内部控制的认识和态度。在强调稳健、规范的文化中，成员会更加重视风险管理和内部控制工作，自觉遵守相关规章制度和操作流程；而在冒险、激进的文化中，成员可能更倾向于忽视风险管理和内部控制要求，追求高风险高收益的行为。

2. 组织文化塑造风险管理和内部控制的体系和流程

组织文化会影响企业风险管理和内部控制体系和流程的设计和实施。在注重流程规范、制度完善的文化中，企业会建立更加健全、有效的风险管理和内部控制体系；而在灵活变通、人治为主的文化中，企业可能更倾向于依赖个人经验和主观判断来管理风险和内部控制工作。

3. 组织文化强化风险管理和内部控制的执行和监督

组织文化能强化风险管理和内部控制的执行和监督力度。在强调诚信、责任的文化中，成员会更加自觉地执行和监督风险管理和内部控制工作；而在缺乏诚信、责任感的文化中，成员可能更倾向于敷衍了事或逃避责任。因此，企业需要积极培育和传播积极向上的组织文化，为风险管理和内部控制工作提供有力的文化支撑。

第二节　领导力在智慧财会与经济管理方法实施中的重要性

一、领导力的概念与核心要素

领导力，作为组织管理和发展的核心动力，一直以来都是管理学研究的热点。

（一）领导力的定义及领导力模型的介绍

1. 领导力的定义

领导力可以被定义为一种影响他人、激励他们为共同目标而努力的能力。它不仅仅是一种权力或地位的象征，更是一种通过影响、激励和引导团队成员来实现组织目标的过程。领导力涉及对团队成员的理解、对情境的判断以及对资源的合理配置，旨在推动团队和组织朝着预定方向前进。

2. 领导力模型介绍

领导力模型是对领导力构成要素和行为的抽象和概括，它为领导者提供了一个清晰的框架，帮助他们理解和发展自己的领导能力。常见的领导力模型包括变革型领导、交易型领导、服务型领导等。这些模型强调了领导者的不同角色和行为，如变革型领导注重激发团队成员的创新和变革意识，交易型领导则关注目标设定和奖励机制，而服务型领导则侧重为团队成员提供支持和帮助。

（二）领导力在组织变革与发展中的关键作用

1. 引领组织变革

在组织变革过程中，领导力发挥着至关重要的作用。领导者需要敏锐地洞察外部环境的变化和内部需求的变化，为组织制定适应性的变革策略。他们通过沟通、激励和引导团队成员来推动变革的实施，确保变革过程中的稳定性和连续性。领导者的远见卓识和坚定决心是组织成功变革的关键因素。

2. 促进组织发展

领导力在组织发展中同样扮演着重要角色。领导者通过制定长期发展战略和短期目标，为组织指明发展方向。他们关注组织内部能力的提升和资源的优化配置，推动组织不断创新和进步。领导者还通过培养和发展团队成员的潜力，为组织的持续发展提供人才保障。

（三）领导者素质对组织绩效的影响

1. 领导者素质的定义

领导者素质是指领导者所具备的个人特质、能力和行为方式，这些素质共同构成了领导者的综合素养。常见的领导者素质包括诚信、决策力、沟通能力、团队协作等。这些素质是领导者在履行职责和发挥领导作用时所必需的。

2. 领导者素质对组织绩效的影响

领导者素质对组织绩效具有显著影响。首先，诚信和道德水平高的领导者能够赢得团队成员的信任和尊重，增强团队的凝聚力和向心力。其次，具备良好决策力的领导者能够在复杂多变的环境中迅速做出正确决策，为组织把握发展机遇。再次，沟通能力强的领导者能够有效地与团队成员进行信息交流，消除误解和障碍，提高工作效率。最后，具备团队协作精神的领导者能够带领团队成员共同应对挑战和困难，实现组织目标。

二、领导力在智慧财会实施中的作用

随着数字化和智能化的快速发展，智慧财会已成为企业财务管理的重要趋势。在这个过程中，领导力作为推动企业转型和变革的关键因素，对智慧财会的实施起着至关重要的作用。

（一）领导者在智慧财会转型中的战略规划与执行能力

1. 战略规划能力

在智慧财会转型过程中，领导者需要具备前瞻性的战略眼光和规划能力。他们需要准确把握行业发展趋势，结合企业的实际情况，制定切实可行的智慧财会转型战略。这包括明确转型目标、规划转型路径、制定实施计划等。通过战略规划，领导者能够为企业智慧财会转型指明方向，确保转型工作的有序进行。

2. 执行能力

除了战略规划能力外，领导者需要具备强大的执行能力。他们需要将战略规划转化为具体的行动方案，并组织和协调各方资源，确保转型工作的顺利实施。在执行过程中，领导者需要密切关注转型进展，及时发现和解决问题，调整和优化实施策略。通过强有力的执行，领导者能够推动智慧财会转型战略的落地生根，为企业带来实质性的变革和效益提升。

（二）领导力在推动财会团队创新与协作中的重要性

1. 激发创新精神

在智慧财会实施过程中，创新是推动团队持续发展的重要动力。领导者需要通过营造创新氛围、鼓励创新思维、提供创新支持等方式，激发财会团队的创新精神。他们需要引导团队成员敢于尝试新方法、新思路，勇于突破传统束缚，不断探索财务管理的最佳实践。通过创新，财会团队能够不断提升自身的专业能力和竞争优势，为企业创造更大的价值。

2. 促进团队协作

团队协作是实现智慧财会转型目标的重要保障。领导者需要通过建立有效的沟通机制、搭建协作平台、培养团队精神等方式，促进财会团队的紧密协作。他们需要引导团队成员相互支持、相互信任，共同应对挑战和困难。通过团队协作，财会团队能够形成合力，提高工作效率和质量，推动智慧财会转型工作的顺利进行。

（三）领导者对财会人员技能提升与职业发展的支持

1. 技能提升支持

智慧财会转型对财会人员的技能要求提出了更高的要求。领导者需要关注财会人员的技能状况，提供必要的培训和学习资源，帮助他们提升专业技能和综合素质。这包括组织内部培训、外部学习交流、在线课程学习等方式。通过技能提升支持，领导者能够促进财会人员的个人成长和职业发展，为智慧财会转型提供有力的人才保障。

2. 职业发展支持

除了技能提升外，领导者还需要关注财会人员的职业发展需求。他们需要为财会人员提供多元化的职业发展通道和晋升机会，帮助他们实现个人职业目标。这包括制定职业发展规划、提供职业咨询辅导、建立晋升机制等方式。通过职业发展支持，领导者能够激发财会人员的工作热情和积极性，增强他们对企业的归属感和忠诚度，为智慧财会转型注入持续的动力和活力。

三、领导力在经济管理方法实施中的影响

随着经济全球化和市场竞争的日益激烈，经济管理方法的创新和有效实施已成为企业持续发展的关键。在这个过程中，领导力作为影响团队行为和绩效的重要因素，对经济管理方法的实施产生着深远的影响。

（一）领导者在经济管理方法创新与推广中的引领作用

1. 创新意识的激发

领导者通过自身的创新意识和前瞻性思维，能够激发团队对经济管理方法创新的热情。他们鼓励团队成员勇于尝试新的管理方法，提供必要的支持和资源，推动团队在实践中不断探索和创新。领导者的引领作用使得企业能够紧跟时代步伐，适应经济环境的变化，实现持续发展。

2. 推广与应用

领导者不仅要在内部积极推广创新的经济管理方法，还要确保其得到有效应用。他们通过培训、示范和指导等方式，帮助团队成员理解和掌握新的管理方法。同时，领导者还关注新方法在实施过程中的问题和困难，及时提供解决方案和支持，确保经济管理方法的顺利实施。

（二）领导力在跨部门协同与资源整合中的促进作用

1. 跨部门协同的推动

在企业运营过程中，各部门之间的协同合作至关重要。领导者通过发挥自身的协调能力和影响力，推动各部门打破壁垒，实现跨部门协同。他们建立有效的沟通机制，促进信息共享和资源整合，确保各部门在经济管理方法实施中相互配合、共同推进。

2. 资源整合的优化

领导者具备战略眼光和全局意识，能够识别和整合企业内外部的各类资源。他们通过优化资源配置，确保经济管理方法实施所需的人力、物力和财力得到保障。同时，领导者还关注资源的持续性和可再生性，推动企业实现可持续发展。

（三）领导者在营造良好工作氛围与提升团队效能中的作用

1. 工作氛围的营造

领导者通过自身的言行举止和工作方式，营造积极向上、富有创新精神的工作氛围。他们倡导开放、包容的文化氛围，鼓励团队成员敢于表达不同意见和建议。这种工作氛围有利于激发团队成员的创造力和创新精神，推动经济管理方法的不断改进和完善。

2. 团队效能的提升

领导者关注团队成员的成长和发展，通过提供培训、激励和机会等方式，激发团队成员的潜力和工作热情。他们建立科学的绩效评价体系，确保团队成员的努力和贡献得到公正评价。通过提升团队效能，领导者推动企业实现更高的经济效益和社会效益。

第三节　组织文化与领导力的协同发展

一、组织文化与领导力的相互关系

在现代企业管理中，组织文化和领导力是两个密不可分的概念。组织文化是一个企业内部共同遵循的价值观、行为准则和信念体系，它塑造了企业的工作环境和员工行为。而领导力则是引导和激励团队实现企业目标的能力。

（一）组织文化对领导力发展的影响

1. 塑造领导风格

组织文化对领导者的领导风格有着深刻的影响。不同的组织文化孕育出不同的领导风格。例如，在强调创新、自由和开放的组织文化中，领导者往往更倾向于采用变革型领导风格，鼓励员工勇于创新、挑战现状。而在注重稳定、传统和秩序的组织文化中，领导者则可能更倾向于采用交易型领导风格，通过明确的奖励和惩罚机制来维持组织的正常运转。

2. 影响决策方式

组织文化还会影响领导者的决策方式。在一个强调团队合作、共识决策的组织文化中，领导者在做决策时会更加注重团队成员的意见和建议，通过集思广益来寻求最佳解决方案。而在一个注重效率、快速决策的组织文化中，领导者则可能更倾向于迅速做出决策并付诸实施，以抓住稍纵即逝的市场机会。

3. 提升领导效能

强大的组织文化能够提升领导者的效能。一个清晰、一致且被广泛接受的组织文化可以为领导者提供一个稳定的基础，使他们能够更加自信、果断地引导团队实现企业目标。同时，组织文化中的共同价值观和行为准则也有助于增强团队成员之间的凝聚力和向心力，从而提升领导者的影响力和感召力。

（二）领导力在组织文化建设中的作用

1. 塑造和传播组织文化

领导者是组织文化的重要塑造者和传播者。他们通过自己的言行举止、决策方式和管理风格来传递组织的核心价值观和行为准则。领导者通过制定规章制度、举办文化活动、表彰优秀员工等方式来强化和传播组织文化，使其深入人心并成为员工共同遵循的行为指南。

2. 引导文化变革

当组织需要适应外部环境的变化或内部发展的需求时，领导者需要引导文化变革。他们通过提出新的愿景、使命和价值观来引领团队走出舒适区，迎接新的挑战。同时，领导者还需要关注员工在变革过程中的心理变化和需求，提供必要的支持和帮助，以确保文化变革的顺利进行。

3. 强化文化认同

领导者通过自身的示范作用和激励机制来强化员工对组织文化的认同。他们通过自己的言行一致来践行组织的核心价值观和行为准则，为员工树立榜样。同时，领导者还通过制定合理的奖惩机制来激励员工遵循组织文化，增强他们对组织的归属感和忠诚度。

（三）组织文化与领导力的相互促进机制

1. 良性循环的形成

当组织文化与领导力相互匹配时，它们会形成一个良性循环。一方面，强大的组织文化为领导者提供了一个稳定的基础和清晰的方向，使他们能够更加有效地引导团队实现企业目标；另一方面，优秀的领导者通过自身的示范作用和激励机制来强化和传播组织文化，使其更加深入人心并发挥更大的作用。这种良性循环有助于提升企业的整体绩效和竞争力。

2. 相互适应与调整

在实际运行过程中，组织文化和领导力之间可能存在不适应或冲突的情况。这时，双方需要相互适应和调整以达到更好的契合状态。领导者需要深入了解组织文化的内涵和特点，并根据实际情况调整自己的领导风格和决策方式以适应组织文化的需求；同时，组织也需要根据领导者的特点和企业发展的需要来调整和完善组织文化体系。

3. 共同推动企业发展

组织文化与领导力作为企业管理的两个重要支柱，共同推动企业的发展壮大。一方面，强大的组织文化能够凝聚人心、激发创新并提升企业品牌形象；另一方面，优秀的领导者能够引领团队不断突破自我、迎接挑战并实现企业目标。二者相互作用、相互促进，共同推动企业持续健康地发展。

二、组织文化与领导力协同发展的实践路径

在现代企业管理中，组织文化与领导力的协同发展对于提升组织绩效和竞争力至关重要。实现二者的协同发展，需要明确实践路径并采取有效措施。

（一）制定与组织文化相契合的领导力发展计划

1. 深入理解组织文化内涵

制定与组织文化相契合的领导力发展计划，首先需要深入理解组织文化的内涵和特点。这包括对组织的愿景、使命、价值观和行为准则的全面分析，以及对组织发展历程、业务特点和市场环境的深入了解。通过深入理解组织文化，可以明确领导力发展计划的方向和目标。

2. 识别领导力发展需求

在理解组织文化的基础上，需要识别领导力发展的需求。这包括分析当前领导团队的优势和不足，评估领导者在应对未来挑战和机遇时所需的能力和素质。通过识别领导力发展需求，可以确保领导力发展计划与组织文化相契合，并有助于提升组织的整体绩效。

3. 制定针对性的领导力发展计划

根据组织文化和领导力发展需求，制定针对性的领导力发展计划。这包括明确领导力发展的目标、内容、方法和时间表，以及建立相应的评估机制和反馈机制。通过制定针对性的领导力发展计划，可以确保领导者的能力和素质与组织文化相匹配，并推动组织的持续发展。

（二）强化领导者在组织文化传承与创新中的责任

1. 明确领导者的角色和定位

在组织文化传承与创新中，领导者扮演着至关重要的角色。他们需要明确自己的角色和定位，作为组织文化的倡导者、传播者和创新者。通过明确领导者的角色和定位，可以强化他们在组织文化传承与创新中的责任感和使命感。

2. 提升领导者的文化素养和创新能力

为了更好地履行在组织文化传承与创新中的责任，领导者需要不断提升自身的文化素养和创新能力。这包括学习组织文化的理论知识、掌握文化传播的技巧和方法，以及培养创新思维和创新能力。通过提升领导者的文化素养和创新能力，可以推动组织文化的传承与创新，并引领组织不断发展壮大。

3. 建立领导者责任机制

为了确保领导者在组织文化传承与创新中履行职责，需要建立相应的责任机制。这包括明确领导者的责任范围、设定具体的责任目标和指标，以及建立相应的考核和激励机制。通过建立领导者责任机制，可以强化领导者在组织文化传承与创新中的责任意识和行为导向。

（三）构建组织文化与领导力相互支持的工作环境

1. 营造积极的工作氛围

构建组织文化与领导力相互支持的工作环境，首先需要营造积极的工作氛围。这包括倡导开放、包容、合作和创新的组织文化，鼓励员工积极参与、勇于尝试和不断创新。通过营造积极的工作氛围，可以激发员工的创造力和创新精神，为组织文化与领导力的协同发展提供有力支持。

2. 强化跨部门沟通与协作

为了实现组织文化与领导力的协同发展，需要强化跨部门沟通与协作。这包括打破部门壁垒、促进信息共享和资源整合，推动各部门在共同的目标下相互支持、密切配合。通过强化跨部门沟通与协作，可以促进组织文化的传播和渗透，提升领导力的影响力和感召力。

3. 建立持续的学习与反馈机制

构建组织文化与领导力相互支持的工作环境，需要建立持续的学习与反馈机制。这包括鼓励员工不断学习新知识、新技能和新理念，提升自身的综合素质和适应能力；同时建立有效的反馈机制，及时收集员工对组织文化和领导力的意见和建议，以便及时调整和改进。通过建立持续的学习与反馈机制，可以推动组织文化与领导力的持续改进和协同发展。

三、组织文化与领导力协同发展的组织绩效影响

在现代企业管理中，组织文化与领导力的协同发展对于提升组织绩效具有显著的影响。当组织文化与领导力相互契合、相互促进时，能够激发团队的创新能力，增强组织的凝聚力和执行力，进而提升组织的整体绩效。

（一）组织文化与领导力协同对提升组织创新能力的作用

1. 激发创新思维

组织文化与领导力的协同发展有助于激发员工的创新思维。当组织文化倡导开放、包容、合作与创新时，领导者通过自身的言行举止传递出对创新的重视和支持，鼓励员

工勇于尝试、敢于挑战。这种环境能够激发员工的创新思维，使他们更加积极主动地探索新的想法和解决方案。

2. 提供创新资源与支持

协同发展的组织文化与领导力能够为创新提供必要的资源与支持。领导者通过制定创新战略、投入研发资金、建立创新团队等方式，为员工的创新活动提供有力的保障。同时，组织文化中的共享价值观和行为准则也有助于促进团队成员之间的合作与交流，为创新提供更加广阔的平台。

3. 容忍失败与鼓励尝试

创新过程中难免会遇到失败和挫折。协同发展的组织文化与领导力能够容忍失败、鼓励尝试。领导者通过正面的反馈和激励机制，让员工明白失败并不可怕，重要的是从失败中汲取教训、不断尝试。这种氛围能够激发员工的勇气和韧性，使他们更加坚定地追求创新目标。

（二）协同发展对增强组织凝聚力与执行力的贡献

1. 强化共同目标与价值观

组织文化与领导力的协同发展有助于强化组织的共同目标和价值观。通过明确组织的愿景、使命和核心价值观，领导者引导员工形成共同的目标感和归属感。这种共同的目标和价值观能够增强员工之间的凝聚力和向心力，使他们更加团结一致地为实现组织目标而努力。

2. 提升沟通与协作效率

协同发展的组织文化与领导力能够提升团队之间的沟通与协作效率。当组织文化倡导开放、坦诚的沟通氛围时，领导者通过有效的沟通技巧和团队建设活动，促进团队成员之间的交流与理解。这种环境能够减少误解和冲突，提升团队协作的效率和质量。

3. 增强执行力与应变能力

组织文化与领导力的协同发展有助于增强组织的执行力和应变能力。通过明确的目标设定、合理的任务分配和有效的激励机制，领导者能够激发员工的积极性和主动性，使他们更加投入地执行组织战略和计划。同时，面对外部环境的变化和挑战时，协同发展的组织文化与领导力能够迅速调整策略、灵活应对，确保组织的稳定发展。

（三）组织文化与领导力协同在提升组织整体绩效中的作用

1. 提升员工满意度与忠诚度

协同发展的组织文化与领导力能够提升员工的满意度和忠诚度。当员工感受到组织对他们的关心和支持时，他们会更加珍惜这份工作并投入更多的热情和精力。同时，当员工认同组织的文化和价值观时，他们会更加忠诚于组织并愿意为组织的长期发展贡献自己的力量。

2. 提高组织效率与效益

协同发展的组织文化与领导力能够提高组织的效率和效益。通过优化流程、提升团队协作效率、增强执行力等方式，协同发展的组织文化与领导力能够减少浪费、降低成本并提高工作效率。这种改进能够直接反映在组织的业绩和财务表现上，为组织的持续发展提供有力支持。

3. 塑造良好组织形象与品牌

协同发展的组织文化与领导力还能够塑造良好的组织形象和品牌。当组织在内部倡导积极、健康的文化氛围时，这种氛围也会传递到外部环境中并影响公众对组织的认知和评价。同时，优秀的领导者通过自身的言行举止和社会责任担当来展示组织的价值观和担当精神，进一步提升组织的品牌形象和社会声誉。

第十一章　智慧财会与经济管理方法的伦理与道德

第一节　智慧财会与经济管理方法的伦理基础

一、伦理原则在智慧财会与经济管理中的重要性

(一) 伦理原则对财会行业诚信与透明度的维护

在财会行业中，诚信与透明度是两大基石，它们直接关系到企业的声誉、投资者的利益以及整个市场的稳定性。伦理原则在这一领域的重要性不言而喻，它不仅是财会行业规范运作的保障，更是推动行业健康发展的内在动力。

伦理原则要求财会人员在进行财务记录、报告和分析时保持客观公正的态度。这意味着财会人员必须遵循会计准则和道德规范，真实、准确地反映企业的财务状况和经营成果，不得出于个人主观意愿或外部压力而歪曲事实、隐瞒真相。这种诚信精神是维护财会信息真实性的基础，也是投资者做出正确决策的前提。

伦理原则强调财会信息的透明度。透明度要求企业及时、充分地披露相关财务信息，使投资者和其他利益相关者能够全面了解企业的财务状况、经营成果和风险情况。这有助于减少信息不对称现象，提高市场的公平性和效率。同时，透明度还要求企业在披露信息时做到清晰明了、易于理解，避免使用过于复杂或晦涩难懂的表述方式。

伦理原则在财会行业中的实践应用体现在对财会人员的职业道德要求上。财会人员作为企业财务信息的直接生产者和提供者，他们的职业道德水平直接关系到财会信息的质量和可信度。因此，加强财会人员的职业道德教育、提高他们的职业素养和道德意识是维护财会行业诚信与透明度的重要举措。

(二) 伦理原则在经济管理决策中的指导作用

经济管理决策是企业运营过程中的核心环节，它涉及企业资源的配置、战略方向的确定以及市场竞争策略的选择等多个方面。在这个过程中，伦理原则发挥着重要的指导作用。

伦理原则要求企业在制定经济管理决策时遵循公平、公正的原则。这意味着企业必须在充分考虑各方利益的基础上做出决策，不得损害任何一方的合法权益。例如，在制

定价格策略时，企业既要考虑自身的盈利目标，也要关注消费者的承受能力和市场的公平竞争环境；在进行投资决策时，企业既要追求投资回报的最大化，也要关注投资项目的社会效益和环境影响。

伦理原则强调企业在经济管理决策中应承担起相应的社会责任。这要求企业在追求经济效益的同时，也要关注社会的整体利益和长远发展。例如，在制定生产策略时，企业既要考虑如何降低成本、提高效率，也要关注产品质量和安全生产问题；在进行市场营销时，企业既要追求市场份额的扩大和品牌知名度的提升，也要关注消费者的权益保护和市场的规范运作。

伦理原则要求企业在经济管理决策中保持透明度和诚信度。这意味着企业必须及时、准确地披露相关信息，使投资者和其他利益相关者能够全面了解企业的决策过程和结果。同时，企业还要保持诚信的态度，遵守承诺和协议，不得通过欺诈、误导等手段获取不当利益。这种透明度和诚信度有助于增强企业的公信力和市场竞争力。

（三）伦理原则与企业社会责任的关联

企业社会责任是指企业在追求经济效益的同时，积极履行对股东、员工、消费者、社区以及环境等利益相关者的责任和义务。它与伦理原则之间存在着密切的联系和互动。

伦理原则是企业履行社会责任的基础和前提。一个缺乏伦理观念的企业很难真正履行其社会责任。因为这样的企业往往只关注自身的短期利益而忽视社会的整体利益和长远发展；只追求经济效益而忽视环境保护和资源节约；只强调自身权利而忽视对他人的尊重和保护。相反，一个遵循伦理原则的企业则会更加注重社会责任的履行，关注利益相关者的需求和期望，努力实现经济、社会和环境的协调发展。

企业社会责任的履行是检验企业是否遵循伦理原则的重要标志之一。一个真正履行社会责任的企业必然会在其经营活动中充分考虑到各方利益相关者的权益和需求；会积极投身于公益事业和慈善活动；会关注环境保护和资源节约问题；会努力推动行业的健康发展和社会的和谐稳定。这些行为都是伦理原则在企业实践中的具体体现。

需要指出的是，伦理原则与企业社会责任之间并不是简单的单向关系而是相互依存、相互促进的关系。一方面，伦理原则为企业履行社会责任提供了指导和支持；另一方面，企业社会责任的履行也反过来推动了企业伦理观念的提升和伦理文化的建设。这种良性互动有助于推动企业实现可持续发展和社会共同繁荣的目标。

二、智慧财会与经济管理方法的伦理框架

（一）财会职业道德准则与行为规范

在智慧财会领域，职业道德准则与行为规范构成了财会工作的伦理基础。这些准则

和规范不仅指导财会人员的日常行为，还确保他们在处理财务信息时保持诚信、客观和保密。

1. 诚信原则

财会工作的核心要求是真实、准确地记录和报告财务信息。财会人员必须坚守诚信原则，不得篡改、伪造或隐瞒任何财务数据。他们应当诚实地反映企业的财务状况、经营成果和现金流量，为决策者提供可靠的信息支持。

2. 客观性原则

财会人员在处理财务信息时，应保持客观公正的态度。他们不应受个人情感、偏见或外部压力的影响，而应基于事实和证据进行客观的分析和判断。这有助于确保财务信息的公正性和准确性。

3. 保密性原则

由于财会人员经常接触到企业的敏感信息，如财务状况、商业秘密等，他们必须严格遵守保密规定。未经授权，不得泄露任何机密信息，以确保企业的信息安全和竞争优势。

4. 专业胜任能力

财会人员应具备扎实的专业知识和丰富的实践经验，以胜任复杂多变的财务工作。他们应不断更新自己的知识体系，提高专业技能，以应对不断变化的市场环境和业务需求。

5. 遵守法律法规

财会人员必须严格遵守国家法律法规和会计准则的要求。在处理财务信息时，他们应确保企业的财务报告符合相关法律法规的规定，避免因违规行为而给企业带来法律风险和声誉损失。

（二）经济管理中的伦理原则与道德标准

经济管理涉及企业资源的配置、战略决策、市场营销等多个方面。在这个过程中，伦理原则与道德标准发挥着重要的指导作用。

1. 公平与公正原则

经济管理决策应基于公平和公正的原则进行。企业在分配资源、制定价格策略、选择合作伙伴等方面，应充分考虑各方利益相关者的权益和需求，确保决策过程的公平性和结果的公正性。这有助于维护市场的公平竞争秩序和企业的社会形象。

2. 社会责任原则

企业在追求经济效益的同时，应积极履行社会责任。这包括关注员工福利、保障消费者权益、保护环境资源等方面。通过积极履行社会责任，企业不仅可以提升品牌形象和市场竞争力，还有助于实现可持续发展目标。

3. 诚信经营原则

诚信是企业经营的基础和核心竞争力。企业应遵守承诺和协议，不得通过欺诈、误导等手段获取不当利益。同时，企业还应建立健全内部控制体系，确保财务信息的真实性和准确性，为投资者和其他利益相关者提供可靠的信息支持。

4. 利益相关者管理原则

企业应积极关注并管理与利益相关者之间的关系。这包括股东、员工、消费者、供应商等。通过加强与利益相关者的沟通和合作，企业可以更好地了解他们的需求和期望，并据此调整经营策略和管理方式。这有助于提升企业的社会认可度和市场竞争力。

（三）跨文化背景下的伦理框架与差异

在全球化背景下，不同国家和地区的文化差异对智慧财会与经济管理方法的伦理框架产生了深远影响。这些差异主要体现在价值观、道德标准、法律法规等方面。

1. 价值观差异

不同文化背景下的价值观差异可能导致对同一经济行为的不同看法和评价。例如，在某些文化中，个人主义和自我实现被视为重要价值观；而在其他文化中，集体主义和社会和谐可能更受重视。这种价值观差异可能影响到财会人员的职业道德观念和经济管理人员的决策偏好。

2. 道德标准差异

不同国家和地区可能存在不同的道德标准。在某些地区，商业贿赂和权力寻租可能被视为普遍现象；而在其他地区，这些行为可能被视为严重违法和不道德行为。这种道德标准差异要求企业在跨国经营时充分了解和尊重当地的文化习俗和道德规范。

3. 法律法规差异

不同国家和地区的法律法规对财会与经济管理行为的规范和约束也存在差异。例如，在会计准则、税法政策、环保法规等方面可能存在显著差异。企业在跨国经营时必须严格遵守当地的法律法规要求，避免因违规行为而引发法律风险和声誉损失。

4. 跨文化沟通与合作

为了有效应对跨文化背景下的伦理挑战，企业需要加强跨文化沟通与合作能力。这包括了解不同文化背景下的价值观、道德标准和法律法规要求；尊重当地文化习俗和道德规范；积极与当地利益相关者进行沟通交流等方面。通过加强跨文化沟通与合作，企业可以更好地适应不同文化背景下的经营环境并实现可持续发展目标。

三、伦理原则在智慧财会与经济管理中的应用案例

（一）财会操作中的伦理决策实例

在财会操作中，伦理决策的重要性不容忽视。以下是一些具体实例，展示了伦理原则在财会实践中的应用。

1. 准确记录与报告

某公司财会人员在处理一笔复杂交易时，发现该交易存在潜在的合规风险。在面临时间压力和业绩考核的情况下，该财会人员坚守诚信原则，准确记录和报告了交易细节，并及时向上级领导反映了合规问题。这一行为确保了公司财务信息的真实性和准确性，避免了潜在的法律风险。

2. 保密义务

一家上市公司正在进行一项重大资产重组，该信息属于内幕信息，尚未对外公开。公司财会人员在处理相关账务时，严格遵守保密规定，未向任何外部人员泄露相关信息。这一行为维护了市场的公平性和投资者的利益，体现了财会人员的职业道德和操守。

3. 利益冲突管理

某公司财会人员兼任了公司供应商的财务顾问，存在潜在的利益冲突。为了维护公司利益和职业操守，该财会人员主动向公司申报了利益冲突情况，并避免了参与与该供应商相关的财务决策。这一行为确保了公司财务决策的公正性和客观性。

（二）经济管理活动中遵循伦理原则的成功案例

经济管理活动中，遵循伦理原则的企业往往能够取得长远的成功。以下是一些成功案例，展示了伦理原则在经济管理实践中的积极作用。

1. 社会责任投资

某投资公司在进行投资决策时，不仅关注项目的经济效益，还注重项目的社会效益和环境影响。该公司积极投资于可再生能源、环保产业等绿色领域，推动了可持续发展目标的实现。这种遵循伦理原则的投资策略不仅带来了良好的社会声誉，还为公司带来了长期稳定的投资回报。

2. 员工福利保障

一家知名企业在制定薪酬福利政策时，充分考虑员工的实际需求和生活水平，提供了具有竞争力的薪资待遇和完善的福利体系。该企业还注重员工的职业发展和培训机会，为员工提供了广阔的成长空间。这种以人为本的管理理念不仅提高了员工的工作满意度和忠诚度，还为企业打造了稳定高效的人才队伍。

3. 诚信经营赢得信任

一家电商企业在市场竞争中始终坚持诚信经营原则，不售假、不欺诈、不刷单。该企业通过提供优质的产品和服务赢得了消费者的信任和口碑，逐渐在市场中占据了领先地位。这种诚信经营策略不仅提升了企业的品牌形象和市场竞争力，还为企业带来了持续稳定的客户群体和销售收入。

（三）违反伦理原则带来的负面后果与教训

违反伦理原则的行为往往会给企业带来严重的负面后果。以下是一些教训深刻的案例，警示着我们在财会与经济管理活动中必须坚守伦理底线。

1. 财务造假引发信任危机

某上市公司为了粉饰业绩、抬高股价，通过虚构交易、操纵利润等手段进行财务造假。该行为被曝光后，引发了广泛的信任危机和投资者恐慌，导致公司股价暴跌、市值大幅缩水。这一事件不仅给公司带来了巨大的经济损失和声誉损害，还对相关责任人员进行了严厉的法律制裁。

2. 利益输送损害公平竞争

一家大型企业在招标过程中存在明显的利益输送行为，通过暗箱操作、内定中标等手段将项目合同授予关联企业。这种不公平竞争行为被揭露后，引发了广泛的社会谴责和监管调查，导致企业声誉受损、市场份额下降。同时，该企业还面临着法律诉讼和行政处罚等严重后果。

3. 忽视社会责任引发公众不满

某化工企业在生产过程中存在严重的环境污染问题，未采取有效措施进行治理和改善。该企业为了追求短期经济效益而忽视了社会责任和环境保护义务，导致周边居民的健康和生活受到严重影响。这一事件引发了公众的强烈不满和抗议活动，迫使企业不得不进行整改和赔偿。同时，该企业的社会形象和市场竞争力也受到了严重损害。

第二节　智慧财会与经济管理方法的道德实践

一、道德实践在智慧财会中的体现

（一）财会人员的职业道德教育与培训

在智慧财会领域，财会人员的职业道德教育与培训是确保财务信息真实、准确、完整的关键环节。这不仅关系到企业的财务健康，更与整个经济社会的稳定和公平息息相关。

1. 职业道德教育的重要性

财会人员作为企业财务信息的直接处理者和报告者，他们的职业道德水平直接影响到财务信息的质量。因此，对财会人员进行职业道德教育，是确保他们能够在工作中坚守诚信、客观、公正等原则的基础。通过教育，财会人员能够深刻理解职业道德的内涵和要求，形成正确的职业观念和行为习惯。

2. 培训内容与方式

职业道德教育与培训的内容应涵盖诚信、保密、客观、公正等基本原则，以及相关的法律法规和行业标准。培训方式可以多样化，包括课堂讲授、案例分析、角色扮演、小组讨论等。通过生动的案例和实际的情境模拟，财会人员可以更加直观地理解职业道德规范，提高遵守规范的自觉性和能力。

3. 持续教育与更新

职业道德教育与培训不是一次性的活动，而应贯穿于财会人员的整个职业生涯。随着经济环境的变化和会计准则的更新，财会人员需要不断接受新的知识和理念，以适应工作的新要求。因此，企业应建立定期的职业道德教育与培训机制，确保财会人员的职业道德水平始终与行业发展同步。

（二）智慧财会系统中的道德考量与设计

随着信息技术的发展，智慧财会系统在企业财务管理中的应用越来越广泛。在设计和开发这类系统时，道德考量是不可或缺的因素。

1. 数据安全与隐私保护

智慧财会系统处理的数据往往涉及企业的核心机密和敏感信息。因此，在系统设计时，必须充分考虑数据的安全性和隐私保护。采用先进的加密技术和访问控制机制，确保数据在传输、存储和处理过程中的安全。同时，严格遵守相关法律法规和行业标准，保护用户隐私不受侵犯。

2. 透明度与可审计性

智慧财会系统应具备高度的透明度和可审计性。系统的操作过程和数据处理结果应能够清晰、准确地展示给用户和审计人员。避免存在任何隐藏或模糊的功能和逻辑，以免引起误解和质疑。通过提供完整的审计日志和报告功能，方便用户对系统的运行情况进行监督和检查。

3. 公正性与客观性

智慧财会系统在处理财务数据时，应遵循公正性和客观性的原则。系统的算法和模型应基于公认的会计准则和行业规范进行设计，确保数据处理结果的准确性和公正性。避免引入任何主观偏见或人为干预的因素，以维护财务信息的真实性和可信度。

（三）道德实践在财会工作流程中的融入

在财会工作流程中融入道德实践，是确保财务信息质量和提高工作效率的重要举措。

1. 建立健全内部控制体系

企业应建立完善的内部控制体系，明确各个岗位的职责和权限。通过设立相互制约和监督的机制，降低财务舞弊和错误发生的可能性。同时，加强对内部控制体系的评估和审计，确保其持续有效运行。

2. 强化审批与监督机制

在财会工作流程中，应设立严格的审批和监督环节。对于重要的财务决策和交易事项，必须经过相关人员的审批和确认。同时，加强对财务信息的监督和检查，及时发现和纠正存在的问题。通过强化审批与监督机制，确保财务信息的准确性和合规性。

3. 倡导诚信文化

企业应积极倡导诚信文化，营造诚实守信的工作氛围。通过定期开展诚信教育和宣传活动，提高员工对诚信重要性的认识。同时，将诚信理念贯穿于财会工作流程的始终，鼓励员工在工作中坚守诚信原则，自觉抵制任何违法违规行为。

二、道德实践在经济管理方法中的应用

（一）经济管理决策中的道德因素权衡

在经济管理中，决策是核心活动，而道德因素在决策过程中起着至关重要的作用。经济管理决策不仅要考虑经济效益，还需权衡各种道德因素，确保决策结果既符合经济规律，又遵循道德规范。

1. 识别道德因素

在经济管理决策中，首先要识别出涉及道德问题的因素。这些因素可能包括公平竞争、消费者权益、员工权益、环境保护等。对于每个决策，都需要仔细分析是否存在潜在的道德风险，并评估这些风险对决策结果的影响。

2. 权衡经济效益与道德原则

在决策过程中，管理者需要权衡经济效益与道德原则之间的关系。有时，某些决策可能带来短期内的显著经济效益，但却可能违反道德原则，对企业的长期声誉和社会责任造成损害。因此，管理者需要在经济效益与道德原则之间找到平衡点，确保决策既具有经济效益又符合道德规范。

3. 建立道德决策框架

为了帮助管理者在决策过程中更好地权衡道德因素，企业可以建立道德决策框架。这个框架可以包括一系列道德原则、价值观和行为准则，用于指导管理者在面临道德困境时做出正确的决策。通过明确的道德决策框架，企业可以确保其决策过程始终遵循道德规范。

（二）道德实践在资源配置与利益分配中的作用

资源配置和利益分配是经济管理中的关键环节，道德实践在这两个过程中发挥着重要作用。

1. 公平与效率

在资源配置过程中，道德实践要求实现公平与效率的平衡。公平原则要求资源应按照一定的规则和标准进行分配，确保每个人或组织都能获得应得的份额。效率原则则要求资源应配置到能够产生最大经济效益的地方。在道德实践中，管理者需要寻求公平与效率之间的平衡点，确保资源配置既公平又高效。

2. 利益相关者权益保护

在利益分配过程中，道德实践强调保护利益相关者的权益。这包括股东、员工、消费者、供应商等与企业经营活动相关的各方。管理者需要确保利益分配过程公开、透明，遵循公平、公正的原则，避免损害任何一方的利益。同时，企业还应积极履行社会责任，关注弱势群体的利益，为社会和谐发展做出贡献。

3. 激励机制与道德风险

在利益分配过程中，激励机制的设计也需要考虑道德因素。如果激励机制过于强调个人利益而忽视团队利益或社会利益，可能会引发道德风险，如员工为了个人利益而损害企业利益或社会利益。因此，企业在设计激励机制时，需要充分考虑道德因素，确保激励机制既能激发员工的积极性，又能防止道德风险的发生。

（三）企业经济行为与社会责任的道德实践

企业的经济行为与社会责任紧密相连，道德实践在企业履行社会责任过程中发挥着重要作用。

1. 遵守法律法规

企业作为社会的一员，必须遵守国家法律法规和行业规范。这是企业履行社会责任的基本要求，也是道德实践的重要体现。企业需要确保其经济行为合法合规，不违反任何法律法规的规定，为社会的和谐稳定做出贡献。

2. 积极履行社会责任

除了遵守法律法规外，企业还应积极履行社会责任，关注社会公益事业。企业可以通过捐赠、志愿服务等方式参与社会公益事业，为弱势群体提供帮助和支持。同时，企业还可以利用其技术和资源优势，推动环保、教育等领域的发展，为社会的进步做出贡献。

3. 建立良好的企业形象

企业的经济行为和社会责任表现直接影响着其企业形象和声誉。一个良好的企业形象不仅可以提高企业的市场竞争力，还可以为企业带来更多的商业机会和合作伙伴。因此，企业需要注重道德实践，通过履行社会责任、建立良好的企业形象来赢得社会的认可和信任。

三、道德实践对行业发展的促进作用

（一）提升财会与经济管理行业的整体形象与信誉

在财会与经济管理行业中，道德实践是塑造和提升行业整体形象与信誉的关键因素。随着全球化和信息化的发展，行业的透明度和公众关注度不断提高，道德实践成为行业内企业和个人赢得公众信任、树立良好形象的重要途径。

1. 增强公众信任度

财会与经济管理行业处理着大量的财务信息和经济数据，这些信息的准确性和公正性直接关系到公众的利益。通过道德实践，行业内企业和个人能够坚守诚信原则，提供真实、准确的信息，从而赢得公众的信任。这种信任是行业发展的基石，有助于提升行业的整体形象和信誉。

2. 树立良好行业形象

道德实践要求行业内企业和个人遵循公认的道德规范和职业准则，以诚信、公正、专业的态度开展业务。这种正面的行业形象有助于提升行业的社会地位和影响力，吸引更多优秀人才加入，进一步推动行业的发展。

3. 应对信任危机

在财会与经济管理行业中，信任危机可能由财务造假、信息泄露等不道德行为引发。通过加强道德实践，行业可以建立更加完善的自律机制和监管体系，及时发现和纠正不道德行为，有效应对信任危机，维护行业的稳定和健康发展。

（二）道德实践在培育行业文化与价值观中的作用

道德实践在财会与经济管理行业中不仅关乎具体行为准则的遵守，更在深层次上影响着行业文化与价值观的塑造和培育。行业文化是一个行业在长期发展过程中形成的共同理念、行为规范和价值追求，而道德实践则是这些理念、规范和价值追求的具体体现。

1. 塑造行业精神内核

通过长期的道德实践，财会与经济管理行业能够形成独特的行业精神内核，如诚信、公正、专业、创新等。这些精神内核是行业文化的核心组成部分，能够激励行业内企业和个人以更高的标准要求自己，推动行业的不断进步和发展。

2. 传承行业优良传统

道德实践是传承行业优良传统的重要途径。在财会与经济管理行业中，许多优良传统都是通过一代又一代人的道德实践得以传承和发扬的。这些优良传统不仅是行业文化的重要组成部分，也是行业持续发展的宝贵财富。

3. 引领行业价值导向

道德实践在培育行业价值观方面发挥着引领作用。通过倡导诚信、公正等道德理念，行业内企业和个人能够形成正确的价值导向，将个人利益与行业整体利益、社会利益相结合，推动行业的健康发展。

（三）道德实践与行业可持续发展的关系

在财会与经济管理行业中，道德实践与行业可持续发展之间存在着密切的联系。道德实践不仅是行业可持续发展的重要保障，也是推动行业不断创新和进步的重要动力。

1. 保障行业稳健运行

道德实践有助于建立和维护公平、公正的市场环境，保障财会与经济管理行业的稳健运行。通过遵循道德规范和职业准则，行业内企业和个人能够减少欺诈、舞弊等不道德行为的发生，降低行业风险，为行业的可持续发展提供稳定的基础。

2. 推动行业创新与发展

道德实践鼓励行业内企业和个人以诚信、公正的态度开展业务，积极探索新的业务领域和发展模式。这种创新精神是推动财会与经济管理行业不断发展的重要动力。同时，道德实践还有助于培养行业内企业和个人的社会责任感和使命感，使他们更加关注社会需求和公共利益，为行业的可持续发展贡献力量。

3. 提升行业竞争力

在全球化和信息化的背景下，财会与经济管理行业面临着激烈的竞争。通过加强道德实践，行业可以提升整体形象和信誉，增强公众信任度，从而在国际市场上获得更多的话语权和影响力。同时，道德实践还有助于培养行业内企业和个人的专业素养和综合能力，提升他们在国际竞争中的实力。

第三节　智慧财会与经济管理方法的伦理与道德挑战

一、技术进步带来的伦理与道德问题

随着科技的飞速发展，智慧财会与经济管理方法日益融入人工智能、大数据等先进技术，这些技术的引入不仅提升了行业效率，同时也带来了一系列伦理与道德问题。

（一）人工智能与大数据应用中的隐私保护与数据安全

在智慧财会与经济管理领域，人工智能和大数据技术的广泛应用使得大量个人和企业的财务信息得以高效处理和分析。然而，这些技术的应用也引发了隐私泄露和数据安全的风险。一方面，个人和企业的财务信息具有高度敏感性，一旦泄露或被滥用，将对其造成严重的经济损失和信誉损害；另一方面，由于技术漏洞或人为因素，数据安全事件时有发生，给行业带来了极大的信任危机。

为了应对这些挑战，需要采取有效的措施加强隐私保护和数据安全。首先，应建立完善的数据保护制度，明确数据收集、存储、使用和共享的规则和程序；其次，加强技术研发和应用，提升数据加密、访问控制和安全审计等技术手段的有效性；最后，加强行业监管和自律，确保企业和个人严格遵守数据保护规定，维护行业秩序和公众利益。

（二）自动化决策系统的伦理责任界定

智慧财会与经济管理中的自动化决策系统能够基于大数据和算法进行高效、准确的决策。然而，当这些系统出现错误或造成不良后果时，如何界定其伦理责任成了一个亟待解决的问题。一方面，自动化决策系统缺乏人类的主观意识和道德判断能力，难以承担传统意义上的道德责任；另一方面，由于其决策过程涉及多个环节和因素，责任归属往往难以明确。

为了解决这个问题，需要从多个方面入手。首先，应建立完善的自动化决策系统监管机制，确保其决策过程透明、可追溯；其次，加强技术研发和应用，提升系统的准确性和可靠性，降低错误发生的概率；最后，建立相应的法律法规和行业标准，明确自动化决策系统的责任归属和追责机制。

（三）技术创新与道德规范的协调发展

技术创新是推动智慧财会与经济管理行业发展的重要动力，然而技术创新往往伴随着道德规范的挑战。一方面，新技术的应用可能打破原有的道德平衡，引发新的伦理问题；另一方面，道德规范的发展往往滞后于技术创新的速度，导致监管空白和道德风险。

为了促进技术创新与道德规范的协调发展，需要采取以下措施。首先，加强行业内部的伦理道德教育和自律机制建设，提升从业人员的道德意识和职业素养；其次，积极参与国际交流与合作，借鉴其他国家和地区的成功经验和做法；最后，加强法律法规和行业标准的制定与完善，为技术创新提供明确的道德指引和规范。

二、全球化背景下的伦理与道德挑战

在全球化背景下，智慧财会与经济管理行业面临着跨文化经营、国际经济合作和全球治理体系等多方面的伦理与道德挑战。

（一）跨文化经营中的伦理冲突与解决

在全球化浪潮的推动下，智慧财会与经济管理行业越来越多地涉足跨文化经营，而这背后隐藏着深刻的伦理与道德挑战。不同国家和地区，由于其历史、习俗等多种因素的差异，形成了各具特色的文化背景、价值观念和社会制度。这些差异在智慧财会与经济管理领域的实际运作中，往往会引发一系列的伦理冲突。

会计准则的差异是跨文化经营中最为直观的伦理冲突之一。不同国家对于会计信息的记录、报告和披露有着不同的要求和标准。这些差异可能导致在跨国经营中，同一笔交易在不同国家的财务报表上呈现出截然不同的形态，从而引发对于财务信息真实性和可比性的质疑。为了解决这一冲突，国际社会需要共同努力，推动会计准则的国际化和标准化进程。通过制定统一的国际会计准则，减少各国之间的差异，提高财务信息的透明度和可比性。

商业惯例的冲突是跨文化经营中不可忽视的伦理问题。不同国家和地区的商业环境、交易习惯和商业文化各不相同。在跨国经营中，企业可能会面临诸如价格谈判、合同履行、支付方式等方面的商业惯例冲突。这些冲突如果处理不当，不仅会影响企业的经济利益，还可能损害企业的声誉和形象。因此，企业在跨文化经营中应尊重和理解不同文化的商业惯例，通过充分的沟通和协商，寻求双方都能接受的解决方案。

社会责任理解的分歧是跨文化经营中需要关注的伦理问题之一。不同国家和地区对于企业的社会责任有着不同的期望和要求。在一些国家，企业被期望在追求经济利益的同时，积极履行对员工、消费者、社区和环境的责任；而在另一些国家，企业的主要目标可能被视为追求利润最大化。这种社会责任理解的分歧可能导致企业在跨国经营中面临道德困境和舆论压力。为了缓解这一冲突，企业需要积极履行社会责任，关注利益相关者的期望和需求，努力实现经济、社会和环境的可持续发展。

针对上述伦理冲突，解决之道在于尊重和理解不同文化的差异性和多样性。企业应建立跨文化沟通的桥梁和机制，加强与不同文化背景的利益相关者的交流和合作。同时，通过加强国际交流与合作，共同推动会计准则、商业惯例和社会责任等方面的国际化和标准化进程，为跨文化经营提供统一的伦理规范和道德标准。

（二）国际经济合作中的道德责任分担

在全球经济一体化的趋势下，国际经济合作日益频繁和紧密。在智慧财会与经济管理领域，这种合作涉及资本流动、贸易往来、技术转移等多个方面。然而，随着合作的深入发展，如何合理分担道德责任成为了一个亟待解决的问题。

各国在国际经济合作中应坚持公平、公正、互利共赢的原则。这意味着在合作过程中，各国应平等对待彼此的利益和需求，遵守国际规则和惯例，共同应对全球性挑战。例如，在资本流动方面，各国应加强金融监管合作，打击跨境金融犯罪和洗钱活动；在贸易往来方面，各国应遵循自由贸易原则，消除贸易壁垒和歧视性政策；在技术转移方面，各国应尊重知识产权和商业秘密，促进技术的合理转让和共享。

发达国家在国际经济合作中应承担更多的国际责任和义务。作为经济全球化的主要受益者之一，发达国家在享受全球经济一体化带来的红利的同时，也应积极承担起相应的道德责任。这包括帮助发展中国家提升智慧财会与经济管理水平、提供技术援助和资金支持、推动全球减贫和可持续发展等方面。通过承担更多的国际责任和义务，发达国家可以为建立更加公正、合理、有效的国际秩序作出积极贡献。

国际社会应加强对国际经济合作的监管和评估。为了确保各国在国际经济合作中履行道德责任和义务，国际社会需要建立有效的监管和评估机制。这包括设立专门的国际机构或组织来监督国际经济合作的实施情况、评估各国的表现和贡献、提出改进建议和措施等。通过加强监管和评估，可以确保国际经济合作的公平性和有效性，推动全球经济的持续健康发展。

（三）全球治理体系下的财会与经济管理伦理标准

随着全球治理体系的不断完善和发展，财会与经济管理伦理标准逐渐成为国际社会关注的焦点。这些标准涉及财务报告的透明度、公司治理的公正性、社会责任的履行等多个方面，对于推动全球经济的稳定和可持续发展具有重要意义。

财务报告的透明度是全球治理体系下财会与经济管理伦理标准的核心内容之一。透明度的要求意味着企业应公开、及时、准确地披露财务信息，以便投资者和其他利益相关者做出明智的决策。为了提高财务报告的透明度，国际社会需要共同制定和完善财务报告准则和披露要求，加强对企业财务报告的监管和审核力度。同时，企业也应积极履行信息披露义务，确保财务信息的真实性和完整性。

公司治理的公正性也是全球治理体系下财会与经济管理伦理标准的重要组成部分。公正的公司治理要求企业建立合理的组织结构、制定科学的决策程序、保障利益相关者的权益等。为了实现公司治理的公正性，国际社会需要推动公司治理结构的改革和完善，加强对企业高管行为的监督和制约。同时，企业也应积极建立健全内部控制体系，提高公司治理的效率和透明度。

社会责任的履行是全球治理体系下财会与经济管理伦理标准的延伸和拓展。社会责任要求企业在追求经济利益的同时，积极关注社会和环境问题，努力实现经济、社会和环境的协调发展。为了推动社会责任的履行，国际社会需要加强企业社会责任的宣传和教育力度，建立企业社会责任评价体系和激励机制。同时，企业也应积极履行社会责任，关注利益相关者的期望和需求，推动可持续发展战略的实施。

三、应对伦理与道德挑战的策略

面对智慧财会与经济管理方法中的伦理与道德挑战，我们需要从行业内部、法律法规和跨界合作等多个层面提出应对策略和建议。

（一）加强行业内部的伦理道德教育与自律机制

在智慧财会与经济管理领域，伦理道德教育与自律机制是应对伦理与道德挑战的基础。随着技术的快速发展和全球化的深入推进，行业内部面临着前所未有的伦理道德考验。因此，加强行业内部的伦理道德教育与自律机制显得尤为重要。

行业内部应加强对从业人员的伦理道德教育。这不仅是提升从业人员职业素养的必然要求，也是确保行业健康有序发展的重要保障。具体来说，可以通过定期举办培训班、研讨会等活动，向从业人员传授伦理道德知识，引导他们树立正确的价值观和职业观。同时，还可以将伦理道德教育纳入从业资格认证体系，确保从业人员在获得专业资格的同时，也具备相应的伦理道德素养。

建立完善的自律机制是行业内部应对伦理与道德挑战的重要手段。行业自律机制可以通过制定行业道德规范、设立道德委员会等方式来实现。行业道德规范应明确从业人员的行为准则和职业操守，为行业内部的伦理道德行为提供指引。道德委员会则负责监督和执行行业道德规范，对违反道德规范的行为进行惩戒和纠正。通过自律机制的建立和完善，可以促进行业内部的自我约束和自我管理，提升行业的整体形象和公信力。

行业内部应积极营造良好的伦理道德氛围。这可以通过加强企业文化建设、推动行业诚信体系建设等方式来实现。企业文化是行业内部伦理道德的重要载体，通过培育和弘扬积极向上的企业文化，可以引导从业人员树立正确的价值观和职业观。行业诚信体系建设则是提升行业整体信誉和形象的重要途径，通过建立完善的信用评价机制和奖惩机制，可以促进行业内部的诚信经营和公平竞争。

（二）制定与完善相关法规以规范行业行为

在智慧财会与经济管理领域，法律法规是规范行业行为、保障各方权益的重要工具。面对伦理与道德挑战，制定与完善相关法规显得尤为重要。

政府应制定和完善相关法律法规，为智慧财会与经济管理行业提供明确的法律指引和规范。这些法律法规应涵盖数据保护、隐私安全、自动化决策系统的监管等方面，确保行业在发展过程中不损害社会公共利益和个人合法权益。同时，法律法规还应关注新兴技术，如人工智能、大数据等在智慧财会与经济管理中的应用，制定相应的监管措施和标准，确保这些技术的合理应用和发展。

加强对法律法规的执行和监督力度是确保行业健康有序发展的关键。政府应建立健全的执法机制和监管体系，加强对智慧财会与经济管理行业的日常监管和专项整治。对于违反法律法规的行为，应依法予以严厉打击和惩处，维护良好的市场秩序和行业形象。同时，还应加强对从业人员的法制教育和培训，提升他们的法律意识和合规意识，确保行业内部的合法合规经营。

政府应积极推动与国际接轨的法律法规建设。随着全球化的深入推进和智慧财会与经济管理行业的快速发展，国际间的合作与交流日益频繁。因此，政府应积极参与国际规则制定和谈判活动，借鉴其他国家和地区的成功经验和做法，推动国内法律法规与国际接轨。这不仅可以提升我国在国际舞台上的话语权和影响力，还可以为国内外企业提供更加公平、透明、可预测的法律环境。

（三）强化跨界合作与国际交流以共同应对挑战

在智慧财会与经济管理领域，跨界合作与国际交流是应对伦理与道德挑战的重要途径。随着技术的不断进步和全球化的深入发展，行业间的联系和互动日益紧密。因此，加强跨界合作与国际交流显得尤为重要。

智慧财会与经济管理行业应与其他相关行业，如信息技术、法律服务等加强合作与交流。这些行业在智慧财会与经济管理的发展过程中起着重要的支撑和保障作用。通过加强合作与交流，可以共同研究解决行业共性问题，推动技术创新和业务模式创新。例如，与信息技术行业合作可以推动智慧财会与经济管理的数字化转型和智能化升级；与法律服务行业合作可以提升行业的合规意识和风险防范能力。

积极参与国际交流与合作活动是提升行业整体水平和国际竞争力的重要途径。通过参与国际交流与合作活动，可以借鉴其他国家和地区的成功经验和做法，了解国际前沿技术和市场动态，推动国内行业的创新与发展。同时，还可以加强与国际组织、跨国企业等的合作与交流，共同推动全球治理体系下的财会与经济管理伦理标准建设。这不仅可以提升我国在国际舞台上的话语权和影响力，还可以为国内外企业提供更加公平、透明、可预测的国际环境。

第十二章　智慧财会与经济管理方法的结合策略

第一节　智慧财会与经济管理方法的协同作用

一、智慧财会与经济管理方法协同作用在提升企业绩效中的体现

（一）智慧财会提升财务管理效率与透明度

随着信息技术的迅猛发展，智慧财会已成为企业财务管理的重要趋势。智慧财会通过运用大数据、云计算、人工智能等先进技术，实现了财务管理的智能化、自动化和精细化，从而显著提升了财务管理的效率和透明度，为企业的发展注入了新的动力。

1. 智慧财会提升财务管理效率

在传统财务管理模式下，企业需要投入大量的人力、物力和时间进行财务数据的收集、整理和分析。然而，由于人工操作的局限性，往往存在数据处理效率低下、错误率高等问题。而智慧财会的应用则能够有效解决这些问题。通过自动化模块处理财务数据和信息，智慧财会能够实时、准确地完成大量数据的录入、分类、汇总和分析工作，大大提高了财务处理的效率和准确性。同时，智慧财会还能够根据企业的实际需求，提供定制化的财务报表和指标分析，帮助企业管理者更加清晰地了解企业的财务状况和经营成果。

此外，智慧财会还通过引入智能化的风险预警和内部控制机制，提升了企业对财务风险的防范能力。系统可以实时监测和分析企业的财务数据和交易行为，发现异常情况和潜在风险，及时发出预警信号并采取相应的风险控制措施。这有助于企业及时应对市场变化和经营挑战，保障企业的财务安全。

2. 智慧财会提升财务管理透明度

在传统财务管理模式下，由于信息不对称和沟通不畅等问题，企业内部各部门之间以及企业与外部利益相关者之间往往存在信息壁垒。这不仅影响了企业内部管理者对财务状况的准确判断和科学决策，也不利于外部投资者和监管机构对企业的财务状况进行监督和评估。而智慧财会的应用则能够打破这些信息壁垒，提升财务管理的透明度。

通过构建透明的财务信息平台，智慧财会实现了企业内部各部门之间以及企业与外部利益相关者之间的实时信息共享。企业内部管理者可以随时了解各部门的财务状况和经营成果，及时发现和解决问题；外部投资者和监管机构也可以更加便捷地获取企业的财务信息，对企业的财务状况进行监督和评估。这种透明化的财务管理有助于增强企业的公信力和市场竞争力。

（二）经济管理方法优化资源配置与决策流程

经济管理方法是企业实现资源优化配置和高效决策的重要手段。在现代企业中，经济管理方法通过运用先进的管理理念、工具和技术，实现了对企业资源的全面规划、合理配置和有效利用，从而优化了企业的资源配置和决策流程，为企业的可持续发展提供了有力保障。

1. 经济管理方法优化资源配置

在传统企业管理模式下，资源配置往往存在盲目性、随意性和浪费性等问题。而经济管理方法的应用则能够帮助企业更加科学、合理地进行资源配置。通过全面规划和预算编制等手段，企业可以根据自身的战略目标和市场环境，制定全面的经营计划和预算方案，明确各部门的资源需求和配置标准。这有助于企业避免资源的浪费和短缺现象，提高资源的使用效率和效益。

同时，经济管理方法还注重对企业内部各部门之间的协同和整合。通过优化组织架构和业务流程等手段，企业可以打破部门壁垒和信息孤岛现象，实现各部门之间的资源共享和优势互补。这有助于企业更加高效地利用有限的资源，提升整体运营效率和市场竞争力。

2. 经济管理方法优化决策流程

在传统企业管理模式下，决策流程往往存在烦琐、低效和易出错等问题。而经济管理方法的应用则能够帮助企业更加简洁、高效地进行决策。通过引入先进的决策工具和技术如数据分析、预测模型等，企业可以对市场趋势、客户需求、竞争对手等进行深入分析和预测，为企业的战略决策和日常经营决策提供科学依据。这有助于企业快速响应市场变化和客户需求，抓住发展机遇并规避潜在风险。

同时，经济管理方法还注重对企业内部决策机制的完善和优化。通过建立科学的决策程序和制度规范等手段，企业可以保障决策过程的公正性、透明性和合理性。这有助于提升企业内部员工的参与度和归属感，增强企业的凝聚力和向心力。

（三）协同作用下的企业运营效益最大化

智慧财会与经济管理方法的协同作用实现了企业财务管理和资源配置的高效融合，

推动了企业运营效益的最大化。这种协同作用主要体现在以下几个方面：提高财务管理水平、优化资源配置与决策流程以及促进持续创新和发展。

1. 提高财务管理水平

智慧财会与经济管理方法的协同作用显著提高了企业的财务管理水平。通过智慧财会的智能化、自动化处理和经济管理方法的全面规划、预算编制等手段，企业可以更加准确、及时地掌握自身的财务状况和经营成果。同时，这种协同作用还有助于企业加强内部控制和风险管理，及时发现和解决问题，保障企业的财务安全和稳定运营。

2. 优化资源配置与决策流程

智慧财会与经济管理方法的协同作用还优化了企业的资源配置和决策流程。通过智慧财会的透明化信息共享和经济管理方法的先进决策工具应用，企业可以更加精准地把握市场趋势和客户需求，实现资源的优化配置和高效利用。同时，这种协同作用还有助于企业快速响应市场变化和调整战略方向，抓住发展机遇并规避潜在风险。优化后的资源配置和决策流程使企业在激烈的市场竞争中保持领先地位并实现可持续发展。

3. 促进持续创新和发展

智慧财会与经济管理方法的协同作用促进了企业的持续创新和发展。通过智慧财会的智能化分析和经济管理方法的全面优化手段，企业可以不断挖掘自身的潜力和优势资源，推动技术创新、产品创新和业务模式创新。创新是企业发展的核心驱动力，只有不断创新才能在激烈的市场竞争中立于不败之地。同时，这种协同作用还有助于企业拓展新的市场领域和客户群体，实现多元化发展和跨界融合。

二、智慧财会与经济管理方法协同作用的实现机制

（一）组织架构与流程的协同调整

智慧财会与经济管理方法的协同作用，首先需要在企业的组织架构和流程上进行协同调整。这种调整旨在打破传统的部门壁垒，实现财务管理与业务管理的有机融合，从而提高企业的整体运营效率和响应速度。

1. 组织架构的调整

为实现智慧财会与经济管理方法的协同作用，企业需要对传统的组织架构进行调整。首先，可以设立专门的智慧财会与经济管理部门，负责统筹协调企业的财务管理和经济管理活动。该部门应具备跨部门的协调能力和决策权，以确保各项管理措施的有效实施。其次，企业可以推行扁平化的组织架构，减少管理层级，提高决策效率和信息传递速度。这将有助于企业快速响应市场变化和客户需求，实现资源的优化配置和高效利用。

2. 流程的协同优化

在流程方面，企业需要对财务管理和经济管理的相关流程进行协同优化。首先，可以建立统一的财务管理和经济管理流程框架，明确各项流程的目标、职责和关键节点。这将有助于企业实现流程的标准化和规范化，提高管理效率和质量。其次，企业可以利用信息技术手段对流程进行自动化和智能化改造，如引入智能财务系统、业务流程管理系统等。这将有助于企业减少人工操作环节和错误率，提高流程的准确性和效率。同时，通过实时监控和分析流程数据，企业还可以及时发现流程中的瓶颈和问题，为持续改进和优化提供有力支持。

（二）人员技能与思维方式的协同培养

智慧财会与经济管理方法的协同作用还需要在人员技能和思维方式上进行协同培养。这种培养旨在提高员工的专业素养和综合能力，使他们能够更好地适应智慧财会和经济管理的新要求和新挑战。

1. 人员技能的协同提升

为实现智慧财会与经济管理方法的协同作用，企业需要加强对员工的专业技能培训。首先，可以针对财务管理和经济管理领域的不同岗位和职责，制定详细的培训计划和课程体系。通过定期举办培训班、研讨会等活动，向员工传授最新的理论知识和实践技能。同时，企业还可以鼓励员工参加外部培训和认证考试，提升他们的专业素养和竞争力。其次，企业需要注重培养员工的跨学科知识和综合能力。随着智慧财会和经济管理方法的不断融合和发展，员工需要具备更加全面的知识和技能结构。因此，企业可以通过内部轮岗、项目合作等方式，让员工接触和学习不同领域的知识和技能，提高他们的综合素质和适应能力。

2. 思维方式的协同转变

除了技能提升外，企业还需要引导员工转变思维方式，以适应智慧财会和经济管理的新模式和新要求。首先，企业需要培养员工的创新意识和变革精神。鼓励员工勇于尝试新事物、新方法，敢于挑战传统观念和做法。通过设立创新基金、举办创新大赛等方式，激发员工的创新热情和积极性。其次，企业需要培养员工的团队协作和共享意识。智慧财会与经济管理方法的协同作用需要各部门、各岗位之间的紧密配合和协作。因此，企业需要加强团队建设，营造积极向上的团队氛围和文化。通过定期举办团队活动、分享会等方式，促进员工之间的交流和合作，提高团队的凝聚力和战斗力。

（三）信息技术与管理系统的协同支撑

智慧财会与经济管理方法的协同作用离不开信息技术和管理系统的支撑。企业需要构建完善的信息技术和管理系统平台，为智慧财会和经济管理的协同作用提供有力保障。

1. 信息技术的协同应用

为实现智慧财会与经济管理方法的协同作用，企业需要充分利用先进的信息技术手段。首先，可以引入大数据、云计算、人工智能等先进技术，构建智能化的财务管理和经济管理系统。通过自动化处理、智能分析和预测等功能，提高财务管理和经济管理的效率和准确性。其次，企业可以建立统一的数据标准和接口规范，实现各部门、各系统之间的数据共享和交换。这将有助于企业打破信息孤岛现象，实现信息的全面整合和高效利用。

2. 管理系统的协同整合

除了信息技术应用外，企业还需要对现有的管理系统进行协同整合。首先，可以对财务管理系统、经济管理系统等进行全面梳理和评估，明确各系统的功能定位和优化方向。通过系统升级、功能拓展等方式，提高各系统的性能和满足度。其次，企业可以建立统一的管理平台或集成化的管理系统架构，实现各系统之间的无缝对接和协同工作。这将有助于企业提高管理效率和质量水平，降低运营成本和风险。同时，通过实时监控和分析管理系统数据，企业还可以及时发现运营中的问题和改进机会，为持续改进和优化提供有力支持。

第二节　智慧财会与经济管理方法的整合路径

一、智慧财会与经济管理方法整合路径的规划与设计

（一）明确整合目标与期望效果

在规划与设计智慧财会与经济管理方法的整合路径时，首要任务是明确整合的目标以及期望达到的效果。这一步骤对于整个整合过程的成功与否具有决定性作用，因为它将指导后续所有计划和行动的方向。

1. 提升财务管理智能化水平

整合的首要目标是提升财务管理的智能化水平。通过引入智慧财会系统，实现财务数据的自动化处理、智能化分析和实时化监控，从而提高财务管理的效率和准确性。期望效果是财务管理流程更加简洁高效，财务信息更加透明可信，为企业的战略决策提供有力支持。

2. 优化资源配置与决策流程

另一个重要目标是优化资源配置与决策流程。通过整合经济管理方法，实现对企业资源的全面规划、合理配置和动态调整，确保资源能够按照企业的战略需求进行高效利用。期望效果是企业资源配置更加科学合理，决策流程更加简洁高效，能够快速响应市场变化和客户需求。

3. 促进业财融合与价值创造

整合的最终目标是促进业财融合与价值创造。通过智慧财会与经济管理方法的深度整合，打破传统部门间的信息壁垒和协作障碍，实现业务与财务的无缝对接和协同工作。期望效果是企业内部各部门之间的合作更加紧密顺畅，共同为企业创造更大的价值。

（二）制定详细的整合计划与时间表

明确整合目标与期望效果后，需要制定详细的整合计划与时间表来指导整个整合过程的实施。整合计划应包括具体的整合步骤、所需资源、责任分配以及关键里程碑等要素，确保整个整合过程有序进行。

1. 制定整合步骤与责任分配

将整个整合过程分解为若干个具体的步骤或任务，并为每个步骤或任务分配明确的责任人和执行团队。这样可以确保每个步骤或任务都得到有效执行和监控，同时也方便对整合进度进行跟踪和评估。

2. 确定所需资源与获取途径

对整合过程中所需的各种资源进行全面评估，包括人力资源、技术资源、物资资源等。然后确定这些资源的获取途径和配置方式，确保在整合过程中不会出现资源短缺或浪费的情况。

3. 制定时间表与关键里程碑

根据整合步骤的复杂性和所需资源的获取情况，制定合理的时间表来规划整个整合过程的进度安排。同时设置关键里程碑来标记重要的时间节点和阶段性成果，以便对整合进度进行实时跟踪和评估。

（三）确定关键整合点与风险评估

在整合过程中，存在一些关键整合点需要特别关注和处理。这些关键整合点往往涉及多个部门或系统的交互和协同工作，如果处理不当可能会导致整合失败或效果不佳。因此，在确定关键整合点时需要进行全面的风险评估和制定相应的应对措施。

1. 识别关键整合点及其影响

通过对整个整合过程进行细致的分析和梳理，识别出那些对整合成功与否具有决定性影响的关键整合点。这些关键整合点可能包括数据迁移与接口对接、系统集成与功能测试、用户培训与操作习惯改变等方面。

2. 评估潜在风险与制定应对措施

针对每个关键整合点进行潜在风险评估，分析可能出现的风险和问题以及其对整合目标的影响程度。然后根据评估结果制定相应的应对措施和预案，确保在出现风险或问题时能够及时有效地进行应对和处理。

3. 建立风险监控与反馈机制

在整合过程中建立风险监控与反馈机制，对关键整合点的实施情况进行实时跟踪和监控。同时建立有效的沟通渠道和反馈机制，确保在出现问题时能够及时发现并反馈给相关责任人或团队进行处理。这样可以确保整个整合过程始终处于可控状态，并及时调整计划以应对各种变化和挑战。

二、智慧财会与经济管理方法整合路径实施中的关键步骤

（一）数据整合与信息共享机制的建立

在智慧财会与经济管理方法整合路径的实施中，数据整合与信息共享机制的建立是首要的关键步骤。这一步骤对于确保财务信息的准确性、及时性和完整性至关重要，同时也是实现财务管理智能化和提升决策效率的基础。

1. 数据整合的重要性与方法

数据整合是将不同来源、不同格式、不同性质的数据进行有效整合，形成统一、规范、可共享的数据资源的过程。在智慧财会与经济管理方法整合中，数据整合的重要性体现在以下几个方面：首先，通过数据整合可以避免数据冗余和重复劳动，提高数据处理效率；其次，整合后的数据更加准确、可靠，能够为企业的决策提供有力支持；最后，数据整合有助于实现跨部门、跨系统的信息共享与协同工作。

数据整合的方法包括数据清洗、数据转换和数据合并等。数据清洗是对原始数据进行检查、校验和纠正的过程，以确保数据的准确性和完整性；数据转换是将不同格式的数据转换为统一格式的过程，以便进行后续的数据处理和分析；数据合并则是将多个数据源的数据进行整合，形成一个完整的数据集。

2. 信息共享机制的建立与实施

信息共享机制是指在智慧财会与经济管理方法整合中，通过建立统一的信息平台或数据仓库，实现各部门、各系统之间的信息实时共享和交互。信息共享机制的建立有助于打破信息孤岛和部门壁垒，提高企业内部的信息流通效率和协同工作能力。

实施信息共享机制需要注意以下几个方面：首先，要明确信息共享的目标和范围，确定需要共享的信息类型和级别；其次，要建立完善的信息安全管理制度和技术措施，确保共享信息的安全性和保密性；最后，要加强对信息共享的监管和评估，确保信息共享的有效性和可持续性。

（二）流程对接与标准化管理体系的构建

流程对接与标准化管理体系构建是智慧财会与经济管理方法整合路径实施中的第二个关键步骤。这一步骤对于优化企业的业务流程、提高工作效率和降低运营成本具有重要意义。

1. 流程对接的重要性与方法

流程对接是指将智慧财会系统与经济管理方法中的相关流程进行对接和整合，形成一个统一、规范、高效的业务流程体系。流程对接的重要性体现在以下几个方面：首先，通过流程对接可以避免流程重复和冲突，提高工作效率和协同能力；其次，对接后的流程更加简洁、清晰，有助于降低运营成本和减少错误率；最后，流程对接有助于实现跨部门、跨系统的业务协同和一体化管理。

流程对接的方法包括流程梳理、流程优化和流程固化等。流程梳理是对现有流程进行全面分析和梳理的过程，以确定需要对接和整合的流程点和环节；流程优化是对现有流程进行改进和优化的过程，以提高流程的效率和协同能力；流程固化则是将优化后的流程进行固化和标准化的过程，以便后续的执行和监管。

2. 标准化管理体系的构建与实施

标准化管理体系是指在智慧财会与经济管理方法整合中，通过建立统一的标准和规范，对企业的各项管理工作进行规范化、标准化和制度化管理。标准化管理体系的构建有助于提高企业的管理水平和运营效率，同时也是实现企业可持续发展的重要保障。

实施标准化管理体系需要注意以下几个方面：首先，要明确标准化管理的目标和原则，确定需要标准化的管理领域和要素；其次，要建立完善的标准制定、修订和发布机制，确保标准的科学性和适用性；最后，要加强对标准化管理的宣传和培训，提高员工对标准化管理的认识和执行力。

（三）人员培训与团队能力建设

人员培训与团队能力建设是智慧财会与经济管理方法整合路径实施中的第三个关键步骤。这一步骤对于提高员工的综合素质和团队协作能力，确保整合工作的顺利进行具有重要意义。

1. 人员培训的重要性与内容

人员培训是指对参与智慧财会与经济管理方法整合工作的员工进行系统的、有针对性的培训和教育。人员培训的重要性体现在以下几个方面：首先，通过培训可以提高员工的业务素质和技能水平，使其更好地适应新的工作环境和要求；其次，培训有助于增强员工的创新意识和学习能力，为企业的持续发展提供动力；最后，人员培训也是企业文化传承和团队建设的重要环节。

人员培训的内容应包括智慧财会系统的操作与使用、经济管理方法的理解与应用、团队协作与沟通能力提升等方面。具体可以根据员工的岗位需求和个人能力制定个性化的培训计划。

2. 团队能力建设的策略与实践

团队能力建设是指通过一系列措施和手段，提高团队协作效率、增强团队凝聚力和执行力的过程。在智慧财会与经济管理方法整合中，团队能力建设的策略与实践包括以下几个方面：首先，要明确团队的目标和愿景，激发团队成员的积极性和归属感；其次，要建立完善的团队管理制度和激励机制，确保团队成员的权益得到保障；最后，要加强团队间的沟通与协作，形成良好的工作氛围和合作机制。

实践中，可以通过定期的团队培训、团建活动、项目合作等方式来加强团队能力建设。同时，也可以引入外部专家和顾问团队为企业的团队能力建设提供指导和支持。

三、智慧财会与经济管理方法整合效果的评估与持续改进

（一）设立评估指标与监控机制

在智慧财会与经济管理方法整合的过程中，为确保整合效果的可衡量性和持续改进的方向性，必须设立明确的评估指标与监控机制。这些指标和机制不仅用于衡量整合的成败，还为未来的优化提供了数据支持。

1. 评估指标的确定

评估指标应围绕整合目标来设定，确保指标具有针对性和可操作性。常见的评估指标包括：财务数据准确性提升率、业务流程处理时间缩短率、员工满意度调查结果、系统稳定性与安全性指标等。这些指标既要涵盖定量数据，也要包含定性分析，以全面反映整合效果。

2. 监控机制的建立

监控机制是确保评估指标有效执行和及时反馈的重要环节。通过建立定期报告制度、设置关键绩效指标（KPI）监控仪表板、采用自动化工具进行数据收集和分析等方式，可以实时掌握整合进展和效果。此外，还应建立应急响应机制，以应对整合过程中可能

出现的突发情况。

（二）定期审查整合成果并进行调整优化

整合并非一蹴而就的过程，而是一个需要不断迭代和优化的长期任务。因此，定期审查整合成果并根据反馈进行调整优化至关重要。

1. 审查周期与内容的确定

审查周期应根据整合的复杂性和企业实际情况来设定，可以是季度审查、半年审查或年度审查。审查内容应围绕评估指标展开，包括整合目标的达成情况、关键业务流程的改进效果、员工反馈与培训需求等。

2. 调整优化策略的制定

根据审查结果，企业需要制定针对性的调整优化策略。这些策略可能包括：优化数据整合流程、改进信息共享机制、调整标准化管理体系中的部分标准、加强员工培训等。调整优化策略的制定应充分考虑企业实际情况和资源限制，确保策略的可行性和有效性。

（三）建立持续改进的文化与机制

持续改进是智慧财会与经济管理方法整合效果持续提升的关键。为实现这一目标，企业需要在文化和机制两个层面进行建设。

1. 持续改进文化的培育

持续改进文化的核心是鼓励员工积极参与创新和改进活动，营造一种不断学习、不断进步的工作氛围。企业可以通过举办内部研讨会、分享会等活动，促进员工之间的交流和学习；同时，建立激励机制，对在整合过程中做出突出贡献的员工给予奖励和认可。

2. 持续改进机制的构建

持续改进机制包括问题反馈机制、创新管理机制和持续改进计划等。问题反馈机制鼓励员工及时报告整合过程中遇到的问题和潜在改进点；创新管理机制则负责收集、评估和实施员工的创新建议；持续改进计划则是一个长期规划，明确了企业在未来一段时间内需要关注和优化的重点领域。

第三节　智慧财会与经济管理方法的创新实践

一、智慧财会与经济管理方法创新实践在财务管理中的应用

（一）智能化财务分析工具的开发与应用

随着信息技术的迅猛发展，智能化财务分析工具在财务管理中的应用日益广泛。这

些工具通过运用大数据、人工智能等先进技术，实现了财务数据的自动化处理、智能化分析和可视化展示，极大地提升了财务管理的效率和准确性。

1. 智能化财务分析工具的开发

智能化财务分析工具的开发是一个综合性的过程，涉及数据收集、处理、分析和可视化等多个环节。在开发过程中，需要充分利用现代信息技术，如大数据分析技术、机器学习算法等，以确保工具的智能化和高效性。同时，还需要根据企业的实际需求进行定制化开发，以满足不同企业的个性化需求。

2. 智能化财务分析工具的应用

智能化财务分析工具在财务管理中的应用主要体现在以下几个方面：首先，通过自动化处理大量财务数据，减轻了财务人员的工作负担，提高了数据处理效率；其次，利用智能化算法对数据进行深入分析，可以发现数据中的潜在规律和趋势，为企业的决策提供有力支持；最后，通过可视化展示分析结果，使得复杂的数据更加直观易懂，便于企业管理人员快速了解财务状况。

（二）风险管理模式的创新与实践

在财务管理中，风险管理是一项至关重要的任务。传统的风险管理模式往往依赖于人工经验和定性分析，难以应对复杂多变的市场环境。因此，创新风险管理模式、提高风险管理水平成了迫切需求。

1. 风险识别与评估的创新

在创新风险管理模式中，首先需要改进风险识别和评估方法。通过运用大数据分析技术、机器学习算法等先进手段，可以实现对市场、信用、操作等各类风险的自动识别和量化评估。这不仅可以提高风险识别的准确性和及时性，还可以为制定针对性的风险应对策略提供有力支持。

2. 风险应对策略的制定与实施

在创新风险管理模式中，制定和实施有效的风险应对策略是关键。企业应根据自身实际情况和市场环境，制定灵活多样的风险应对策略，如风险规避、风险降低、风险转移等。同时，还需要建立完善的风险监控和报告机制，确保策略的有效执行和及时调整。

（三）价值创造导向的财务管理新模式

随着市场竞争的日益激烈和企业经营环境的不断变化，传统的以成本控制和利润最大化为目标的财务管理模式已经难以适应企业的发展需求。因此，建立以价值创造为导向的财务管理新模式成为了必然趋势。

1. 价值创造理念的引入

在价值创造导向的财务管理新模式中，首先需要引入价值创造的理念。企业应将财务管理的目标从单纯的成本控制和利润最大化转变为实现股东价值最大化、客户价值最大化和社会价值最大化等多元化目标。这要求企业在制定财务战略和决策时，要充分考虑各利益相关者的需求和期望。

2. 价值创造路径的探索与实践

在价值创造导向的财务管理新模式中，企业还需要积极探索和实践价值创造的路径。这包括优化资源配置、提高运营效率、加强创新驱动等多个方面。通过优化资源配置，企业可以将有限的资源投入到最具价值创造潜力的领域中；通过提高运营效率，企业可以降低成本、提高产品质量和服务水平；通过加强创新驱动，企业可以不断推出新产品、新技术和新服务，满足市场和客户的需求。

二、智慧财会与经济管理方法创新实践在经济管理决策中的体现

（一）基于大数据的决策支持系统建设

在信息化时代，大数据已成为企业经济管理决策的重要依据。基于大数据的决策支持系统（DSS）建设，是智慧财会与经济管理方法创新实践在经济管理决策中的重要体现。该系统通过收集、整合、分析海量数据，为企业的战略规划和日常决策提供有力支持。

1. 数据收集与整合

基于大数据的决策支持系统首先需要解决的是数据收集与整合问题。系统通过爬虫技术、API 接口、数据库对接等多种方式，从企业内部和外部广泛收集相关数据。这些数据包括市场趋势、消费者行为、竞争对手动态、供应链信息等。通过数据清洗、转换和加载（ETL）过程，将原始数据整合成结构化、半结构化或非结构化的数据集，为后续分析奠定基础。

2. 数据分析与挖掘

在数据收集与整合的基础上，决策支持系统运用数据分析与挖掘技术，如关联规则挖掘、聚类分析、时间序列分析等，对数据进行深入探索。这些技术可以帮助企业发现数据中的潜在规律和趋势，揭示市场机会和风险，为企业的战略规划和决策提供有力依据。

3. 决策支持与应用

基于大数据的决策支持系统的最终目标是提供决策支持。系统通过可视化界面展示

分析结果，帮助决策者快速理解数据背后的意义。同时，系统还提供模拟仿真、预测分析等功能，帮助决策者评估不同方案的潜在影响，从而做出更加明智的决策。

（二）跨界融合的经济管理新策略探索

随着市场竞争的加剧和消费者需求的多样化，单一的经济管理模式已经难以适应复杂多变的市场环境。跨界融合的经济管理新策略探索成为企业创新实践的重要方向。这种策略强调打破传统行业界限，整合不同领域的资源和优势，创造出新的价值增长点。

1. 行业融合与创新

跨界融合的经济管理新策略首先体现在行业融合与创新上。企业通过与不同行业的合作伙伴建立战略联盟、合资企业等形式，实现资源共享和优势互补。这种融合不仅可以拓展企业的业务范围和市场空间，还可以促进产品创新和服务升级，提升企业的整体竞争力。

2. 数字化转型与智能化升级

跨界融合的经济管理新策略还体现在数字化转型与智能化升级上。企业积极运用互联网、物联网、人工智能等先进技术，推动业务流程的数字化和智能化。通过数字化转型，企业可以实现更高效的生产运营和更精准的市场营销；通过智能化升级，企业可以提升产品和服务的智能化水平，满足消费者日益增长的个性化需求。

（三）可持续发展导向的企业经济管理实践

面对日益严峻的环境问题和社会责任挑战，可持续发展已成为企业经济管理的重要方向。可持续发展导向的企业经济管理实践强调在追求经济效益的同时，注重环境保护和社会责任履行。

1. 环境保护与资源节约

可持续发展导向的企业经济管理实践首先体现在环境保护与资源节约上。企业积极采用清洁生产技术、循环经济模式等环保措施，降低生产过程中的污染排放和资源消耗。同时，企业还加强废弃物回收和再利用工作，提高资源利用效率，实现经济效益与环境效益的双赢。

2. 社会责任履行与利益相关者管理

可持续发展导向的企业经济管理实践还体现在社会责任履行与利益相关者管理上。企业积极关注员工权益保障、消费者权益保护、社区关系维护等社会责任议题，加强与各利益相关者的沟通与合作。通过履行社会责任和有效管理利益相关者关系，企业可以树立良好的企业形象和品牌形象，赢得社会各界的信任和支持。

三、智慧财会与经济管理方法创新实践的驱动因素与保障机制

（一）技术创新与市场需求的双重驱动

技术创新和市场需求是智慧财会与经济管理方法创新实践的两大核心驱动因素。在信息技术快速发展的背景下，企业财务管理面临着前所未有的机遇和挑战。技术创新不仅为企业财务管理提供了先进的工具和手段，而且催生了新的管理模式和方法。同时，市场需求的变化也要求企业财务管理不断适应和调整，以满足客户的个性化需求和市场的多样化发展。

1. 技术创新的驱动作用

近年来，大数据、人工智能、云计算等先进技术在企业财务管理领域得到广泛应用。这些技术创新不仅提高了财务管理的自动化水平，降低了人力成本，而且提升了数据分析的准确性和效率。通过利用这些技术，企业可以实时掌握财务状况，准确预测未来发展趋势，从而做出更加科学合理的经济决策。技术创新为智慧财会与经济管理方法的创新实践提供了强大的技术支撑和实现路径。

2. 市场需求的驱动作用

市场需求是企业财务管理创新的另一个重要驱动因素。随着市场竞争的加剧和客户需求的多样化，传统的财务管理模式已经难以适应市场的变化。企业需要不断创新财务管理方法，以满足客户对于更高质量、更高效率和更个性化服务的需求。例如，客户对于实时报告、智能分析、风险评估等方面的需求不断增长，这要求企业不断优化和改进财务管理流程和服务模式。市场需求的变化为智慧财会与经济管理方法的创新实践提供了广阔的应用场景和发展空间。

在技术创新和市场需求的双重驱动下，企业需要紧跟时代步伐，不断探索和实践智慧财会与经济管理的新方法、新模式。通过利用先进技术，企业可以提升财务管理水平，增强市场竞争力，实现可持续发展。

（二）政策法规与行业标准的支持引导

智慧财会与经济管理方法创新实践在推动企业转型升级和提高竞争力方面具有重要意义。为确保其健康、有序发展，政策法规与行业标准的支持引导至关重要。政策法规为企业创新实践提供了法律保障和政策支持，而行业标准则规范了创新实践的方向和基本要求，有助于推动行业的整体进步。

1. 政策法规的支持引导

政策法规在智慧财会与经济管理方法创新实践中发挥着重要的支持引导作用。首先，政府通过出台相关法律法规，如税法、会计法、公司法等，为企业财务管理和经济决策

提供了法律依据和规范。这些法规明确了企业财务管理的责任、义务和权利，保障了企业财务活动的合法性和规范性。其次，政府还通过制定优惠政策、提供资金支持等方式，鼓励和支持企业在智慧财会与经济管理方面进行创新实践。这些政策措施有助于降低企业创新成本，提高创新收益，激发企业创新活力。

2. 行业标准的规范引导

行业标准在智慧财会与经济管理方法创新实践中同样具有重要意义。一方面，行业标准为企业财务管理和经济决策提供了统一的规范和要求。通过遵循行业标准，企业可以确保财务信息的准确性、可比性和透明性，提高决策的科学性和有效性。另一方面，行业标准还有助于推动企业之间的交流与合作。在统一的标准下，企业可以更加便捷地分享经验、整合资源、协同发展，共同推动智慧财会与经济管理方法创新实践向更高水平迈进。

（三）企业文化与领导力的推动作用

在智慧财会与经济管理方法创新实践中，企业文化与领导力发挥着不可忽视的推动作用。鼓励创新、包容失败的企业文化，以及具备前瞻性、决策力和执行力的领导力，对于推动智慧财会与经济管理方法创新实践具有关键意义。

1. 创新导向的企业文化的推动作用

创新是企业发展的源泉，而企业文化是激发员工创新精神的关键因素。一个倡导创新、鼓励尝试、宽容失败的企业文化，能够激发员工的创新意识和积极性，使员工敢于挑战传统观念、尝试新的财会与经济管理方法。在这样的文化氛围中，员工会自发地寻求改进和突破，推动企业不断适应变化的市场环境和技术趋势，从而实现智慧财会与经济管理方法的创新实践。

2. 领导力的推动作用

在智慧财会与经济管理方法创新实践中，领导力同样发挥着重要作用。企业的领导者需要具备前瞻性的战略眼光、果断的决策力以及强大的执行力，才能带领企业走向创新。领导者需要关注行业发展趋势和技术变革，及时调整企业战略和业务模式，为智慧财会与经济管理方法的创新实践提供方向和支持。同时，领导者还需要勇于承担风险，为创新实践提供必要的资源和条件，激励员工积极参与创新过程。

此外，领导者在塑造企业文化方面也发挥着关键作用。领导者需要通过自身言行和制度设计，传播和强化创新价值观，营造积极向上的创新氛围。在这样的企业文化和领导力的共同作用下，企业能够更好地推动智慧财会与经济管理方法的创新实践，提升企业的竞争力和市场地位。

第十三章　智慧财会与海洋渔业企业的经济管理决策

第一节　海洋渔业企业经济管理决策的特点与需求

一、海洋渔业企业的经济特性分析

（一）海洋渔业资源的稀缺性与波动性

海洋渔业资源作为自然资源的一种，具有其固有的稀缺性。由于海洋渔业资源的生长周期长、再生能力有限，且受到环境、气候、人类捕捞活动等多种因素的影响，其总量呈现出有限性。这种稀缺性使得海洋渔业资源在市场上的价值凸显，同时也对海洋渔业企业的经营活动产生了深远的影响。

1. 资源的有限性与捕捞压力

海洋渔业资源的有限性意味着其总量是固定的，而人类的需求却在不断增长。随着人口的增长和经济的发展，对海洋渔业资源的需求日益旺盛，这导致捕捞强度不断加大。然而，过度捕捞会导致资源枯竭，从而影响到海洋渔业企业的可持续发展。因此，海洋渔业企业需要在保证经济效益的同时，注重资源的合理利用和保护。

2. 资源的波动性与经营风险

海洋渔业资源的波动性主要源于自然环境的变化和人类活动的影响。气候变化、海洋污染、渔业政策的调整等因素都可能导致渔业资源的波动。这种波动性使得海洋渔业企业的经营风险增加，企业需要不断调整经营策略以应对市场的变化。例如，在资源丰富的年份，企业可能会增加捕捞量以获取更多的利润；而在资源匮乏的年份，则需要减少捕捞量以避免亏损。

（二）渔业生产活动的季节性与风险性

渔业生产活动具有明显的季节性特征，这与海洋渔业资源的生长、繁殖周期密切相关。同时，渔业生产活动还面临着诸多风险，包括自然灾害、市场风险等，这些风险对海洋渔业企业的经营产生了重要影响。

1. 生产的季节性特征

海洋渔业资源的生长和繁殖具有周期性，这使得渔业生产活动呈现出明显的季节性特征。在特定的季节，渔业资源相对丰富，企业会加大捕捞力度以获取更多的收益；而在其他季节，由于资源匮乏，企业的生产活动可能会受到限制。这种季节性特征要求海洋渔业企业合理安排生产计划，确保在资源丰富的季节能够充分利用资源，同时在资源匮乏的季节能够降低生产成本，维持企业的正常运营。

2. 面临的生产风险

渔业生产活动面临着多种风险，包括自然灾害、人为破坏、疾病疫情等。这些风险可能导致渔业资源的减少或损失，从而影响到企业的生产和经营。此外，市场风险也是渔业生产活动不可忽视的风险之一。市场价格的波动、需求的变化等因素都可能对企业的经营产生影响。因此，海洋渔业企业需要建立完善的风险管理机制，通过科学预测、合理规避和有效应对风险，确保企业的稳定发展。

（三）市场需求与价格变动的敏感性

海洋渔业企业作为市场的参与者，其经营活动受到市场需求的直接影响。同时，海洋渔业产品的价格变动也对企业的经营效益产生重要影响。因此，市场需求与价格变动的敏感性是海洋渔业企业经济特性的重要体现。

1. 市场需求的变化趋势

随着人们生活水平的提高和饮食结构的改变，人们对海洋渔业产品的需求呈现出多样化的趋势。消费者对海洋渔业产品的品质、口感、营养价值等方面的要求不断提高，这使得海洋渔业企业需要不断创新产品，满足市场的多元化需求。同时，国内外市场的开放程度不断提高，也为海洋渔业企业提供了更广阔的市场空间。然而，市场需求的变化也带来了不确定性，企业需要密切关注市场动态，及时调整生产计划和销售策略。

2. 价格变动的影响因素

海洋渔业产品的价格受到多种因素的影响，包括生产成本、市场供需关系、政策法规等。生产成本的增加会推高产品价格，而市场供需关系的变化则可能导致价格的波动。此外，政策法规的调整也会对海洋渔业产品的价格产生影响。例如，政府可能会对渔业资源进行保护性的管理，限制捕捞量或设立禁渔期，这可能导致产品供应减少，进而推高价格。海洋渔业企业需要密切关注这些因素的变化，以便制定合理的定价策略，确保其在市场竞争中占据有利地位。

二、海洋渔业企业经济管理决策的特点

海洋渔业企业作为经济体系中的重要组成部分，其经济管理决策具有独特的特点。这些特点主要体现在决策环境的复杂性与不确定性、长期规划与短期调整的平衡需求，

以及跨部门、跨领域的协同决策要求等方面。

（一）决策环境的复杂性与不确定性

海洋渔业企业的经济管理决策面临着复杂多变的决策环境，这种环境的不确定性给企业的决策带来了极大的挑战。

1. 外部环境的复杂性

海洋渔业企业所处的外部环境包括海洋生态环境、国际渔业政策、市场竞争格局等多个方面。这些外部因素的变化都可能对企业的经营产生重大影响。例如，海洋生态环境的恶化可能导致渔业资源的减少，进而影响企业的捕捞量和经济效益；国际渔业政策的调整可能改变企业的市场准入条件，影响企业的出口业务；市场竞争格局的变化则可能带来价格波动和市场份额的重新分配。因此，海洋渔业企业在制定经济管理决策时，需要充分考虑这些外部因素的复杂性和不确定性。

2. 内部环境的不确定性

除了外部环境的不确定性外，海洋渔业企业内部环境也存在诸多不确定性因素。例如，企业内部的生产成本、技术创新能力、员工素质等都可能影响企业的经济效益和竞争力。这些因素的变化可能导致企业的盈利能力、市场份额等发生波动，从而增加企业经济管理决策的难度。因此，海洋渔业企业在决策过程中需要充分评估内部环境的不确定性，制定合理的应对策略。

（二）长期规划与短期调整的平衡需求

海洋渔业企业的经济管理决策需要在长期规划和短期调整之间找到平衡。长期规划有助于企业明确发展方向和目标，而短期调整则能够帮助企业应对市场变化和风险挑战。

1. 长期规划的重要性

长期规划是海洋渔业企业经济管理决策的基础。通过制定长期规划，企业可以明确未来的发展方向和目标，为企业的持续发展奠定基础。长期规划需要考虑企业的资源状况、市场需求、技术发展趋势等多个方面，确保企业的决策符合未来发展的趋势和要求。同时，长期规划还有助于企业建立稳定的经营模式和盈利模式，提高企业的竞争力和市场占有率。

2. 短期调整的必要性

虽然长期规划对于海洋渔业企业的发展至关重要，但在实际经营过程中，企业还需要根据市场变化和风险挑战进行短期调整。短期调整可以帮助企业及时应对市场波动和不确定性因素，确保企业的正常运营和盈利。例如，当市场需求发生变化时，企业可以通过调整产品结构和营销策略来适应市场变化；当面临资源短缺或价格波动等风险时，企业可以通过优化生产流程和控制成本来降低风险影响。因此，海洋渔业企业在经济管理决策中需要注重短期调整的灵活性和及时性。

（三）跨部门、跨领域的协同决策要求

海洋渔业企业的经济管理决策涉及多个部门和领域，需要各部门之间的密切协同和合作。

1. 跨部门协同的重要性

海洋渔业企业的经济管理决策涉及生产、销售、财务等多个部门，这些部门之间的协同合作对于决策的有效性和实施效果至关重要。通过跨部门协同，企业可以充分利用各部门的资源和优势，形成合力推动企业的发展。例如，在制定产品定价策略时，销售部门需要了解市场需求和竞争状况，生产部门需要评估生产成本和产能情况，财务部门则需要考虑资金流动和盈利预期等因素。只有各部门之间充分沟通和协作，才能制定出合理有效的定价策略。

2. 跨领域合作的必要性

除了跨部门协同外，海洋渔业企业的经济管理决策还需要与其他领域进行合作。例如，与科研机构合作进行技术研发和创新，可以提高企业的技术水平和产品竞争力；与金融机构合作进行融资和投资，可以为企业提供稳定的资金来源，并扩大企业的经营规模；与政府机构合作参与政策的制定和实施，可以为企业争取更好的政策环境和市场条件。因此，海洋渔业企业在经济管理决策中需要注重跨领域的合作和交流，以获取更多的资源和支持。

三、海洋渔业企业经济管理决策的需求

海洋渔业企业作为与海洋资源紧密相连的经济体，其经济管理决策不仅关系到企业的日常运营，更对企业的长远发展具有深远的影响。为了确保决策的科学性和有效性，海洋渔业企业在经济管理过程中需满足一系列特定的需求。

（一）准确及时的数据支持与信息反馈

数据是经济管理决策的基础，准确及时的数据支持与信息反馈是海洋渔业企业做出科学决策的关键。

1. 数据收集与整合

海洋渔业企业需要收集渔业资源状况、市场需求、价格波动、生产成本等多方面的数据。这些数据不仅来自于企业内部的生产和销售记录，还需要从外部市场、政策环境等多个渠道获取。通过整合这些数据，企业能够全面了解市场动态和经营状况，为决策

提供有力的支持。

2. 实时信息反馈

数据的价值在于其时效性，海洋渔业企业需要建立实时的信息反馈机制，确保决策层能够及时了解市场动态和经营情况。通过定期报告、实时监控系统等方式，企业可以迅速掌握关键信息，对经营策略进行及时调整。

3. 数据质量与准确性

数据质量和准确性直接关系到决策的有效性。海洋渔业企业需要建立完善的数据质量管理体系，对数据进行严格的筛选、校验和修正，确保数据的真实性和可靠性。同时，企业还需要对数据进行深入的分析和挖掘，提取出有价值的信息，为决策提供更加精准的依据。

（二）科学有效的决策模型与分析工具

科学有效的决策模型与分析工具能够帮助海洋渔业企业更加理性地进行经济管理决策。

1. 决策模型的应用

决策模型是指导企业决策的重要工具。海洋渔业企业可以根据自身的经营特点和市场环境，选择合适的决策模型进行应用。例如，企业可以采用线性规划模型来优化资源配置，提高经济效益；或者采用博弈论模型来分析市场竞争态势，制定有效的竞争策略。

2. 分析工具的支持

随着信息技术的不断发展，各种经济管理分析工具层出不穷。海洋渔业企业可以利用这些工具进行数据分析、预测和模拟，提高决策的科学性和准确性。例如，企业可以利用大数据分析工具对市场需求进行预测，为制定销售策略提供依据；或者利用决策支持系统对多个方案进行评估和比较，选择最优方案。

3. 模型与工具的持续更新

决策模型和分析工具需要随着市场环境和企业经营状况的变化而不断更新。海洋渔业企业需要关注最新的经济管理理论和技术发展，及时引入新的模型和工具，提高决策的质量和效率。

（三）灵活可调的资源配置与风险管理

资源配置和风险管理是海洋渔业企业经济管理决策的重要组成部分。

1. 资源配置的优化

资源配置是企业运营的核心问题。海洋渔业企业需要根据市场需求、资源状况和生产能力等因素，合理配置人力、物力、财力等资源，确保生产活动的顺利进行。同时，企业还需要关注资源的利用效率，通过技术创新和流程优化等方式，提高资源的利用价值。

2. 风险管理的强化

海洋渔业企业面临着多种风险挑战，如市场风险、资源风险、环境风险等。企业需要建立完善的风险管理机制，通过风险评估、预警和应对等措施，降低风险对企业运营的影响。同时，企业还需要加强风险意识的培养，提高全员的风险防范能力。

3. 灵活调整的能力

市场环境和经营条件的变化要求企业具备灵活调整的能力。海洋渔业企业需要根据实际情况，及时调整经营策略和资源配置方案，以适应市场的变化和应对风险的挑战。这种灵活调整的能力不仅体现在决策层对经营策略的把握上，还需要企业内部的各个部门之间的协同配合和快速响应。

第二节 智慧财会在海洋渔业企业经济管理决策中的应用价值

一、智慧财会系统的基本功能

智慧财会系统作为现代企业财务管理的核心工具，其基本功能不仅涵盖了传统的财务会计处理，更延伸到了管理会计的预测、决策与控制以及业财融合的全面预算和绩效管理等方面。

（一）财务会计自动化与智能化处理

智慧财会系统的首要功能是实现财务会计的自动化与智能化处理，这一功能极大地提高了企业财务管理的效率和准确性。

1. 数据自动化采集与处理

智慧财会系统通过与企业其他信息系统的集成，实现了财务数据的自动化采集。系统能够自动从销售、采购、库存等系统中获取数据，并按照预设的规则进行自动分类、整理和处理，减少了人工操作和数据录入的错误率。

2. 智能凭证生成与账务处理

系统根据预设的业务规则和会计准则，能够自动生成会计凭证，并进行自动账务处理。这不仅提高了凭证生成的效率和准确性，还降低了人为因素导致的误差。

3. 财务报告自动生成与分析

智慧财会系统能够根据用户的需求，自动生成各类财务报告，如资产负债表、利润表、现金流量表等。同时，系统还提供丰富的财务分析工具，帮助用户深入了解企业的财务状况和经营成果，为决策提供有力支持。

（二）管理会计的预测、决策与控制功能

除了财务会计的自动化与智能化处理外，智慧财会系统还具备管理会计的预测、决策与控制功能，为企业的战略规划和日常运营提供了有力支持。

1. 预测与计划

智慧财会系统能够利用历史数据和模型算法，对企业的未来财务状况进行预测。系统可以生成销售预测、成本预测、利润预测等报告，帮助企业制定更为合理的预算和计划。

2. 决策支持

系统提供多种决策分析工具和方法，如成本效益分析、敏感性分析等，帮助企业在投资决策、价格制定、产品组合等方面做出更为明智的选择。

3. 内部控制与管理

智慧财会系统能够实时监控企业的财务状况和经营情况，通过设定预警机制和风险指标，及时发现潜在的风险和问题。同时，系统还可以提供内部控制的建议和措施，帮助企业加强内部管理，防范财务风险。

（三）业财融合的全面预算与绩效管理

智慧财会系统通过业财融合的方式，实现了全面预算与绩效管理的有机结合，进一步提升了企业财务管理的综合效益。

1. 全面预算管理

系统支持企业从战略目标出发，制定全面的预算计划。预算计划不仅涵盖财务指标，还包括销售、生产、采购等非财务指标，实现了业务与财务的深度融合。同时，系统还提供预算执行的监控和分析功能，确保预算的有效执行和及时调整。

2. 绩效管理

智慧财会系统能够根据企业的战略目标，设定合理的绩效指标和考核体系。系统能够实时收集和分析各部门的绩效数据，提供绩效评估和考核报告。这不仅有助于企业了解各部门的业绩情况，还为激励和约束员工提供了有力依据。

二、智慧财会对海洋渔业企业决策的支持作用

随着信息技术的飞速发展，智慧财会系统作为现代财务管理的重要工具，在海洋渔业企业的决策过程中发挥着日益重要的作用。智慧财会系统不仅能够提供精准财务数据，优化决策依据，还能强化风险管理，降低决策风险，同时提升决策效率，增强市场响应能力。

（一）提供精准财务数据，优化决策依据

海洋渔业企业在制定经营策略、进行投资决策时，需要依据准确、全面的财务数据。智慧财会系统通过自动化和智能化的数据处理，能够为企业提供精准、实时的财务数据，从而优化决策依据。

智慧财会系统能够实时采集和处理海洋渔业企业的各项财务数据，包括销售收入、成本支出、库存情况、应收账款等。通过对这些数据的实时更新和分析，企业能够及时了解自身的财务状况和经营成果，为决策提供有力的数据支持。

智慧财会系统能够提供多种财务分析工具和报表，帮助企业深入挖掘财务数据背后的信息。例如，通过财务比率分析、趋势分析等方法，企业可以评估自身的盈利能力、偿债能力和运营效率，从而制定更为合理的经营策略。

此外，智慧财会系统还能够与企业的其他业务系统进行集成，实现数据的共享和交互。这使得企业在制定决策时能够综合考虑各方面的信息，提高决策的准确性和科学性。

（二）强化风险管理，降低决策风险

海洋渔业企业在经营过程中面临着多种风险，如市场风险、资源风险、环境风险等。智慧财会系统通过强化风险管理功能，能够帮助企业降低决策风险，确保稳健经营。

一方面，智慧财会系统能够建立风险预警机制，实时监测企业的财务状况和经营情况。当出现异常情况或潜在风险时，系统能够及时发出预警信号，提醒企业采取相应的应对措施。这有助于企业在风险发生前进行预防和控制，避免或减少损失。

另一方面，智慧财会系统能够提供风险评估和量化分析功能。通过对历史数据的分析和模型的建立，系统能够评估企业面临的各种风险的大小和发生的可能性，为企业的风险决策提供科学依据。同时，系统还可以根据企业的风险偏好和承受能力，为企业制定个性化的风险管理策略。

此外，智慧财会系统还能够通过数据分析发现潜在的业务机会和增长点，帮助企业把握市场机遇，降低市场风险。

（三）提升决策效率，增强市场响应能力

在快速变化的市场环境中，海洋渔业企业需要迅速做出决策以应对市场的挑战和机

遇。智慧财会系统通过提升决策效率，能够增强企业的市场响应能力。

智慧财会系统能够自动化处理大量的财务数据和信息，减少人工操作和数据处理的时间成本。这使得企业能够更快速地获取所需的信息和数据，为决策提供及时的支持。

智慧财会系统能够提供智能化的决策辅助工具。通过数据挖掘、机器学习等技术手段，系统能够对数据进行深度分析和预测，为企业提供更为精准和科学的决策建议。这有助于企业在面对复杂问题时做出更为明智的决策。

此外，智慧财会系统还能够实现信息的实时共享和协同工作。企业内部的不同部门和人员可以通过系统快速获取和交换信息，加强沟通和协作，提高决策的效率和质量。

三、智慧财会在海洋渔业企业经济管理决策中的应用案例分析

随着全球海洋渔业资源的日益紧张和市场竞争的加剧，海洋渔业企业面临着前所未有的挑战。智慧财会系统作为现代财务管理的重要工具，正逐渐在海洋渔业企业的经济管理决策中发挥关键作用。

（一）国内外海洋渔业企业智慧财会实践

1. 国内实践案例

近年来，国内一些大型海洋渔业企业开始积极探索智慧财会系统的应用。例如，某知名海洋渔业企业引入了先进的智慧财会系统，实现了财务数据的自动化采集、处理和分析。通过该系统，企业能够实时监控财务状况，及时发现潜在风险，并作出相应的调整。此外，该系统还提供了丰富的财务分析工具，帮助企业深入挖掘财务数据背后的信息，为决策提供有力支持。

2. 国外实践案例

在国外，一些先进的海洋渔业企业已经成功应用了智慧财会系统。例如，北欧某大型渔业公司利用智慧财会系统实现了全球范围内的财务集中管理。该系统能够实时汇总和分析各地区的财务数据，为企业的全球战略决策提供数据支持。同时，该系统还具备强大的预测和决策支持功能，帮助企业把握市场机遇，降低经营风险。

（二）智慧财会系统应用成效评估

1. 提高决策效率与准确性

智慧财会系统的应用显著提高了海洋渔业企业决策的效率与准确性。通过自动化和智能化的数据处理，企业能够迅速获取所需的财务信息和数据，为决策提供及时、准确的支持。此外，系统提供的财务分析工具还能够帮助企业深入挖掘数据背后的信息，发现潜在的业务机会和风险点，从而提高决策的科学性和有效性。

2. 降低运营成本与风险

智慧财会系统的应用有助于海洋渔业企业降低运营成本和风险。通过自动化处理大量财务数据和信息，企业减少了人工操作和数据处理的时间成本。同时，系统能够实时监测财务状况和经营情况，及时发现潜在风险并采取相应的应对措施，从而降低了企业的经营风险。

3. 增强市场竞争力

智慧财会系统的应用还增强了海洋渔业企业的市场竞争力。通过实时掌握市场动态和竞争对手情况，企业能够及时调整经营策略，把握市场机遇。此外，系统提供的财务分析和预测功能还能够帮助企业制定更为合理的定价策略和产品组合，提高市场竞争力。

（三）面临的挑战与未来发展趋势

1. 数据安全与隐私保护

随着智慧财会系统的广泛应用，数据安全和隐私保护问题日益凸显。海洋渔业企业需要加强对财务数据的保护和管理，防止数据泄露和滥用。同时，企业还需要建立完善的数据备份和恢复机制，确保数据的完整性和可用性。

2. 技术更新与人才培养

智慧财会系统的应用需要不断的技术更新和人才培养。企业需要关注最新的财务管理技术和工具的发展动态，及时引入新的技术和系统。同时，企业还需要加强对财务人员的培训和教育，提高他们的专业素养和技能水平，以适应智慧财会系统的发展需求。

3. 系统集成与协同工作

智慧财会系统需要与其他业务系统进行集成和协同工作，以实现数据的共享和交互。然而，在实际应用中，不同系统之间的数据格式、接口标准等可能存在差异，导致系统集成难度较大。因此，海洋渔业企业需要加强与系统供应商的合作和沟通，制定统一的数据标准和接口规范，实现系统的无缝对接和协同工作。

展望未来，智慧财会系统将在海洋渔业企业的经济管理决策中发挥越来越重要的作用。随着技术的不断进步和应用场景的不断拓展，智慧财会系统将更加智能化、个性化和定制化，为海洋渔业企业提供更为全面、高效和智能的财务管理服务。同时，随着全球化和数字化转型的加速推进，海洋渔业企业还需要加强与国际先进企业的交流与合作，共同推动智慧财会系统的发展和应用。

第三节 基于智慧财会的海洋渔业企业经济管理决策支持系统构建

一、系统构建目标与原则

（一）明确决策支持系统的构建目标

构建基于智慧财会的海洋渔业企业经济管理决策支持系统，旨在通过整合企业内部和外部的财务数据与市场信息，为企业提供智能化的决策支持，进而促进企业的持续发展和竞争力的提升。具体而言，该系统的构建目标可以细化为以下几个方面。

1. 提升决策效率与质量

通过自动化和智能化的数据处理与分析，减少人工操作的时间和误差，使决策者能够更快速地获取所需信息，并基于准确的数据进行决策。同时，系统提供的预测和分析功能有助于决策者提前洞察市场趋势，制定更加精准的战略计划。

2. 降低决策风险

系统通过实时监控财务状况、市场变化和政策调整，及时预警潜在风险，并为决策者提供风险评估和应对方案。这有助于企业在复杂多变的市场环境中保持稳健经营，避免重大经济损失。

3. 优化资源配置

通过深入分析企业的财务数据和市场信息，系统可以帮助企业发现资源配置的瓶颈和不合理之处，提出优化建议。这有助于企业提高资源利用效率，降低成本，增强市场竞争力。

4. 促进业务创新与发展

系统提供的全面数据支持和智能分析功能，有助于企业发现新的业务机会和增长点，推动企业进行业务创新和市场拓展。同时，通过对比行业标杆和竞争对手，企业可以了解自身在市场中的定位和不足，制定针对性的改进策略。

（二）确立系统构建的基本原则与要求

在构建决策支持系统时，需要遵循一系列基本原则和要求，以确保系统的有效性、稳定性和安全性。这些原则和要求包括以下几点。

1. 系统性和集成性原则

系统应作为一个整体进行设计和构建，各功能模块之间应实现无缝衔接和数据共享。同时，系统应能够与其他相关系统进行集成，形成完整的信息管理网络，避免信息孤岛和数据冗余。

2. 灵活性和可扩展性原则

由于企业业务和市场环境的不断变化，系统应具备足够的灵活性和可扩展性，以适应未来可能出现的新需求和新功能。这要求系统在设计和实施过程中，采用模块化的架构和标准化的接口，便于后续的升级和扩展。

3. 安全性和可靠性原则

系统应严格保障数据的安全性和隐私性，防止数据泄露和非法访问。同时，系统应具备高度的稳定性和可靠性，能够长时间稳定运行，避免因系统故障而影响企业的正常运营。

4. 易用性和友好性原则

系统应提供直观、简洁的用户界面和操作流程，降低用户的学习成本和使用难度。同时，系统应提供完善的帮助文档和在线支持服务，以便用户在使用过程中遇到问题能够及时得到解决。

（三）考虑海洋渔业企业的特殊需求

海洋渔业企业具有其独特的经营特点和业务需求，因此在构建决策支持系统时，需要充分考虑这些特殊需求。具体来说，以下几个方面应予以重点关注。

1. 海洋渔业数据的处理与分析

海洋渔业企业涉及大量的捕捞量、销售价格、渔场分布等数据，这些数据具有复杂性和多样性。系统应能够对这些数据进行有效的收集、整理和分析，提取出有价值的信息，为决策提供有力支持。

2. 海洋环境与气候变化的监测

海洋渔业企业的经营受到海洋环境和气候变化的影响较大。系统应能够实时监测海洋环境参数（如水温、盐度、海流等）和气候变化情况，并分析这些因素对企业经营的影响，帮助企业制定针对性的应对措施。

3. 政策法规与市场动态的跟踪

海洋渔业行业受到政策法规和市场动态的深刻影响。系统应能够及时收集和分析相关政策法规和市场信息，为企业提供政策解读和市场预测，帮助企业把握政策机遇和市场趋势。

4. 国际合作与交流的支持

随着全球化进程的加速，海洋渔业企业越来越多地参与到国际合作与交流中。系统应能够提供国际市场的信息和数据支持，帮助企业了解国际市场动态和竞争态势，促进企业与国际同行的合作与交流。

二、系统架构设计与功能模块

（一）设计决策支持系统的整体架构

决策支持系统是企业进行高效决策的重要工具，其整体架构的设计直接决定了系统的稳定性、可扩展性和使用便捷性。在构建这一系统时，我们采用了分层设计的思想，将系统划分为数据层、处理层和应用层三个核心层次。

1. 数据层设计

数据层是整个决策支持系统的基石，负责收集、存储和管理各类数据。这些数据包括企业内部财务数据、市场数据、生产数据等，同时也包括外部的行业数据、政策数据等。数据层的设计关键在于数据的完整性、准确性和实时性。为此，我们采用了先进的数据仓库技术，对数据进行统一的存储和管理。同时，通过数据清洗和标准化处理，确保数据的质量和一致性。

2. 处理层设计

处理层是决策支持系统的核心部分，负责对数据进行深入的分析和处理。该层包括一系列数据处理和分析算法，如数据挖掘、机器学习、预测分析等。这些算法能够根据用户的需求，从海量数据中提取出有价值的信息，为决策提供支持。为了提高处理效率，我们采用了分布式计算技术，将数据处理任务分配到多个计算节点上并行处理。此外，我们还建立了模型库和方法库，为数据处理和分析提供强大的支持。

3. 应用层设计

应用层是系统与用户之间的接口，负责提供直观、易用的操作界面和决策支持功能。该层的设计应充分考虑用户的需求和习惯，提供个性化的操作体验。我们采用了先进的可视化技术，将复杂的数据分析结果以图表、动画等形式直观地呈现出来。同时，我们还提供了灵活的查询和报表生成功能，方便用户根据自己的需求定制报表和查询结果。

（二）划分核心功能模块与辅助模块

在整体架构的基础上，我们进一步对系统的功能模块进行了划分，包括核心功能模块和辅助模块两大类。

1. 核心功能模块

核心功能模块是决策支持系统的主体部分，直接关系到系统的核心功能和价值。其中，财务管理模块是负责处理企业财务数据的关键模块，包括财务报表生成、财务指标计算、财务分析等功能。这些功能能够为企业提供全面的财务状况分析和评估，为决策提供依据。

市场分析模块则主要关注市场动态和竞争态势，通过对市场数据的收集和分析，帮助企业了解市场需求、竞争对手情况和行业趋势。该模块提供了市场预测和预警功能，能够及时发现市场变化和潜在风险，为企业制定市场策略提供参考。

决策分析模块是系统的核心所在，它结合财务管理和市场分析的结果，运用决策分析方法和模型，为企业提供决策支持和优化建议。该模块能够处理复杂的决策问题，提供多种决策方案和模拟预测结果，帮助企业做出科学、合理的决策。

2. 辅助模块

辅助模块虽然不直接参与核心功能的实现，但对于系统的日常运行和维护至关重要。数据管理模块负责数据的导入、导出和格式转换等操作，确保数据的准确性和一致性。用户管理模块则负责用户的注册、登录和权限管理等功能，保障系统的安全性和隐私性。系统日志模块则记录系统的运行情况和用户的操作行为，为系统的维护和管理提供便利。

（三）确定各模块之间的逻辑关系与数据交互

在明确了功能模块划分之后，我们需要进一步确定各模块之间的逻辑关系和数据交互方式，以确保系统能够高效、准确地完成数据处理和分析任务。

1. 逻辑关系确定

各模块之间的逻辑关系主要基于业务流程和数据流进行设计。财务管理模块和市场分析模块作为数据输入端，负责提供原始数据和初步分析结果；决策分析模块则作为数据输出端，根据前两个模块的输出结果进行决策分析和优化建议的生成。同时，各模块之间应保持相对独立和松耦合的关系，以便于系统的扩展和维护。

2. 数据交互设计

为了实现数据的共享和交互，我们制定了统一的数据标准和接口规范。各模块应按照规范进行数据的传输和交换，确保数据的准确性和一致性。具体来说，财务管理模块和市场分析模块之间通过数据接口实现数据的共享和交换，以便进行综合性的财务分析和市场分析。决策分析模块则根据前两个模块的输出结果，通过数据接口获取所需数据，进行决策方案的生成和评估。

此外，我们还建立了数据缓存和异步处理机制，以提高数据处理效率并减少数据交互的延迟和冲突。同时，为了满足用户的多样化需求，系统还提供了灵活的数据查询和报表生成功能。用户可以根据自己的需求，在系统中查询和导出相关数据，生成自定义的报表和图表。

三、关键技术与实现路径

（一）系统实现所需的关键技术

决策支持系统的构建离不开一系列关键技术的支撑，这些技术不仅构成了系统的核心，也决定了系统的性能与功能。以下是对这些关键技术的详细论述。

1. 大数据处理技术

大数据处理技术是实现决策支持系统的基础。在数据呈爆炸式增长的今天，企业面临着海量数据的处理和分析挑战。大数据处理技术包括数据收集、清洗、整合和存储等多个环节，通过分布式计算、内存计算等技术手段，实现对大规模数据的快速、高效处理。这不仅能够满足系统对实时数据的需求，还能确保数据的准确性和完整性，为后续的数据挖掘和预测分析提供坚实的数据基础。

2. 数据挖掘技术

数据挖掘技术是决策支持系统的核心之一。通过对大数据的深入挖掘，可以发现数据之间的关联和规律，提取出有价值的信息。数据挖掘技术包括关联规则挖掘、聚类分析、分类预测等多种算法，这些算法能够根据企业的业务需求，对数据进行有针对性的分析和处理。通过数据挖掘，企业可以发现市场趋势、客户需求、产品优化等方面的潜在机会，为决策提供有力支持。

3. 预测分析技术

预测分析技术是决策支持系统的重要组成部分。通过对历史数据的分析和建模，预测分析技术能够预测未来的市场趋势、客户需求和业务发展等情况。这种预测能力对于企业制定战略计划、优化资源配置具有重要意义。预测分析技术包括时间序列分析、回归分析、机器学习等多种方法，这些方法能够根据不同的业务场景和数据特点，提供准确的预测结果。

4. 可视化技术

可视化技术是决策支持系统的重要输出手段。通过将数据分析结果以图表、动画等形式直观地呈现出来，可视化技术能够帮助用户更好地理解数据和决策方案。可视化技术不仅提高了决策过程的透明度和可操作性，还增强了用户与系统的交互性，提高了决策效率。

（二）技术实现的具体路径与方法

在技术实现方面，我们需要结合上述关键技术，采用合适的路径和方法来确保系统的顺利构建和运行。

1. 基于云计算和分布式存储的数据处理平台构建

为了应对大数据处理的挑战，我们可以利用云计算和分布式存储技术来构建高效的数据处理平台。云计算提供了弹性的计算资源和存储空间，能够根据系统的需求进行动态调整；分布式存储技术则能够实现数据的分散存储和并行处理，提高数据处理的速度和效率。通过这两种技术的结合，我们可以构建一个稳定、可靠、高效的数据处理平台，为决策支持系统提供强大的数据支持。

2. 利用机器学习和深度学习进行数据挖掘和预测分析

机器学习和深度学习算法在数据挖掘和预测分析方面具有显著优势。通过训练模型和学习数据特征，这些算法能够自动发现数据中的规律和模式，并提供准确的预测结果。在决策支持系统中，我们可以利用这些算法对市场趋势、客户需求等进行预测和分析，为企业决策提供科学依据。同时，我们还可以根据实际需求定制开发特定的算法模型，以满足企业的个性化需求。

3. 数据可视化技术的应用与优化

数据可视化技术能够将复杂的数据分析结果以直观、易懂的形式呈现出来，提高决策过程的效率和准确性。在决策支持系统中，我们可以采用多种可视化形式，如折线图、柱状图、热力图等，来展示不同维度的数据和指标。同时，我们还可以根据用户的反馈和需求，对可视化界面进行优化和改进，提高用户体验和满意度。

（三）技术实施中的可行性与成本效益

在技术实施过程中，我们需要充分考虑技术的可行性和成本效益，以确保技术方案的顺利实施和企业的可持续发展。

1. 技术可行性的评估

技术可行性是技术实施的前提和基础。在选择技术方案时，我们需要充分考虑技术的成熟度、稳定性和兼容性等因素。通过技术调研和测试验证，我们可以评估所选技术是否能够满足企业的实际需求，并与现有的信息系统进行无缝对接。同时，我们还需要关注技术的发展趋势和更新迭代情况，以便及时调整和优化技术方案。

2. 成本效益的分析与控制

成本效益是技术实施中需要重点考虑的因素之一。我们需要对所选技术的成本进行全面分析，包括技术购买成本、实施成本、维护成本等。通过成本效益分析，我们可以确定技术方案的性价比，并选择最适合企业的技术方案。同时，我们还需要在实施过程中严格控制成本支出，避免不必要的浪费和损失。

3. 试点验证与持续改进

为了确保技术方案的可行性和成本效益，我们可以采用试点验证的方式进行实施。通过在小范围内进行试运行和测试验证，我们可以评估技术方案的实际效果和存在的问题，并进行针对性的改进和优化。同时，我们还需要建立持续改进的机制，不断根据企业的业务发展和市场变化对技术方案进行调整和优化，以保持其长期的有效性和竞争力。

四、系统实施与运维策略

（一）制定系统实施计划与步骤

系统实施是决策支持系统从设计走向实际应用的关键阶段，制定详细的实施计划与步骤至关重要。

1. 明确实施目标与人员分工

在系统实施之初，应明确实施的具体目标，如提升决策效率、优化资源配置等。同时，根据实施目标，合理划分工作模块，并明确每个模块的责任人及团队，确保各项工作能够有序开展。

2. 系统安装、配置与测试

按照系统架构和功能模块的要求，逐步完成系统的安装工作。在安装过程中，应确保硬件设备和软件环境的兼容性，避免潜在的技术风险。安装完成后，进行系统的配置和参数设置，以满足企业的实际需求。最后，进行系统测试，包括单元测试、集成测试和系统测试等，确保系统的稳定性和可靠性。

3. 系统上线与用户培训

在系统测试通过后，进行系统上线工作。上线前，应制定详细的上线方案，包括数据迁移、系统切换等步骤。上线后，组织用户进行系统操作培训，使其熟悉系统的各项功能和操作流程。通过用户培训，能够提高用户的使用效率和满意度，为系统的稳定运行提供有力保障。

（二）确立系统运维策略与保障机制

系统运维是确保决策支持系统长期稳定运行的重要环节，需要建立完善的运维策略和保障机制。

1. 运维策略制定

运维策略应包括系统监控、性能优化、故障处理等方面。通过实时监控系统的运行状态和性能指标，及时发现潜在问题并进行处理。同时，定期对系统进行性能优化和升级，提高系统的运行效率和稳定性。此外，还应建立故障处理机制，对发生的故障进行快速定位和修复，确保系统的连续性和可用性。

2. 运维保障机制建立

为了保障系统的稳定运行，应建立定期巡检机制，对系统的硬件、软件和网络环境进行全面检查，确保各项设施的正常运行。同时，加强数据备份和恢复工作，制定详细的数据备份策略，并定期测试备份数据的完整性和可用性。此外，还应加强安全防护工作，采用先进的安全技术和措施，保护系统免受外部攻击和恶意破坏。

3. 用户反馈机制建立

用户反馈是改进系统功能和性能的重要依据。应建立用户反馈机制，及时收集和处理用户的意见和建议。通过定期的用户调研和座谈会等方式，了解用户对系统的使用体验和需求变化，并根据反馈信息进行系统优化和改进。

（三）关注系统安全、稳定与可扩展性

在系统实施过程中，始终关注系统的安全性、稳定性和可扩展性是至关重要的。

1. 系统安全性保障

系统安全性是决策支持系统的核心要求之一。应采用先进的安全技术和措施，如加密技术、访问控制等，保护系统免受未经授权的访问和数据泄露。同时，加强用户身份认证和权限管理，确保只有授权用户能够访问和操作系统。此外，还应定期进行安全漏洞扫描和风险评估，及时发现并修复潜在的安全隐患。

2. 系统稳定性提升

系统稳定性是确保决策支持系统正常运行的关键。应通过优化系统架构和代码设计，提高系统的稳定性和可靠性。同时，加强系统的容错和灾备能力，确保在发生硬件故障或网络中断等异常情况时，系统能够自动切换或快速恢复。此外，还应建立系统性能监控和预警机制，及时发现并解决性能瓶颈问题。

3. 系统可扩展性考虑

随着企业业务的不断发展和变化，决策支持系统需要具备良好的可扩展性。在系统实施过程中，应预留接口和扩展空间，为未来的升级和扩展提供便利。同时，采用模块化设计和微服务架构等技术手段，降低系统耦合度，提高系统的可维护性和可扩展性。此外，还应关注新技术和新应用的发展趋势，及时将新技术应用到系统中，提升系统的功能和性能。

五、系统评估与优化升级

（一）建立系统评估指标体系与方法

为了全面、客观地评估决策支持系统的运行效果，并为其优化升级提供科学依据，建立一套科学、合理的评估指标体系与方法至关重要。

1. 评估指标的选择与构建

评估指标的选择应紧密结合系统的实际运行情况和业务需求，涵盖系统性能、用户满意度、数据安全等多个方面。例如，系统性能方面的指标可以包括响应时间、吞吐量、并发用户数等；用户满意度方面的指标可以包括界面友好性、操作便捷性、功能完善性等；数据安全方面的指标可以包括数据加密强度、备份恢复能力等。通过构建这样一个多维度、多层次的评估指标体系，能够全面反映系统的运行状况和用户需求。

2. 评估方法的确定与实施

评估方法的确定应考虑到数据的可获得性、评估的准确性和可操作性。可以采用定量评估与定性评估相结合的方法，通过收集系统的运行数据、用户反馈意见等，运用统计分析、问卷调查等手段，对各项指标进行量化评分或等级划分。同时，还可以引入专家评审机制，邀请行业专家对系统进行专业评价，提高评估的权威性和准确性。

3. 评估结果的分析与利用

评估结果的分析是评估工作的关键环节。通过对评估数据的深入分析，可以发现系统运行中的优势与不足，识别出潜在的风险和问题。同时，还可以将评估结果与行业平均水平或竞争对手进行比较，找出差距和改进方向。这些分析结果可以为系统的优化升级提供有力的决策依据，帮助企业制定出更加科学合理的改进方案。

（二）定期进行系统性能评估与审查

系统性能评估与审查是确保决策支持系统持续稳定运行的重要措施。通过定期评估与审查，可以及时发现和解决系统中存在的问题，为系统的优化升级提供有力支持。

1. 定期评估机制的建立

企业应建立定期评估机制，明确评估的时间周期和责任人。可以根据系统的实际情况和业务需求，设定合理的评估周期，如每季度或每半年进行一次全面评估。同时，应指定专门的评估团队或人员负责评估工作的组织和实施，确保评估工作的专业性和客观性。

2. 系统性能评估的实施

系统性能评估应涵盖系统的各个方面，包括硬件性能、软件功能、网络状况等。可以通过运行测试、压力测试等手段，对系统的响应时间、吞吐量、并发用户数等指标进行量化评估。同时，还可以收集用户的反馈意见，了解用户对系统性能、界面友好性等方面的满意度。通过综合评估，可以全面了解系统的运行状况和性能表现。

3. 评估结果的审查与利用

评估结果的审查是确保评估工作有效性的重要环节。企业应对评估结果进行仔细审查，确认其真实性和准确性。对于发现的问题和不足，应进行深入分析，找出问题的根源和原因。同时，还应根据评估结果制定相应的改进措施和优化方案，明确改进的目标和时间节点。这些改进措施和优化方案可以为系统的优化升级提供有力支持，推动企业决策支持系统不断完善和提升。

（三）根据评估结果进行系统优化升级

根据系统评估的结果，企业应针对性地进行系统优化升级工作，以提升系统的性能和用户体验，更好地支持企业决策。

1. 优化升级方案的制定

针对评估结果中暴露出的问题和不足，企业应制定具体的优化升级方案。方案应明确优化的目标、内容、方法和时间节点，确保优化工作的针对性和有效性。同时，还应充分考虑企业的实际情况和预算限制，确保优化方案的可行性和经济性。

2. 技术层面的优化升级

技术层面的优化升级是提升系统性能的关键。企业可以针对评估结果中反映出的性能瓶颈，进行优化数据库查询算法、增加服务器资源、改进网络架构等操作。同时，还可以引入新的技术手段和工具，如云计算、大数据处理等，提升系统的数据处理能力和响应速度。

3. 功能与界面的优化升级

除了技术层面的优化外，企业还应关注功能与界面的优化升级。根据用户反馈和评估结果，可以改进系统的用户界面，使其更加友好和易用；增加新的功能模块，满足用户的个性化需求；优化系统的操作流程，提高用户的工作效率。这些优化措施能够提升用户的满意度和忠诚度，为企业创造更大的价值。

4. 优化升级效果的跟踪与评估

在进行系统优化升级后，企业应对优化效果进行跟踪和评估。通过收集系统的运行数据、用户反馈意见等，对优化后的系统性能、用户体验等方面进行评估。同时，还可以将优化前后的数据进行对比分析，评估优化升级的效果和成果。这些跟踪与评估工作有助于企业及时发现问题和不足，进一步完善和提升决策支持系统的性能和功能。

第十四章　智慧财会与海洋渔业经济的可持续发展

第一节　海洋渔业经济可持续发展面临的挑战

一、资源环境压力与生态保护需求

（一）海洋渔业资源的过度开发与枯竭

随着全球人口的不断增长和人们对海洋渔业资源需求的日益旺盛，海洋渔业资源的过度开发问题愈发严重，许多重要的渔业资源面临枯竭的威胁。

1. 过度捕捞现象普遍

过度捕捞是当前海洋渔业资源面临的主要威胁之一。为了满足市场需求，渔民往往采用大规模的捕捞方式，甚至使用不合规的渔具和方法，导致渔业资源数量急剧下降。这种短视的行为不仅损害了渔民的长期利益，也对海洋生态系统造成了严重破坏。

2. 渔业资源枯竭趋势明显

由于过度捕捞和不当管理，许多重要的渔业资源种群数量已经大幅下降，部分物种甚至濒临灭绝。这种趋势不仅对渔业生产造成了严重影响，也威胁到了海洋生态系统的稳定性和健康。

3. 海洋渔业资源的恢复与保护策略

针对海洋渔业资源的过度开发和枯竭问题，需要采取一系列有效的措施来恢复和保护渔业资源。这包括加强渔业管理，制定合理的捕捞限额和休渔制度；推广可持续的捕捞技术和方法，减少对渔业资源的损害；加强国际合作，共同打击非法捕捞行为等。

（二）生态环境恶化与生物多样性保护

海洋生态环境的恶化不仅影响渔业资源的可持续发展，也对生物多样性构成了严重威胁。

1. 污染物的排放与海洋污染

工业废水、生活污水和农业化肥等污染物的排放是导致海洋污染的主要原因之一。这些污染物进入海洋后，会破坏海洋生态系统的平衡，影响海洋生物的生长和繁殖，甚至导致生物死亡。

2. 海洋塑料污染日益严重

近年来，海洋塑料污染问题愈发严重。大量塑料垃圾进入海洋，不仅影响海洋景观，还对海洋生物造成直接伤害。一些海洋生物误食塑料垃圾，导致其消化系统受损甚至死亡。

3. 生物多样性保护的必要性与措施

生物多样性是地球生命系统的基石，对维持生态平衡和人类福祉具有重要意义。因此，保护生物多样性是当前生态环境保护的重要任务之一。这需要通过加强环境保护法律法规的制定和执行，严格控制污染物的排放；推广环保理念，提高公众的环保意识；加强海洋保护区建设，保护珍稀濒危物种等措施来实现。

（三）渔业活动与海洋生态系统平衡

渔业活动作为人类利用海洋资源的重要方式之一，对海洋生态系统平衡具有重要影响。

1. 渔业活动对海洋生态系统的影响

渔业活动对海洋生态系统的影响是双面的。一方面，适度的渔业活动可以提供人类所需的食物和其他资源，促进经济发展；另一方面，过度的渔业活动会破坏海洋生态系统的平衡，导致渔业资源减少、生物多样性降低等问题。

2. 渔业管理与生态系统保护的平衡

为了实现渔业活动与生态系统保护的平衡，需要制定合理的渔业管理政策。这包括限制捕捞强度，确保渔业资源的可持续利用；推广生态友好的捕捞技术和方法，减少对海洋生态系统的损害；加强渔业资源的调查和监测，为渔业管理提供科学依据等。

3. 渔业可持续发展的路径探索

为了实现渔业的可持续发展，需要不断探索新的路径和模式。这包括发展养殖业，减少对野生渔业资源的依赖；推广循环经济理念，实现渔业资源的循环利用；加强国际合作，共同推动全球渔业的可持续发展等。

二、产业结构不合理与转型升级难题

（一）传统渔业产业结构僵化与低效

传统渔业产业结构的僵化与低效是当前渔业发展面临的重要问题之一。长期以来，渔业产业过于依赖传统的捕捞和养殖方式，这导致产业结构单一、效率低下，难以适应现代市场的需求变化。

1. 产业结构单一，缺乏多元化发展

传统的渔业产业结构主要以捕捞和养殖为主，缺乏深加工、高附加值产品的开发。这种单一的产业结构使得渔业经济容易受到市场波动的影响，一旦遇到资源减少或需求变化，渔业经济就会遭受重创。同时，缺乏多元化的发展也使得渔业产业在市场竞争中处于劣势地位。

2. 捕捞方式落后，资源浪费严重

传统的捕捞往往采用大规模的拖网、围网等方式，这些方式不仅捕捞效率低下，而且容易造成资源的浪费和破坏。同时，一些渔民为了追求短期利益，过度捕捞，导致渔业资源逐渐枯竭，严重影响了渔业的可持续发展。

3. 养殖技术落后，环境污染严重

传统的养殖方式往往采用高密度、高污染的养殖模式，这不仅使得养殖环境恶化，而且容易导致疾病传播和产品质量下降。同时，养殖过程中产生的废弃物和废水也对周边环境造成了严重的污染。

（二）科技创新与渔业产业融合发展不足

科技创新是推动渔业产业转型升级的关键力量，然而当前科技创新与渔业产业的融合发展却存在明显不足。

1. 科技创新投入不足，缺乏核心技术

渔业产业在科技创新方面的投入相对较少，导致其缺乏核心技术和自主创新能力。这使得渔业产业在新技术、新产品的研发和应用上滞后于其他行业，难以形成竞争优势。

2. 科技创新与渔业产业需求脱节

当前，渔业产业对于科技创新的需求日益旺盛，然而科技创新与渔业产业需求之间却存在脱节现象。一方面，科研机构和企业之间的合作不够紧密，科技成果难以转化为实际生产力；另一方面，渔民对于新技术的接受程度和应用能力有限，也制约了科技创新在渔业产业中的推广和应用。

3. 科技创新人才培养不足

渔业产业在科技创新方面的人才储备不足，缺乏具备创新精神和实践能力的人才。这使得渔业产业在科技创新方面缺乏持续的动力和支撑。

（三）渔业产业链短板与附加值提升困难

渔业产业链的短板以及附加值提升困难是制约渔业产业转型升级的重要因素。

1. 渔业产业链不完整，缺乏深加工环节

传统的渔业产业链往往只包括捕捞、养殖和初级加工等环节，缺乏深加工和高附加值产品的开发。这使得渔业产品的附加值较低，难以满足市场需求的变化。同时，由于缺乏深加工环节，渔业产品的市场竞争力也较弱。

2. 渔业品牌建设滞后，市场竞争力不足

品牌建设是提升渔业产品附加值和市场竞争力的重要手段。然而，当前渔业产业的品牌建设相对滞后，缺乏有影响力的品牌和产品。这使得渔业产品在市场中难以形成差异化的竞争优势，也难以获得消费者的认可和信任。

3. 渔业产业与其他产业的融合度低

渔业产业与其他产业的融合度低，缺乏跨产业的合作和创新。这使得渔业产业在资源整合、市场开拓等方面受到限制，难以形成协同效应和竞争优势。同时，也限制了渔业产业在产业链延伸和附加值提升方面的潜力。

三、市场风险与国际化竞争压力

（一）国内外市场需求变化与价格波动

渔业作为国民经济的重要组成部分，其市场风险与国内外市场需求的变化及价格波动密切相关。

1. 国内外市场需求变化的影响

随着人们生活水平的提高，国内外市场对渔业产品的需求呈现出多元化和高质量化的趋势。传统的鱼类、贝类等水产品需求量保持稳定，而高端、特色水产品的需求则不断增长。然而，这种需求变化也带来了市场风险。一旦市场需求发生剧烈波动，如消费者口味变化、健康饮食观念普及等，渔业企业就可能面临产品滞销、库存积压等问题。

2. 价格波动的风险

渔业产品的价格波动受多种因素影响，包括季节因素、产量变化、成本变动以及国际市场动态等。例如，在渔业生产旺季，产品供应充足，价格往往较低；而在淡季，由于供应减少，价格则可能上涨。此外，成本变动，如饲料、燃油等价格的上涨，也会直接推高渔业产品的生产成本和市场售价。这些价格波动不仅影响渔业企业的盈利空间，还可能引发市场风险，导致企业运营困难。

（二）国际贸易壁垒与渔业市场准入限制

在全球化背景下，渔业企业面临着越来越激烈的国际竞争。然而，国际贸易壁垒和渔业市场准入限制却成为制约渔业企业国际化的重要因素。

1. 国际贸易壁垒的制约

国际贸易壁垒主要包括关税壁垒和非关税壁垒两种形式。关税壁垒通过提高进口产品的关税来限制外国产品的进入，从而保护本国产业。非关税壁垒则包括配额、许可证、技术标准等多种形式，它们同样限制了外国产品的市场准入。这些壁垒的存在使得渔业企业在拓展国际市场时面临更高的成本和更大的难度。

2. 渔业市场准入限制的挑战

除了国际贸易壁垒外，渔业市场准入限制也是渔业企业国际化过程中需要面对的问题。不同国家和地区对渔业产品的进口有着严格的质量安全标准和检验检疫要求。这些标准不仅涉及产品的外观、品质等方面，还包括对渔业生产环境、捕捞方式、养殖技术等的严格规定。渔业企业需要投入大量的人力、物力和财力来满足这些标准，这无疑增加了企业的运营成本和市场风险。

（三）渔业企业国际竞争力提升的挑战

面对国内外市场需求变化、价格波动以及国际贸易壁垒和渔业市场准入限制等多重压力，渔业企业提升国际竞争力显得尤为重要。

1. 技术创新与产业升级的紧迫性

技术创新和产业升级是提升渔业企业国际竞争力的关键。渔业企业需要加大在技术研发、设备更新、人才培养等方面的投入，推动渔业生产向智能化、绿色化、高效化方向发展。同时，还需要加强产业链整合和深加工技术的研发，提高产品的附加值和市场竞争力。

2. 品牌建设与市场营销的重要性

品牌建设和市场营销是提升渔业企业国际影响力的有效途径。渔业企业应注重品牌形象的塑造和维护，通过参加国际展览、开展宣传推介等方式提升品牌知名度和美誉度。同时，还需要加强市场营销网络建设，拓展销售渠道，提高产品的市场占有率。

3. 国际合作与交流的必要性

加强国际合作与交流对于提升渔业企业国际竞争力具有重要意义。渔业企业应积极参与国际渔业组织、行业协会等机构的交流活动，了解国际市场动态和趋势，学习借鉴国际先进经验和技术。此外，还可以通过开展跨国合作、建立战略联盟等方式实现资源共享、优势互补，共同应对国际市场竞争的挑战。

第二节 智慧财会在促进海洋渔业经济可持续发展中的作用

一、智慧财会系统的数据支撑功能

(一)实时数据采集与准确财务分析

在数字化时代,智慧财会系统以其强大的数据处理能力,为企业的财务管理提供了实时、准确的数据支撑。实时数据采集和准确财务分析是智慧财会系统的核心功能之一,它们共同构成了企业决策的重要基础。

1. 实时数据采集

实时数据采集是智慧财会系统的基础功能,它确保企业能够第一时间获取到最新的财务数据。通过高效的数据抓取技术,智慧财会系统可以从企业的各个业务系统中实时抓取数据,包括销售数据、成本数据、库存数据等。这些数据不仅包括了传统的结构化数据,还包括了大量的非结构化数据,如社交媒体上的客户反馈、网络上的行业资讯等。通过将这些数据进行整合和清洗,智慧财会系统能够为企业提供全面、准确的数据视图。实时数据采集的优势在于其时效性和准确性。传统的数据采集方式往往存在时间滞后和数据误差的问题,而智慧财会系统的实时数据采集功能则能够克服这些问题,确保企业能够及时了解到最新的财务状况和业务动态。

2. 准确财务分析

准确财务分析是智慧财会系统的另一项重要功能。通过对采集到的数据进行深度挖掘和分析,智慧财会系统能够为企业提供精细化的财务分析报告。这些报告不仅包括了传统的财务报表,如资产负债表、利润表、现金流量表等,还包括了各种自定义的财务指标和比率分析。智慧财会系统的财务分析功能还体现在其强大的数据可视化能力上。通过图表、图形等形式,智慧财会系统能够将复杂的财务数据直观地展示出来,帮助企业更好地理解财务状况和经营成果。同时,智慧财会系统还支持多维度的数据分析,可以从不同的角度和层面来观察和分析财务数据,为企业的决策提供更为全面的支持。

(二)预测模型构建与风险预警机制

预测模型构建与风险预警机制是智慧财会系统数据支撑功能的进一步深化和拓展,它们通过数据分析和预测技术,为企业提供了前瞻性的财务管理能力。

1. 预测模型构建

预测模型构建是智慧财会系统利用历史数据和先进算法，对企业未来财务状况进行预测的重要工具。通过构建预测模型，企业能够提前了解到未来的收入、成本、利润等关键财务指标，从而制定出更为科学的经营计划和财务策略。预测模型的构建需要考虑到多种因素，包括市场需求、竞争态势、政策法规等。智慧财会系统能够利用大数据和机器学习技术，对这些因素进行量化分析和预测，从而提高预测模型的准确性和可靠性。同时，预测模型还可以根据企业的实际情况进行定制和优化，以满足企业的特定需求。

2. 风险预警机制

风险预警机制是智慧财会系统的重要组成部分，它通过实时监测和分析财务数据，及时发现和预警潜在的财务风险。当企业的财务数据出现异常波动或超出预设范围时，智慧财会系统能够自动触发预警机制，向相关人员发送预警信息。风险预警机制不仅可以帮助企业及时发现财务风险，还可以提供针对性的风险应对措施。通过对预警信息的深入分析，企业可以了解到风险产生的原因和可能的影响，从而制定出相应的风险应对策略和措施。此外，智慧财会系统还可以对风险进行持续监测和评估，为企业提供全程的风险管理服务。

（三）决策支持系统与战略规划指导

智慧财会系统的数据支撑功能最终服务于企业的决策支持和战略规划。通过提供全面的数据分析和预测结果，智慧财会系统为企业高层管理人员提供了有力的决策依据。

1. 决策支持系统

决策支持系统是智慧财会系统的重要应用之一。它基于实时数据和预测模型，为企业提供了多种决策支持工具和方法。这些工具和方法可以帮助企业高层管理人员在复杂的商业环境中做出明智的决策。决策支持系统可以应用于企业的各个方面，如投资决策、成本控制、市场策略等。通过对历史数据和未来趋势的分析，决策支持系统能够为企业提供多种可选方案，并评估每种方案的可能风险和收益。这使得企业能够在充分考虑各种因素的基础上，选择最优的决策方案。

2. 战略规划指导

战略规划是企业长期发展的基础。智慧财会系统通过提供全面的数据分析和预测结果，为企业的战略规划提供了有力的指导。通过对市场趋势、竞争态势、企业资源等多方面的分析，智慧财会系统能够帮助企业制定出符合自身实际情况的战略规划。此外，智慧财会系统还可以对战略规划的执行情况进行持续监测和评估。通过对比实际数据与规划目标，企业可以及时了解战略规划的执行效果，并根据实际情况进行调整和优化。

这使得企业能够保持战略的灵活性和适应性，更好地应对市场的变化和挑战。

二、智慧财会在资源管理中的应用

随着信息技术的迅猛发展和数字化转型的深入推进，智慧财会作为现代企业管理的重要组成部分，在资源管理中发挥着越来越重要的作用。它通过高效的数据处理、精准的分析预测以及智能的决策支持，为企业实现资源的优化配置、成本效益分析、资本运作效率提升以及全面预算管理提供了有力支撑。

（一）资源优化配置与成本效益分析

资源优化配置是企业实现可持续发展的关键，而智慧财会则为企业提供了更加科学、高效的资源配置手段。

1. 资源优化配置

智慧财会通过集成企业内部和外部的数据信息，实现对企业资源的全面监控和实时分析。利用大数据和云计算技术，系统可以对企业的各项资源进行精细化管理，包括人力资源、物资资源、财务资源等。通过对资源使用情况的深入分析，系统能够发现资源的瓶颈和浪费点，提出优化资源配置的建议。例如，通过人力资源数据分析，企业可以合理调整员工岗位，实现人力资源的最大化利用；通过物资资源数据分析，企业可以优化库存管理，降低库存成本。

2. 成本效益分析

智慧财会通过构建成本效益分析模型，对企业各项活动的成本和效益进行量化评估。系统可以自动收集和处理与成本相关的信息，包括原材料成本、人工成本、间接费用等，并结合销售收入、利润等效益指标进行综合分析。通过对比不同方案的成本效益比，系统可以帮助企业选择最优的决策方案。此外，智慧财会还可以对成本结构进行细致分析，找出成本控制的关键点，为企业制定成本控制策略提供数据支持。

（二）资本运作效率提升与投融资策略

资本运作是企业实现价值增值的重要手段，而智慧财会则通过提升资本运作效率和优化投融资策略，为企业创造更大的经济价值。

1. 资本运作效率提升

智慧财会通过自动化和智能化的财务管理系统，提高了企业资本运作的效率。系统可以自动完成账务处理、报表生成等烦琐的工作，减少人工操作的错误和延误。同时，系统还可以实时监控企业的资金流动情况，包括现金流入、流出以及资金余额等，确保企业资金的安全和稳定。此外，智慧财会还可以根据企业的财务状况和市场环境，自动调整投资策略，实现资金的优化配置和高效利用。

2. 投融资策略优化

智慧财会通过深入分析企业的财务状况和市场环境，为企业投融资策略的科学制定提供有力支持。系统可以对企业的偿债能力、盈利能力、成长潜力等进行全面评估，为企业的融资决策提供数据支持。同时，系统还可以通过对市场趋势的预测和分析，帮助企业把握投资机会，降低投资风险。在投资决策方面，智慧财会可以通过构建投资组合优化模型，实现资产的多元化配置和风险分散。

（三）全面预算管理与绩效评估体系

全面预算管理是企业实现战略目标的重要保障，而绩效评估体系则是衡量企业运营效果的关键指标。智慧财会通过构建全面预算管理和绩效评估体系，为企业提供了更加科学、客观的管理手段。

1. 全面预算管理

智慧财会通过集成预算编制、审批、执行和调整等各个环节，实现了预算管理的全程自动化和智能化。系统可以根据企业的历史数据和市场需求，自动生成预算方案，并通过数据分析和预测，对预算的执行情况进行实时监控和评估。同时，系统还可以提供预算调整的建议和方案，帮助企业根据实际情况灵活调整预算，确保预算的合理性和有效性。

2. 绩效评估体系

智慧财会通过构建绩效评估体系，对企业的运营效果进行全面、客观的评估。系统可以根据企业的战略目标和业务需求，设定合理的绩效指标，并通过实时采集和整理企业的运营数据，对这些指标进行量化评估。这些评估结果不仅可以为企业决策者提供决策支持，还可以作为激励和约束机制的重要依据，激发员工的积极性和创造力。

三、智慧财会推动的创新发展

（一）科技创新投入与成果转化评估

在当今日新月异的科技浪潮中，企业的创新发展离不开科技创新的投入与成果的转化。智慧财会以其精准的数据分析、前瞻性的决策支持和高效的资源配置能力，为科技创新投入与成果转化评估提供了强大的支撑。

1. 科技创新投入的精准决策

智慧财会系统通过集成企业内外部数据，对科技创新投入进行量化分析和评估。它可以根据企业的发展战略和市场环境，预测科技创新的潜在收益和风险，为决策者提供科学、合理的投入建议。此外，智慧财会还可以对科技创新项目的成本、进度和效益进行实时监控，确保投入的有效性和合规性。

例如，某企业计划投入一项新技术研发项目，智慧财会系统通过对该项目的市场前景、技术难度、预期收益等因素进行综合评估，为决策者提供了详细的投入分析报告。根据报告，企业决策者可以更加明确项目的投入规模、时间节点和风险控制措施，从而确保科技创新投入的精准性和有效性。

2. 成果转化评估的量化分析

智慧财会不仅关注科技创新投入的决策过程，还致力于对科技创新成果的转化进行评估。它通过建立科学的评估模型，对成果的商业化价值、市场潜力以及社会效益进行量化分析。这种量化评估方法有助于企业更加客观地了解科技创新成果的实际价值，为后续的推广和应用提供有力支持。

例如，某企业成功研发出一项新技术，并计划将其推向市场。智慧财会系统对该技术的商业化价值进行了深入评估，包括市场需求、竞争态势、定价策略等方面。通过评估，企业决策者可以更加清晰地了解该技术在市场中的定位和发展潜力，从而制定出更加合理的市场推广策略。

3. 智慧财会推动科技创新的持续优化

智慧财会不仅关注科技创新投入与成果转化的单次过程，还致力于推动科技创新的持续优化和迭代。通过持续的数据监测和分析，智慧财会能够及时发现科技创新过程中的问题和瓶颈，为企业提供改进和优化建议。同时，智慧财会还可以通过对历史数据的挖掘和分析，为企业的科技创新提供经验和借鉴，推动企业在科技创新的道路上不断前行。

（二）绿色渔业发展与环保投资引导

随着全球环保意识的提高，绿色渔业发展已成为渔业产业转型升级的重要方向。智慧财会以其独特的信息处理能力和环保投资引导功能，为绿色渔业发展提供了有力保障。

1. 环保投资决策的科学化

智慧财会系统通过深入分析渔业资源的可持续性、生态环境的保护以及经济效益的平衡，为企业的环保投资决策提供科学依据。系统可以综合考虑渔业资源的现状和未来发展趋势，预测环保投资项目的潜在风险和收益，为企业决策者提供科学、合理的投资建议。

例如，某渔业企业计划投入一项环保治理项目，以改善养殖环境的污染问题。智慧财会系统通过对该项目的投资规模、治理效果、运营成本等因素进行综合评估，为企业决策者提供了详细的投资建议。根据建议，企业决策者可以更加明确项目的投资价值和预期效益，从而做出更加科学的决策。

2. 绿色渔业发展的资金支持

智慧财会不仅为环保投资决策提供科学依据，还通过优化资金配置和降低投资风险等方式，为绿色渔业发展提供资金支持。系统可以通过对资金流向的实时监控和预测，为企业提供灵活的资金支持，确保绿色渔业发展项目的顺利实施。同时，智慧财会还可以通过风险预警和风险控制机制，降低环保投资项目的风险，提高企业的投资效益。

例如，某渔业企业成功获得了一笔环保投资资金，用于支持其绿色渔业发展项目。智慧财会系统对该笔资金的使用情况进行实时监控和评估，确保资金的有效利用和合规性。同时，系统还为企业提供了风险预警和风险控制建议，帮助企业降低投资风险并提高投资效益。

3. 智慧财会助力渔业可持续发展

通过智慧财会的环保投资引导功能，渔业企业可以更加积极地投入到绿色渔业发展中来，推动渔业产业的转型升级和可持续发展。智慧财会不仅关注短期的经济效益，还注重长期的生态效益和社会效益，为渔业产业的可持续发展提供有力保障。

（三）跨界融合与新兴业态培育支持

在数字经济时代，跨界融合已成为推动新兴业态发展的重要途径。智慧财会以其强大的数据处理能力和跨界融合支持功能，为新兴业态的培育提供有力支持。

1. 跨界融合机会的发现与挖掘

智慧财会系统通过大数据分析和挖掘技术，帮助企业发现跨界融合的机会和潜力。系统可以关联分析不同行业、不同领域的数据信息，发现新的商业模式、市场需求和价值增长点，为企业决策者提供跨界融合的战略建议。

例如，某企业计划探索跨界融合的发展路径，但缺乏明确的方向和目标。智慧财会系统通过对该企业所在行业以及相关领域的数据进行深度分析，发现了其与其他行业进行跨界融合的可能性，并提出了具体的融合方案和策略。这为企业决策者提供了明确的跨界融合方向，有助于企业抓住市场机遇并实现快速发展。

2. 新兴业态培育的资源支持

智慧财会不仅为跨界融合提供机会发现，还通过优化资源配置和降低运营成本等方式，为新兴业态的培育提供资源支持。系统可以实时监测和评估新兴业态的发展情况，为企业提供灵活的资金支持和市场拓展策略。同时，智慧财会还可以通过对新兴业态的盈利模式和市场前景进行分析，帮助企业制定合理的发展计划和战略。

例如，某企业成功培育出一种新兴业态，但面临着资金短缺和市场拓展困难等问题。智慧财会系统通过对该新兴业态的盈利模式、市场前景以及运营成本等因素进行综合评估，为企业提供了详细的资源支持方案。根据方案，企业决策者可以更加明确地了解新兴业态的发展潜力和市场需求，从而制定出更加合理的发展计划和战略。

3. 智慧财会推动跨界融合的深化发展

通过智慧财会的支持，跨界融合得以深化发展，新兴业态得以快速成长。智慧财会不仅关注跨界融合的初期机会发现，还致力于推动跨界融合的持续优化和创新。通过持续的数据监测和分析，智慧财会能够及时发现跨界融合过程中的问题和瓶颈，为企业提供改进和优化建议。同时，智慧财会还可以通过对历史数据的挖掘和分析，为企业的跨界融合提供经验和借鉴，推动企业在跨界融合的道路上不断前行。

第三节　基于智慧财会的海洋渔业经济可持续发展的路径设计

一、基于智慧财会的海洋渔业经济可持续发展的路径设计的目标与原则

（一）明确可持续发展目标与优先方向

在海洋渔业经济可持续发展的路径设计中，明确目标与优先方向是首要任务。智慧财会作为现代管理工具，能够为企业提供精准的数据支持和分析，从而确保可持续发展目标的科学性和可操作性。

1. 可持续发展目标的设定

可持续发展目标的设定需要综合考虑经济、社会和环境三个维度。经济维度上，目标应聚焦于提高海洋渔业的经济效益和竞争力，实现渔业资源的合理利用和产业升级。社会维度上，目标应关注渔民生活水平的提高、渔业社区的和谐稳定以及公众对海洋渔业产品的满意度。环境维度上，目标应致力于保护海洋生态环境、减少渔业活动对环境的负面影响，实现渔业发展与生态环境的和谐共生。

在设定目标时，智慧财会系统可以通过对历史数据的分析，预测未来发展趋势，为目标的制定提供科学依据。同时，系统还可以实时监测目标的执行情况，为决策者提供反馈和调整建议，确保目标的顺利实现。

2. 优先方向的确定

在明确可持续发展目标的基础上，需要进一步确定优先发展方向。这些方向应基于海洋渔业经济的实际情况和发展需求，同时考虑资源、环境、技术等方面的约束条件。

例如，针对海洋渔业资源日益枯竭的问题，优先方向可以确定为推动渔业资源的养护和恢复，通过实施休渔制度、推广生态养殖等方式，提高渔业资源的可持续利用水平。此外，随着科技的不断进步，智慧渔业、大数据等新技术在海洋渔业中的应用也应成为优先发展方向，通过技术创新推动海洋渔业的转型升级。

智慧财会系统可以通过对各项发展方案的成本效益分析，为优先发展方向的选择提供决策支持。同时，系统还可以根据实时监测数据，评估各项发展方向的实施效果，为决策者提供优化建议，确保优先发展方向的有效实施。

（二）确立智慧财会系统的核心地位

在海洋渔业经济可持续发展的路径设计中，智慧财会系统发挥着至关重要的作用。确立智慧财会系统的核心地位，有助于提升海洋渔业经济的管理水平和决策效率，推动可持续发展目标的实现。

1. 智慧财会系统在海洋渔业经济管理中的应用

智慧财会系统通过集成财务数据、业务数据和市场数据等多源信息，为海洋渔业经济提供全面、准确的数据支持。系统可以实时监测渔业资源的利用情况、渔业企业的运营状况以及市场需求的变化趋势，为管理者提供决策依据。

同时，智慧财会系统还可以利用大数据分析和人工智能技术，对海洋渔业经济进行深度挖掘和预测分析。通过对历史数据的挖掘，系统可以发现渔业经济发展的内在规律和潜在问题；通过对未来趋势的预测，系统可以为渔业经济的战略规划提供科学依据。

2. 智慧财会系统在提升决策效率中的作用

智慧财会系统通过自动化和智能化的数据处理功能，可以大大提高海洋渔业经济管理的决策效率。系统可以自动完成数据收集、整理和分析等工作，减少人工操作的烦琐和错误；同时，系统还可以根据预设的规则和算法，自动生成报告和建议，为决策者提供快速、准确的信息支持。

此外，智慧财会系统还可以实现跨部门、跨领域的信息共享和协同工作。通过系统集成和数据共享，不同部门和领域之间可以更加高效地沟通和协作，共同推动海洋渔业经济的可持续发展。

（三）坚持创新驱动、绿色发展原则

在海洋渔业经济可持续发展的路径设计中，创新驱动和绿色发展是两大基本原则。

智慧财会系统作为管理工具和技术手段，应充分贯彻这两个原则，推动海洋渔业经济的转型升级和绿色发展。

1. 创新驱动原则的实施

创新驱动原则强调通过技术创新和模式创新来推动海洋渔业经济的发展。智慧财会系统作为技术创新的重要成果，应不断引入新技术、新方法和新应用，提升系统的功能和性能。

同时，智慧财会系统还应支持渔业企业的模式创新。通过数据分析和预测功能，系统可以帮助企业发现新的商业模式和市场机会，推动企业进行产品创新、服务创新和组织创新。这些创新活动将有助于提高渔业企业的竞争力和可持续发展能力。

2. 绿色发展原则的落实

绿色发展原则要求海洋渔业经济在发展过程中注重生态环境保护和资源节约利用。智慧财会系统应通过建立环保指标体系、监测评估机制以及绿色激励机制等方式，推动渔业企业落实绿色发展原则。

具体而言，智慧财会系统可以建立包括能源消耗、污染物排放、生态修复等指标在内的环保指标体系，实时监测和评估渔业企业的环保绩效；同时，系统还可以根据环保绩效结果，为企业提供绿色融资、税收优惠等激励措施，引导企业加大环保投入和技术改造力度。

此外，智慧财会系统还应加强与环保部门和其他相关机构的合作与沟通，共同推动海洋渔业经济的绿色发展。通过信息共享和协同工作，可以形成合力，共同解决海洋渔业经济发展中的环境问题和资源问题。

二、基于智慧财会的海洋渔业经济可持续发展路径设计的关键要素

随着海洋渔业资源的逐渐匮乏以及环境压力的增大，海洋渔业经济的可持续发展变得尤为重要。智慧财会作为现代管理工具，能够为海洋渔业经济的可持续发展提供有力支持。

（一）数据治理与信息化基础设施建设

数据治理是智慧财会系统有效运行的基础，而信息化基础设施则是实现数据治理的重要保障。在海洋渔业经济可持续发展路径设计中，这两者相辅相成，共同构成关键要素之一。

1. 数据治理体系的建设

数据治理涉及数据的收集、整合、存储、分析和利用等各个环节。在海洋渔业经济

领域，需要建立完善的数据治理体系，确保数据的准确性、完整性和时效性。这包括制定数据标准、建立数据共享机制、加强数据安全保护等。通过数据治理，可以有效整合海洋渔业经济相关的各类数据资源，为智慧财会系统的应用提供有力支撑。

2. 信息化基础设施的完善

信息化基础设施是数据治理得以实施的基础条件。在海洋渔业经济领域，需要加大信息化基础设施建设的投入，提升信息化水平。这包括建设高速稳定的通信网络、完善数据中心和云计算平台、推广智能终端应用等。通过信息化基础设施的完善，可以实现海洋渔业经济数据的快速传输和高效处理，为智慧财会系统的应用提供硬件支持。

（二）智慧财会系统构建与功能完善

智慧财会系统是海洋渔业经济可持续发展路径设计的核心要素。构建功能完善的智慧财会系统，对于提升海洋渔业经济管理水平、优化资源配置、推动创新发展具有重要意义。

1. 智慧财会系统的构建

智慧财会系统的构建应围绕海洋渔业经济的实际需求进行。首先，需要明确系统的目标定位和功能需求，确保系统能够满足海洋渔业经济管理的各项要求。其次，选择合适的技术架构和开发平台，确保系统的稳定性和可扩展性。最后，进行系统的开发和测试，确保系统能够正常运行并达到预期效果。

2. 智慧财会系统的功能完善

智慧财会系统的功能应不断丰富和完善，以适应海洋渔业经济发展的需要。一方面，需要强化系统的数据分析能力，通过数据挖掘和预测分析，为海洋渔业经济的决策提供科学依据。另一方面，需要提升系统的自动化和智能化水平，通过自动化处理和智能决策支持，提高海洋渔业经济管理的效率和准确性。

（三）人才培养与团队建设支撑体系

人才是海洋渔业经济可持续发展路径设计的关键因素。构建完善的人才培养与团队建设支撑体系，对于提升智慧财会系统的应用水平、推动海洋渔业经济的创新发展具有重要意义。

1. 人才培养机制的建立

针对海洋渔业经济领域对智慧财会人才的需求，应建立完善的人才培养机制。这包括加强高校和科研机构的人才培养力度，推动产学研用深度融合；开展职业技能培训和继续教育，提升现有从业人员的专业素养和技能水平；引进高层次人才和海外留学人才，为海洋渔业经济的可持续发展提供人才保障。

2. 团队建设与管理的加强

团队建设是提升智慧财会系统应用水平的关键环节。在海洋渔业经济领域，应加强团队建设和管理，打造一支高素质、专业化的智慧财会团队。这包括明确团队职责和分工，建立高效的协作机制；加强团队内部的沟通与交流，提升团队的凝聚力和战斗力；实施绩效考核和激励机制，激发团队成员的积极性和创造力。

（四）创新驱动与跨界融合发展战略

创新驱动和跨界融合是推动海洋渔业经济可持续发展的重要战略。在基于智慧财会的海洋渔业经济可持续发展路径设计中，应积极探索创新驱动和跨界融合的发展模式。

1. 创新驱动战略的实施

创新驱动战略强调通过技术创新、模式创新和管理创新等方式，推动海洋渔业经济的转型升级和可持续发展。在智慧财会领域，应加大研发投入，推动技术创新和成果转化；探索新的商业模式和服务模式，提升海洋渔业经济的竞争力和可持续发展能力；优化管理流程和管理模式，提高海洋渔业经济的管理水平和效率。

2. 跨界融合发展的推进

跨界融合是指不同领域之间的交叉融合和协同发展。在海洋渔业经济领域，应积极推进跨界融合发展，加强与相关领域的合作与交流。这包括加强与信息技术、金融、物流等领域的合作，推动智慧财会系统在海洋渔业经济领域的广泛应用；加强与高校、科研机构等的合作，共同推动海洋渔业经济的创新发展；加强与政府部门的沟通与合作，争取政策支持和资源保障。

三、基于智慧财会的海洋渔业经济可持续发展路径的实施保障措施

随着信息技术的快速发展和全球海洋渔业资源日益紧张，智慧财会作为一种新型管理工具，在海洋渔业经济可持续发展中发挥着越来越重要的作用。为了确保基于智慧财会的海洋渔业经济可持续发展路径的有效实施，需要采取一系列保障措施。

（一）加强顶层设计与政策引导

顶层设计与政策引导是实施基于智慧财会的海洋渔业经济可持续发展路径的关键。通过明确发展目标和方向，制定科学合理的政策措施，可以为智慧财会系统的建设和应用提供有力支持。

1. 制定发展规划与目标

政府应制定海洋渔业经济可持续发展规划，明确智慧财会系统建设的目标和任务。规划应充分考虑海洋渔业经济的现状和未来发展趋势，确保智慧财会系统的建设与应用

符合实际需求。同时，通过制定具体的发展目标，可以引导海洋渔业企业积极采用智慧财会系统，推动海洋渔业经济的转型升级。

2. 强化政策扶持与激励

政府应出台一系列政策扶持措施，鼓励海洋渔业企业加强智慧财会系统的建设与应用。例如，对采用智慧财会系统的企业给予税收优惠、资金补贴等支持；对在智慧财会系统建设与应用方面取得显著成效的企业进行表彰和奖励。这些政策激励措施有助于激发企业的积极性和创造力，推动智慧财会系统在海洋渔业经济中的广泛应用。

（二）加大财政投入与金融支持力度

财政投入与金融支持是实施基于智慧财会的海洋渔业经济可持续发展路径的重要保障。通过加大资金投入和拓宽融资渠道，可以为智慧财会系统的建设和应用提供稳定的资金来源。

1. 增加财政投入

政府应加大对海洋渔业经济可持续发展和智慧财会系统建设的财政投入。通过设立专项资金、增加转移支付等方式，为海洋渔业企业提供资金支持。同时，政府还可以引导社会资本参与海洋渔业经济的发展，形成多元化的投入机制。

2. 加强金融支持

金融机构应加大对海洋渔业经济可持续发展的支持力度。通过创新金融产品、优化信贷结构等方式，为海洋渔业企业提供多样化的融资服务。此外，金融机构还可以与政府部门合作，共同推动智慧财会系统在海洋渔业经济中的应用，降低企业的融资成本和风险。

（三）完善法规标准与监管体系

法规标准与监管体系是保障基于智慧财会的海洋渔业经济可持续发展路径顺利实施的重要基础。通过完善相关法规和标准，加强监管力度，可以确保智慧财会系统的合规性和安全性。

1. 制定和完善法规政策

政府应制定和完善与智慧财会相关的法规政策，明确智慧财会系统在海洋渔业经济中的法律地位和应用规范。同时，加强对智慧财会系统建设和应用过程中可能出现的违法违规行为的打击力度，维护市场秩序并公平竞争。

2. 建立统一的标准体系

政府应推动建立统一的智慧财会系统标准体系，包括数据标准、接口标准、安全标准等。通过制定统一的标准，可以确保不同企业之间智慧财会系统的互联互通和数据共享，提高系统的兼容性和可扩展性。

3. 加强监管与评估

政府应加强对智慧财会系统建设和应用的监管力度，建立健全的监管机制。通过定期检查和评估智慧财会系统的运行情况及应用效果，及时发现和解决存在的问题，确保系统的稳定运行和有效应用。

第四节　智慧财会支持下的海洋渔业经济可持续发展的实践案例

一、国内外智慧财会支持下的海洋渔业经济可持续发展的实践案例

随着信息技术的飞速发展，智慧财会作为一种新型管理工具，在海洋渔业经济可持续发展中发挥着越来越重要的作用。

（一）先进国家与地区智慧财会系统的建设经验

1. 美国：技术创新引领智慧财会发展

美国在智慧财会系统建设方面始终处于领先地位。美国政府高度重视信息技术在海洋渔业经济中的应用，通过加大研发投入，推动技术创新，不断提升智慧财会系统的智能化水平。同时，美国还注重数据的整合与共享，通过建立统一的数据平台，实现海洋渔业经济数据的实时更新和共享，为智慧财会系统的应用提供有力支持。

2. 日本：精细化管理与政策扶持相结合

日本在海洋渔业经济管理中注重精细化管理与政策扶持的结合。政府通过制定一系列政策措施，鼓励企业加强智慧财会系统的建设与应用。同时，日本还注重提升智慧财会系统的专业性和精细化水平，通过引入先进的管理理念和技术手段，实现海洋渔业经济管理的科学化和高效化。

3. 挪威：强调可持续发展与生态保护

挪威作为海洋渔业大国，在智慧财会系统建设中强调可持续发展与生态保护。政府通过制定严格的渔业管理制度和环保政策，确保海洋渔业资源的可持续利用。同时，挪威还积极推广智慧财会系统在渔业资源管理中的应用，通过实时监测和数据分析，提高渔业资源的利用效率和管理水平。

（二）成功案例的运营模式与关键成功因素

1. 案例一：某国海洋渔业智慧财会系统应用

该国成功地将智慧财会系统应用于海洋渔业经济管理中，实现了渔业资源的优化配置和高效利用。其运营模式主要包括数据采集与整合、数据分析与决策支持以及智能化管理等方面。关键成功因素包括政府的大力支持、企业的积极参与以及技术的不断创新。

2. 案例二：某地区海洋渔业经济可持续发展项目

该地区通过实施海洋渔业经济可持续发展项目，有效推动了智慧财会系统在渔业经济中的应用。该项目注重与当地企业的合作与共赢，通过引入智慧财会系统，提高了渔业企业的管理水平和经济效益。关键成功因素包括项目设计的科学性、合作机制的完善以及政策环境的优化。

（三）教训总结与改进方向

1. 教训总结

在智慧财会支持下的海洋渔业经济可持续发展的实践中，也存在一些教训需要总结。例如，一些地区在智慧财会系统建设中过于追求技术先进性，忽视了实际需求和管理水平的提升；一些企业在应用智慧财会系统时缺乏足够的培训和指导，导致系统应用效果不佳等。

2. 改进方向

针对这些教训，未来在智慧财会支持下的海洋渔业经济可持续发展中应关注以下改进方向：一是加强需求分析与系统设计，确保智慧财会系统符合实际需求和管理要求；二是加强培训与推广，提高企业和员工对智慧财会系统的认知和应用能力；三是加强政策引导与监管，为智慧财会系统的应用提供有力保障；四是加强国际合作与交流，引进国际先进经验和技术手段，推动海洋渔业经济的可持续发展。

二、智慧财会支持下海洋渔业经济可持续发展实践

随着全球海洋渔业资源的日益紧张以及信息化技术的快速发展，智慧财会作为一种先进的管理工具，在海洋渔业经济的可持续发展中发挥着越来越重要的作用。

（一）渔业资源保护与管理优化案例

智慧财会通过提供精准的数据分析和决策支持，有助于优化渔业资源保护与管理措施，实现渔业资源的可持续利用。

1. 数据驱动的渔业资源评估与监管

借助智慧财会系统，渔业管理部门可以实时收集、整合和分析渔业资源数据，包括

渔业产量、捕捞强度、种群结构等，从而精准评估渔业资源的状况。基于这些数据，管理部门可以制定更为科学合理的渔业政策，优化捕捞配额和休渔制度，确保渔业资源的可持续利用。

2. 智慧监管系统的建立与应用

智慧财会还支持渔业监管系统的建设，通过引入物联网、遥感等技术手段，实现对渔业活动的实时监控和追踪。这不仅有助于打击非法捕捞行为，还能有效防止渔业资源的过度开发。同时，智慧监管系统还能提供预警机制，对渔业资源进行动态监测和预警，及时发现并解决潜在问题。

（二）产业结构转型升级与新兴业态培育

智慧财会通过促进渔业产业的信息化、智能化和精细化，可推动产业结构转型升级，培育新兴业态，提升海洋渔业经济的整体竞争力。

1. 渔业产业信息化水平的提升

智慧财会系统的引入，推动了渔业产业的信息化水平提升。通过建设渔业信息化平台，实现渔业生产、加工、销售等环节的信息化管理和数据共享。这有助于提升渔业生产效率，降低运营成本，增强市场竞争力。

2. 智能化生产模式的探索与实践

智慧财会还支持智能化生产模式的探索与实践。通过引入智能装备、机器人等技术手段，实现渔业生产的自动化和智能化。这不仅可以提高生产效率，还能降低人力成本，提高产品质量。同时，智能化生产模式还能减少对环境的影响，符合可持续发展的要求。

3. 新兴业态的培育与发展

在智慧财会的支持下，海洋渔业经济还涌现出了一批新兴业态，如渔业电子商务、休闲渔业等。这些新兴业态的发展，不仅丰富了渔业产业的内涵和外延，还为渔民提供了新的增收渠道。通过培育和发展这些新兴业态，可以进一步拓展海洋渔业经济的发展空间。

三、智慧财会支持下海洋渔业经济可持续发展实践案例的成效评估与展望

（一）实践案例的经济社会效益分析

智慧财会作为现代管理工具，在海洋渔业经济可持续发展实践中发挥了重要作用。以下是对实践案例的经济社会效益的深入分析。

1. 经济效益显著

智慧财会系统的应用显著提升了海洋渔业经济的整体效益。通过精确的数据分析和

预测，企业能够更准确地把握市场需求，优化资源配置，降低生产成本，提高经济效益。同时，智慧财会还促进了渔业产业链的整合和协同，提高了产业链的附加值和整体竞争力。

2. 社会效益突出

智慧财会的应用不仅带来了经济效益，还产生了显著的社会效益。一方面，通过优化渔业资源保护与管理措施，智慧财会有助于实现渔业资源的可持续利用，保护生态环境，维护渔业资源的生态平衡。另一方面，智慧财会推动了渔业产业结构的转型升级和新兴业态的培育，为渔民提供了新的就业机会和增收渠道，有助于缓解渔业领域的就业压力。

3. 可持续发展能力增强

智慧财会的应用增强了海洋渔业经济的可持续发展能力。通过提供全面的市场分析和风险管理工具，智慧财会帮助企业有效应对市场风险，降低经营风险。同时，智慧财会还支持国际合作与交流平台的搭建，推动海洋渔业经济的国际化发展，提升了我国海洋渔业企业的国际竞争力。

（二）对未来海洋渔业经济可持续发展的启示

智慧财会支持下的海洋渔业经济可持续发展实践案例为未来海洋渔业经济的发展提供了宝贵的启示。

1. 加强信息化建设

未来海洋渔业经济的发展应加强信息化建设，推广智慧财会等现代管理工具的应用。通过建设渔业信息化平台，实现渔业生产、加工、销售等环节的信息化管理和数据共享，提高渔业生产效率和管理水平。

2. 推动产业创新升级

智慧财会的应用推动了渔业产业结构的转型升级和新兴业态的培育。未来海洋渔业经济应继续推动产业创新升级，培育和发展具有竞争力的新兴业态，拓展海洋渔业经济的发展空间。

3. 强化国际合作与交流

智慧财会支持下的国际合作与交流平台的搭建为海洋渔业经济的国际化发展提供了有力支持。未来海洋渔业经济应继续加强国际合作与交流，借鉴国际先进经验和技术手段，推动海洋渔业经济的共同发展。

第十五章 智慧财会与经济管理方法的未来展望

第一节 智慧财会与经济管理方法的发展趋势

一、智慧财会的发展趋势

随着信息技术的迅猛发展和全球经济一体化的加速推进，智慧财会作为现代财务管理的新兴领域，正面临着前所未有的发展机遇和挑战。未来，智慧财会将呈现出自动化与智能化的深度融合、大数据与云计算技术的广泛应用以及财会标准与国际化接轨的进程加速等发展趋势。

（一）自动化与智能化的深度融合

自动化与智能化的深度融合是智慧财会发展的重要趋势之一。随着人工智能、机器学习等技术的不断进步，智慧财会系统将具备更高的自动化和智能化水平。

1. 自动化程度的提升

在数据处理、报表生成、财务分析等基础工作上，智慧财会系统将实现更高程度的自动化。通过预设的规则和算法，系统能够自动完成大量烦琐的数据录入、计算和整理工作，从而释放人力资源，提高工作效率。

2. 智能决策支持系统的构建

智能化是智慧财会发展的另一重要方向。通过引入机器学习、深度学习等技术，智慧财会系统将能够模拟人类的思维和决策过程，为企业提供智能化的决策支持。系统可以通过对大量历史数据的分析和学习，预测未来的市场趋势和业务风险，为企业制定科学、合理的财务战略提供有力支持。

（二）大数据与云计算技术的广泛应用

大数据与云计算技术的广泛应用是智慧财会发展的另一重要趋势。随着数据量的爆炸式增长和计算能力的提升，大数据和云计算技术为智慧财会提供了强大的数据处理和分析能力。

1. 大数据在智慧财会中的应用

大数据技术的应用使得智慧财会能够处理和分析海量的财务数据及非财务数据。通过对这些数据的深入挖掘和分析，企业可以更加全面地了解自身的财务状况和经营绩效，发现潜在的商业机会和风险点，为决策提供更加全面、准确的信息支持。

2. 云计算技术的支撑作用

云计算技术为智慧财会提供了强大的计算和存储能力。通过云计算平台，企业可以实现财务数据的集中存储和共享，实现跨地域、跨部门的协同工作。同时，云计算的弹性伸缩能力也使得智慧财会系统能够根据企业的实际需求进行灵活扩展和调整，满足企业不同阶段的发展需求。

（三）财会标准与国际化接轨的进程加速

随着全球经济一体化的加速推进，财会标准与国际化接轨的进程也在加速。智慧财会作为现代财务管理的重要工具，必须适应这一趋势，推动财会标准的国际化进程。

1. 国际财会标准的采纳与应用

国际财会标准是全球经济一体化背景下的重要产物。智慧财会系统将积极采纳和应用国际财会标准，确保企业财务信息的准确性和可比性。这将有助于企业在国际市场上树立良好的形象，提高国际竞争力。

2. 跨国企业的财务协同管理

随着企业跨国经营的日益普遍，智慧财会系统将更加注重跨国企业的财务协同管理。通过构建全球统一的财务管理平台，可实现跨国企业之间的财务数据共享和业务协同，降低运营成本，提高管理效率。

3. 国际合作与交流的加强

智慧财会的发展还需要加强国际合作与交流。通过与国际先进企业和研究机构的合作与交流，可引进国际先进经验和技术手段，推动智慧财会的创新发展。同时，积极参与国际财会标准的制定和修订工作，为国际财会标准的完善和发展贡献力量。

二、经济管理方法的发展趋势

随着全球经济的不断发展和信息技术的飞速进步，经济管理方法也呈现出新的发展趋势。这些趋势不仅反映了经济管理理念的创新，也体现了管理技术和手段的升级。

（一）管理理念的人性化与科学化

在经济管理方法的演变过程中，管理理念的人性化与科学化成为显著特征。

1. 管理理念的人性化

传统的管理理念往往侧重于效率和利润，而忽视了员工的情感需求和个人发展。然而，随着社会的进步和人们思想观念的转变，越来越多的企业开始重视员工的需求和感受，倡导以人为本的管理理念。这种人性化的管理理念强调尊重员工、关心员工、发展员工，通过营造良好的工作环境和提供丰富的职业发展机会，激发员工的积极性和创造力，从而实现企业和员工的共同发展。

2. 管理理念的科学化

科学化是经济管理方法发展的另一重要趋势。随着现代管理理论的不断发展和完善，越来越多的科学方法被引入到经济管理中来。这些科学方法包括数学模型、统计分析、决策理论等，它们能够帮助管理者更加准确地把握市场动态、分析经营风险、制定科学决策。同时，科学化的管理理念还强调实证研究和数据分析的重要性，通过收集和分析大量的数据和信息，为管理决策提供有力的支持。

（二）管理流程的数字化与标准化

管理流程的数字化与标准化是经济管理方法发展的重要方向。

1. 管理流程的数字化

随着信息技术的广泛应用，数字化已经成为经济管理流程的重要特征。通过建设数字化平台、应用数字化工具，企业可以实现对业务流程的全面监控和实时管理。数字化管理不仅提高了工作效率，降低了运营成本，还使得管理更加透明和具有可追溯。此外，数字化管理还有助于企业实现信息的快速共享和协同工作，提升整体运营效率。

2. 管理流程的标准化

标准化是提升管理效率和质量的重要手段。通过制定统一的管理标准和操作流程，企业可以确保各项管理工作有序、规范地进行。标准化管理有助于减少人为错误和疏漏，提高工作的准确性和可靠性。同时，标准化管理还能够促进企业内部各部门的协同配合，形成合力，共同推动企业的发展。

（三）管理决策的智能化与精准化

管理决策的智能化与精准化是经济管理方法发展的高级阶段。

1. 管理决策的智能化

随着人工智能、大数据等技术的快速发展，智能化决策已经成为可能。通过构建智能化的决策支持系统，企业可以实现对海量数据的自动分析和处理，为决策者提供精准、全面的信息支持。智能化决策系统还能够模拟人类的思维过程，进行复杂的逻辑推理和判断，帮助决策者应对复杂多变的市场环境。

2. 管理决策的精准化

精准化决策是智能化决策的重要体现。通过应用先进的数据挖掘和分析技术，企业可以深入挖掘市场潜力、识别客户需求、评估项目风险，从而制定更加精准、有效的决策方案。精准化决策有助于提高企业的市场竞争力，降低经营风险，实现可持续发展。

三、智慧财会与经济管理方法的融合趋势

在信息化、智能化浪潮的推动下，智慧财会与经济管理方法的融合趋势日益明显。这种融合不仅体现在技术应用层面，更在于管理理念、管理模式的深度结合。以下将从业财一体化的综合管理体系形成、风险管理与内部控制的智能化升级以及价值管理与战略决策的协同优化三个方面，探讨智慧财会与经济管理方法的融合趋势。

（一）业财一体化的综合管理体系形成

智慧财会与经济管理方法的融合，促进了业财一体化综合管理体系的形成。这一体系将业务管理与财务管理紧密结合，实现了业务流程与财务流程的无缝对接。

1. 数据共享与业务协同

在业财一体化管理体系中，智慧财会系统通过集成企业内部各业务系统的数据，实现了数据的实时共享和交换。这使得财务部门能够及时了解业务部门的运营情况，为决策提供准确、全面的数据支持。同时，业务部门也能够通过财务数据了解业务运营的经济效果，优化业务流程，提升业务效率。

2. 流程优化与决策支持

业财一体化管理体系还通过对业务流程的优化和重组，实现了业务与财务的协同作业。财务部门能够参与到业务决策中，提供财务分析和预测，为业务决策提供有力支持。同时，业务部门也能够根据财务部门的建议，调整业务策略，实现业务与财务的共赢。

（二）风险管理与内部控制的智能化升级

智慧财会与经济管理方法的融合，推动了风险管理与内部控制的智能化升级。通过引入智能化技术，企业能够更加精准地识别、评估和控制风险，提升内部控制的有效性。

1. 风险识别与预警系统的构建

智慧财会系统利用大数据、人工智能等技术，构建风险识别与预警系统。通过对海量数据的实时分析和挖掘，系统能够自动识别潜在的风险点，并发出预警信号。这使得企业能够及时发现并应对风险，降低风险损失。

2. 内部控制流程的智能化改造

在内部控制方面，智慧财会系统通过引入自动化、智能化的内部控制流程，提高了内部控制的效率和准确性。系统能够自动执行内部控制程序，实时监控内部控制的执行情况，并自动生成内部控制报告。这不仅减轻了人工控制的负担，还降低了人为错误的风险。

（三）价值管理与战略决策的协同优化

智慧财会与经济管理方法的融合，促进了价值管理与战略决策的协同优化。通过整合企业内外的信息资源，智慧财会系统为企业提供了更加全面、准确的价值分析和战略决策支持。

1. 价值创造与评估体系的完善

智慧财会系统通过构建完善的价值创造与评估体系，帮助企业识别并优化价值创造过程。系统能够分析企业各项业务的价值贡献，评估企业的整体价值水平，并为企业价值提升策略的制定提供有力支持。

2. 战略决策支持的强化

在战略决策方面，智慧财会系统通过提供全面的财务分析和预测报告，为企业的战略决策提供有力支持。系统能够分析市场趋势、竞争对手情况和企业自身实力，为企业合适的战略方案制定提供数据支持。同时，系统还能够对战略执行情况进行实时监控和评估，帮助企业及时调整战略方向，确保战略目标的实现。

第二节　智慧财会与经济管理方法的创新方向

一、智慧财会的创新方向

随着科技的飞速发展，智慧财会作为财务管理的新兴领域，正面临着前所未有的发展机遇。智慧财会不仅提高了财务管理的效率，更在职能、数据价值挖掘以及技术与管理模式融合等方面展现出巨大的创新潜力。

（一）新型财会职能与角色的探索

智慧财会的发展带来了财会职能和角色的深刻变革。传统的财会工作主要聚焦于记账、核算和报告等基础性任务，而智慧财会则在此基础上，拓展出了更多高附加值的职能和角色。

1. 战略支持职能的强化

智慧财会通过运用大数据、云计算等技术手段，能够为企业提供更加全面、深入的市场分析和竞争对手研究，从而帮助企业制定更加精准的战略决策。财会人员不再仅仅是数据的记录者，更是企业战略制定的参与者和推动者。

2. 风险管理与内部控制的升级

智慧财会系统通过实时监控和预警机制，能够及时发现企业运营中的潜在风险，为风险管理提供有力支持。同时，通过自动化和智能化的内部控制流程，智慧财会还能够降低人为错误的风险，提高企业的内部控制水平。

3. 决策咨询角色的凸显

随着智慧财会的发展，财会人员逐渐从烦琐的基础性工作中解脱出来，更多地参与到企业的决策咨询中。他们利用自身的专业知识和数据分析能力，为企业的业务发展、投资决策等提供有价值的建议。

（二）财会数据价值的深度挖掘与应用

在智慧财会时代，数据已成为企业最重要的资产之一。如何深度挖掘财会数据的价值，将其转化为企业的竞争力，是智慧财会创新的重要方向。

1. 数据驱动的决策分析

智慧财会系统通过收集、整理和分析大量的财会数据，能够为企业提供数据驱动的决策分析。通过对数据的深入挖掘，企业可以发现业务运营中的瓶颈和问题，从而制定更加有效的改进措施。

2. 个性化财务管理方案的制定

基于大数据和人工智能技术，智慧财会能够根据不同企业的特点和需求，制定个性化的财务管理方案。这些方案能够更好地满足企业的实际需求，提高企业的财务管理水平。

3. 数据安全与隐私保护

在深度挖掘财会数据价值的同时，智慧财会还需要关注数据安全和隐私保护问题。通过采用先进的数据加密技术和隐私保护算法，确保财会数据的安全性和合规性。

（三）财会技术与管理模式的创新融合

智慧财会的发展离不开技术的支撑，但技术本身并不是目的。如何将财会技术与管理模式进行有效融合，实现财务管理的全面升级，是智慧财会创新的另一个重要方向。

1. 技术与管理流程的深度融合

智慧财会系统需要与企业现有的管理流程进行深度融合，实现业务流程与财务流程的无缝对接。通过优化和重组业务流程，可提高财务管理的效率和准确性，降低运营成本。

2. 智能化管理平台的构建

利用人工智能、机器学习等技术手段，构建智能化的财会管理平台。这个平台能够自动执行财务管理任务，实时监控财务状况，为企业提供智能化的决策支持。

3. 跨部门协作与信息共享

智慧财会还需要推动企业内部各部门的协作和信息共享。通过打破部门壁垒，实现信息的实时流通和共享，提高企业内部协作的效率和质量。

二、经济管理方法的创新方向

（一）基于大数据与 AI 的预测决策模型开发

在数字化、智能化的时代背景下，基于大数据与 AI 的预测决策模型开发成为经济管理方法创新的重要方向。这种创新不仅有助于提升决策的科学性和准确性，还能有效应对复杂多变的市场环境。

1. 大数据在预测决策中的应用

大数据技术的出现，使得企业能够收集、处理和分析海量数据，从而发现隐藏在数据中的价值。在预测决策中，大数据可以帮助企业更准确地把握市场趋势、消费者需求以及竞争对手动态。通过对历史数据的挖掘和分析，企业可以预测未来的市场走向，为决策提供有力的数据支持。

此外，大数据还可以帮助企业实现精准营销和个性化服务。通过对消费者数据的分析，企业可以了解消费者的购买习惯、偏好以及潜在需求，从而制定更具针对性的营销策略和服务方案。

2. AI 在预测决策模型中的作用

人工智能技术的发展，为预测决策模型的构建提供了强大的技术支持。AI 技术可以通过机器学习、深度学习等方法，对大数据进行自动化分析和处理，提高预测决策的效率和准确性。

具体来说，AI 可以通过对历史数据的训练和学习，自动构建预测模型，实现对未来市场趋势的预测。同时，AI 还可以对预测结果进行优化和调整，以适应市场变化的不确定性。此外，AI 还可以协助企业进行风险评估和决策优化，提高决策的可靠性和有效性。

3. 预测决策模型的创新与发展

随着大数据和 AI 技术的不断进步，预测决策模型也在不断创新和发展。一方面，模型的复杂度和精度不断提高，能够更好地应对复杂多变的市场环境；另一方面，模型的应用范围也在不断扩展，涉及企业管理、市场营销、金融投资等多个领域。

未来，基于大数据与 AI 的预测决策模型将更加注重实时性和动态性，能够实时跟踪市场变化，动态调整预测结果和决策方案。同时，模型还将更加注重跨领域和跨行业的融合，以实现更全面的数据分析和更精准的预测决策。

（二）跨界融合与新兴业态的管理策略创新

在全球化、信息化的背景下，跨界融合与新兴业态的发展成为推动经济管理方法创新的重要力量。通过跨界融合，企业可以打破行业壁垒，实现资源共享和优势互补；而新兴业态的崛起，则为企业提供了新的发展机遇和空间。

1. 跨界融合的管理策略

跨界融合涉及不同行业、不同领域之间的合作与交流。在管理策略上，企业需要打破传统的思维模式和组织架构，建立开放、包容、协同的创新机制。通过与其他行业的合作，企业可以获取新的技术、资源和市场渠道，提升自身的竞争力和创新能力。

同时，跨界融合也需要企业具备跨领域的知识和技能。因此，企业需要加强人才培养和引进，建立多元化的团队，以应对跨界融合带来的挑战和机遇。

2. 新兴业态的管理实践

新兴业态如共享经济、数字经济、绿色经济等，为企业带来了新的商业模式和运营方式。在管理实践上，企业需要针对新兴业态的特点和需求，制定相应的管理策略和方法。

例如，在共享经济领域，企业需要建立有效的信任机制和风险控制体系，以保障用户的权益和安全；在数字经济领域，企业需要加强数据管理和安全防护，确保数据的安全性和隐私性；在绿色经济领域，企业需要推行绿色生产和经营方式，降低环境污染和资源消耗。

3. 管理策略的创新与发展

随着跨界融合和新兴业态的不断发展，管理策略也需要不断创新和完善。一方面，企业需要加强内部管理并进行流程优化，提高运营效率和质量；另一方面，企业还需要关注外部环境的变化和市场需求的变化，及时调整和优化管理策略。

此外，企业还需要注重跨界融合与新兴业态之间的协同和融合。通过整合不同领域和行业的资源和优势，企业可以形成更强大的竞争优势和创新能力，推动企业的持续发展和壮大。

（三）可持续发展与绿色经济的管理实践探索

面对全球性的环境问题和资源挑战，可持续发展与绿色经济的管理实践探索成为经济管理方法创新的又一重要方向。这种创新旨在实现经济、社会和环境的协调发展，推动企业的可持续发展和社会的绿色转型。

1. 可持续发展的管理理念

可持续发展的管理理念强调企业在追求经济效益的同时，也要关注社会效益和环境效益。企业需要转变传统的以经济增长为主导的管理理念，将可持续发展纳入企业的核心价值观和战略规划中。通过优化生产流程、推广环保技术、加强社会责任等方式，企业可以实现经济效益、社会效益和环境效益的共赢。

2. 绿色经济的管理实践

绿色经济是指以环保、低碳、循环为特征的经济发展模式。在管理实践上，企业需要推行绿色生产和经营方式，降低能耗和排放，提高资源利用效率。同时，企业还需要加强绿色产品的研发和推广，满足消费者对环保产品的需求。

此外，企业还需要积极参与国际合作和交流，学习借鉴国际先进的绿色经济管理经验和技术，推动企业的绿色转型和升级。

3. 管理实践的创新与发展

随着可持续发展和绿色经济的深入推进，管理实践也需要不断创新和完善。一方面，企业需要加强内部管理并进行流程优化，提高绿色生产和经营的效率和效果；另一方面，企业还需要关注市场变化和消费者需求的变化，及时调整和优化绿色产品和服务。

此外，企业还需要注重与政府、社会组织等利益相关方的合作和沟通，共同推动可持续发展和绿色经济的实现。通过加强合作和协同，企业可以形成更强大的合力，推动整个社会的绿色转型和可持续发展。

三、智慧财会与经济管理方法的协同创新

（一）智慧化内部控制与审计体系的构建

随着信息技术的飞速发展，智慧财会与经济管理方法的协同创新已成为企业提升竞争力、实现可持续发展的重要手段。智慧化内部控制与审计体系的构建作为这一创新过程中的关键环节，其重要性不言而喻。

1. 智慧化内部控制的构建

智慧化内部控制的构建旨在利用先进的信息技术手段，实现对企业内部控制流程的智能化改造和升级。通过引入大数据、云计算、人工智能等前沿技术，企业能够实现对内部控制体系的实时监控和预警，从而提高内部控制的有效性和准确性。具体而言，智慧化内部控制的构建包括以下几个方面：

建立全面的数据收集与分析系统。通过收集企业的财务数据、业务流程数据以及市场数据等，运用数据分析技术进行深入挖掘，发现潜在的风险点和问题，为内部控制提供有力的数据支持。

实现内部控制流程的自动化和智能化。借助自动化工具和智能算法，企业可以自动

执行一些烦琐的内部控制程序，如权限管理、审批流程等，减少人为干预和错误，提高内部控制的效率和准确性。

建立持续改进的机制。智慧化内部控制体系需要具备自我学习和自我优化的能力，通过对内部控制效果的定期评估和反馈，不断调整和优化内部控制策略，以适应企业内外环境的变化。

2. 智慧化审计体系的构建

智慧化审计体系的构建是智慧财会与经济管理方法协同创新的又一重要内容。传统的审计方法往往依赖于人工操作和抽样检查，存在效率低下、风险高的问题。而智慧化审计体系则能够通过大数据和人工智能技术，实现对海量数据的快速处理和深入分析，提高审计工作的质量和效率。

智慧化审计体系构建的关键在于构建全面的审计数据仓库。通过将企业的财务数据、业务数据以及其他相关信息整合到一个统一的数据仓库中，审计人员可以方便地进行数据查询、分析和挖掘，发现潜在的违规行为和风险点。

此外，智慧化审计体系还需要借助智能审计工具和方法。通过运用机器学习、自然语言处理等人工智能技术，审计人员可以实现对审计文档的自动分类、识别和分析，减少人工操作的时间和成本。同时，智能审计工具还可以帮助审计人员快速识别异常数据和模式，提高审计的准确性和敏感性。

（二）价值链管理与企业生态系统的优化

在智慧财会与经济管理方法的协同创新中，价值链管理与企业生态系统的优化也是至关重要的一环。通过对价值链的全面分析和优化，以及构建高效的企业生态系统，企业能够提升自身的核心竞争力，实现可持续发展。

1. 价值链管理的全面优化

价值链管理是企业实现价值创造和增值的关键过程。通过智慧财会与经济管理方法的协同创新，企业可以对价值链进行全面优化，提升整体运营效率。

利用大数据分析技术，企业可以深入剖析价值链中各个环节的成本和效益情况。通过对历史数据的挖掘和比较，企业可以识别出价值链中的瓶颈和低效环节，进而制定针对性的优化措施。

智慧财会为企业提供了实时、准确的财务数据支持。通过对这些数据的分析和应用，企业可以更加精确地掌握价值链中各个环节的盈利能力和风险状况，为决策提供有力依据。

此外，通过引入先进的管理理念和工具，如精益管理、敏捷管理等，企业可以进一步优化价值链管理流程，提升整体运营效率和质量。

2. 企业生态系统的构建与优化

在全球化竞争日益激烈的背景下，企业生态系统的构建与优化显得尤为重要。通过与其他企业、机构等建立紧密的合作关系，形成互利共赢的生态圈，企业可以获得更多的资源和机会，提升自身竞争力。

智慧财会与经济管理方法的协同创新为企业生态系统的构建提供了有力支持。通过大数据分析、云计算等技术手段，企业可以更加全面地了解市场需求和竞争态势，为选择合适的合作伙伴提供决策依据。

同时，企业还需要加强生态系统的协同管理。通过建立完善的合作机制和信息共享平台，企业可以与合作伙伴实现资源共享、风险共担，共同应对市场挑战和机遇。

此外，企业还需要关注生态系统的持续创新。通过引入新技术、新业务模式等创新元素，不断激发生态系统的活力和潜力，推动整个生态圈的持续发展。

（三）智能化绩效评估与激励机制的设计

在智慧财会与经济管理方法的协同创新中，智能化绩效评估与激励机制的设计也是一项重要任务。通过构建智能化的绩效评估体系，设计合理的激励机制，企业可以激发员工的积极性和创造力，推动企业的持续发展。

1. 智能化绩效评估体系的构建

传统的绩效评估方法往往依赖于主观判断和定性分析，难以准确反映员工的真实贡献和价值。而智能化绩效评估体系则能够通过大数据和人工智能技术，实现对员工绩效的客观、全面评价。

智能化绩效评估体系构建的关键在于建立多维度的评估指标体系。除了传统的财务指标外，其还应包括创新能力、团队合作、客户满意度等非财务指标，以全面反映员工的综合表现。

同时，利用大数据技术对员工的工作数据、行为数据等进行深入挖掘和分析，可以发现员工的优势和不足，为绩效评估提供有力支持。此外，通过引入机器学习等人工智能技术，还可以实现对员工绩效的自动预测和预警，帮助企业及时发现潜在问题并采取相应措施。

2. 激励机制的合理设计

激励机制是激发员工积极性和创造力的重要手段。在智慧财会与经济管理方法的协同创新中，企业需要设计合理的激励机制，以激发员工的潜能和创造力。

激励机制应与绩效评估体系紧密结合。通过对员工的绩效进行客观、全面的评价，企业可以根据员工的贡献和价值给予相应的奖励和激励，确保激励的公平性和有效性。

激励机制应具有多样性和灵活性。除了传统的薪酬激励外，企业还可以采用股权激励、晋升机会、培训发展等多种激励方式，以满足员工的不同需求和期望。

企业应注重激励机制的可持续性。通过建立长期激励机制，如员工持股计划等，可以激发员工的长期忠诚度和归属感，促进企业的稳定发展。

第三节 智慧财会与经济管理方法的未来应用前景

一、智慧财会在未来企业管理中的应用前景

随着信息技术的迅猛发展，智慧财会作为财务管理领域的新兴概念，正逐渐改变着传统财务管理的模式和方式。智慧财会通过运用大数据、云计算、人工智能等先进技术，实现了财务数据的智能化处理和分析，为企业提供了更加高效、准确的决策支持。在未来企业管理中，智慧财会将扮演越来越重要的角色，为企业的可持续发展提供强大的动力。

（一）智能财务分析平台的建设与应用

智能财务分析平台是智慧财会的重要组成部分，它通过集成先进的数据分析工具和算法，实现了对海量财务数据的自动化处理和分析。这一平台的建设与应用，将极大地提升企业财务分析的效率和准确性，为企业决策提供有力支持。

1. 平台构建与功能集成

智能财务分析平台的构建需要依托强大的技术支撑，包括大数据处理、云计算服务、人工智能算法等。平台应能够实现对财务数据的实时采集、存储、处理和分析，同时提供丰富的可视化工具和报告模板，方便用户快速获取分析结果。此外，平台还应具备高度的可扩展性和灵活性，以适应企业不断变化的业务需求。

2. 数据驱动的财务分析

通过智能财务分析平台，企业可以对财务报表、经营指标、成本收益等数据进行深入挖掘和分析，发现数据背后的规律和趋势。这有助于企业更加准确地评估自身的经营状况和市场竞争力，及时发现潜在的风险和机会。同时，平台还可以提供基于数据的预测和模拟功能，帮助企业制定更加科学合理的战略计划。

3. 应用场景与案例分析

智能财务分析平台在多个场景中都有着广泛的应用。例如，在投资决策中，平台可

以通过对投资项目的财务数据进行分析和预测，为决策者提供科学的投资建议；在风险管理方面，平台可以实时监测企业的财务状况和市场动态，及时发现并预警潜在的风险点；在预算管理方面，平台可以帮助企业制定更加合理的预算方案，并对预算执行情况进行实时监控和调整。

（二）自动化财税合规与风险防控体系

自动化财税合规与风险防控体系是智慧财会在财税管理领域的重要应用。通过引入自动化技术和智能算法，企业可以实现对财税政策的实时监控、税务数据的自动化处理以及风险的智能识别与防控。

1. 自动化税务处理与申报

借助自动化财税合规体系，企业可以实现对税务数据的自动采集、整理、计算和申报。这不仅可以减少人工操作的烦琐和错误，提高税务处理的效率和准确性，还可以降低企业因税务问题而面临的风险。同时，自动化税务处理还可以帮助企业更好地遵守税法规定，避免因违反税法而遭受处罚。

2. 智能风险识别与预警

自动化财税合规体系通过引入智能算法和模型，可以实现对税务风险的智能识别和预警。系统可以实时监控企业的税务数据和经营情况，发现潜在的税务风险点，并及时向企业发出预警。这有助于企业及时发现并应对税务风险，避免因税务问题而给企业带来损失。

3. 持续优化与更新

随着财税政策的不断变化和更新，自动化财税合规体系也需要不断优化和更新以适应新的政策要求。企业可以定期对系统进行升级和维护，确保系统的稳定性和准确性。同时，企业还可以根据自身的业务需求和发展情况，对系统进行定制化和扩展，以满足更加复杂和精细化的财税管理需求。

（三）财会数据驱动的企业战略决策支持

智慧财会通过深入挖掘和分析财会数据，为企业提供数据驱动的战略决策支持。这种支持有助于企业更加精准地把握市场机遇和竞争态势，制定更加科学合理的战略计划。

1. 数据驱动的决策流程优化

传统决策流程往往依赖于经验和直觉，缺乏数据支持。而智慧财会通过数据分析和挖掘，可以为企业提供更加客观、准确的决策依据。企业可以根据财会数据的变化趋势和规律，调整和优化决策流程，提高决策的科学性和有效性。

2. 战略规划与预测分析

通过智慧财会的数据分析功能，企业可以对市场趋势、竞争对手、客户需求等信息进行深入研究和分析，为战略规划提供有力支持。同时，企业还可以利用财会数据进行预测分析，预测未来的市场变化和经营情况，为企业的长期发展制定更加科学的战略计划。

3. 绩效管理与持续改进

智慧财会还可以帮助企业实现绩效管理的数据化、精细化。通过对财务数据的实时监控和分析，企业可以更加准确地评估各部门和员工的绩效表现，及时发现并解决问题。同时，企业还可以根据财会数据的反馈结果，对业务流程和管理模式进行持续改进和优化，提高企业的运营效率和竞争力。

二、经济管理方法在未来企业发展中的作用

随着全球经济一体化和市场竞争的日益激烈，企业面临着前所未有的挑战与机遇。经济管理方法作为指导企业运营决策、优化资源配置和提升竞争力的重要手段，其在未来企业发展中的作用将愈发凸显。

（一）科学决策支持系统的普及与优化

科学决策是企业稳健发展的关键，而决策支持系统的普及与优化则是实现科学决策的重要保障。未来企业发展中，经济管理方法将更加注重利用先进的信息技术手段，构建和完善科学决策支持系统，以提升企业决策的质量和效率。

1. 数据驱动的决策支持

在未来，企业将通过大数据、云计算等技术手段，实现对海量数据的收集、整合和分析。这些数据不仅包括企业内部运营数据，还包括市场、客户、竞争对手等外部数据。通过深度挖掘这些数据，企业可以更加准确地把握市场趋势和客户需求，为决策提供有力支持。

2. 智能化决策辅助

随着人工智能技术的快速发展，决策支持系统将更加智能化。通过构建决策模型、运用机器学习等技术，系统能够自动分析数据、识别模式并预测未来趋势，为决策者提供多种可能的方案选择。这将大大降低决策的风险和不确定性，提升决策的科学性和有效性。

3. 系统优化与升级

科学决策支持系统需要不断优化和升级以适应企业发展的需要。未来，企业将更加

注重对决策支持系统的投入和维护，通过定期更新、优化算法、增加新功能等方式，不断提升系统的性能和稳定性，确保其为企业决策提供持续、高效的支持。

（二）灵活多变的组织架构与管理模式

组织架构与管理模式是企业运营的基础，其灵活性和适应性直接影响到企业的竞争力。未来，经济管理方法将推动企业构建灵活多变的组织架构和管理模式，以应对市场变化和客户需求。

1. 扁平化组织架构

传统的层级式组织架构在信息传递和决策效率方面存在诸多弊端。未来，企业将更加注重扁平化组织架构的构建，减少中间管理层级，提升信息传递的速度和准确性。这将有助于增强企业的市场反应能力，使企业能够更快地抓住市场机遇。

2. 弹性管理模式

随着市场环境的变化和客户需求的多样化，企业需要更加灵活地调整管理策略。未来，企业将更加注重弹性管理模式的运用，通过授权、团队协作、项目管理等方式，激发员工的创新精神和主动性，提升企业的整体运营效率。

3. 跨界融合与创新

在全球化背景下，跨界融合与创新已成为企业发展的重要趋势。未来，企业将更加注重与其他行业、企业的合作与交流，通过共享资源、互通有无、协同创新等方式，实现共同发展。这将有助于企业打破行业壁垒，拓展发展空间，提升市场竞争力。

（三）全面绩效管理与人才激励机制的创新

绩效管理与人才激励是企业人力资源管理的核心环节，对于激发员工潜能、提升企业绩效具有重要作用。未来，经济管理方法将推动企业实现全面绩效管理与人才激励机制的创新。

1. 多元化绩效评价体系

传统的绩效评价往往侧重于财务指标，忽视了员工在创新、团队协作、客户满意度等方面的贡献。未来，企业将构建更加多元化的绩效评价体系，综合考虑员工在多个方面的表现，实现全面、客观的绩效评价。

2. 个性化激励措施

不同员工的需求和动机存在差异，因此，单一的激励措施往往难以达到最佳效果。未来，企业将更加注重个性化激励措施的运用，根据员工的特点和需求，制定有针对性的激励方案，以激发员工的积极性和创造力。

3. 长期发展导向

传统的激励措施往往侧重于短期效益，忽视了企业的长期发展。未来，企业将更加注重长期发展导向的激励机制建设，通过员工持股、职业发展规划、培训与发展等方式，将员工的个人利益与企业的长期发展紧密结合起来，实现员工与企业的共同发展。

三、智慧财会与经济管理方法共同推动的未来企业变革

随着科技的飞速发展和全球化的深入推进，智慧财会与经济管理方法正成为企业变革的重要驱动力。它们不仅有助于企业提升运营效率、优化资源配置，更能够推动企业实现数字化转型、智能化升级，构建高效协同、持续创新的生态系统，并践行社会责任，实现可持续发展。

（一）数字化转型与智能化升级的企业新形态

数字化转型和智能化升级是企业应对市场竞争、提升核心竞争力的必由之路。智慧财会与经济管理方法的融合应用，将为企业打造全新的数字化、智能化形态，推动企业实现高效运营和持续发展。

1. 数据驱动决策，实现精准管理

智慧财会通过大数据、云计算等技术手段，实现对海量数据的收集、整合和分析，为企业决策提供有力支持。经济管理方法则将这些数据转化为有价值的信息，帮助企业识别市场趋势、评估业务风险、优化资源配置。在数据驱动下，企业决策将更加精准、高效，有效提升管理水平和竞争力。

2. 智能化技术应用，提升运营效率

随着人工智能、机器学习等技术的不断发展，智能化应用正逐渐渗透到企业运营的各个环节。智慧财会与经济管理方法的结合，将推动企业实现财务流程的自动化、智能化处理，减少人为干预和错误，提高处理速度和准确性。同时，智能化技术还能够优化供应链管理、生产流程等关键环节，提升企业整体运营效率。

3. 数字化平台构建，促进业务创新

数字化转型的核心是构建数字化平台，实现信息的互联互通和资源的共享共用。智慧财会与经济管理方法的融合应用，将有助于企业构建数字化平台，推动业务模式的创新和发展。通过数字化平台，企业可以更加灵活地调整业务结构、拓展业务领域、开发新产品和服务，满足市场不断变化的需求。

（二）高效协同与持续创新的企业生态系统

未来企业的竞争不再是单一企业之间的竞争，而是企业生态系统之间的竞争。智慧

财会与经济管理方法将推动企业构建高效协同、持续创新的生态系统，实现与合作伙伴、客户、供应商等利益相关者的共赢发展。

1. 强化内外部协同，提升整体效能

智慧财会与经济管理方法的应用，有助于企业打破部门壁垒、实现内外部资源的优化配置。通过构建协同化的管理机制和信息共享平台，企业可以加强与合作伙伴、客户、供应商等利益相关者的沟通与协作，形成紧密的合作关系和利益共同体。这将有助于企业快速响应市场变化、把握市场机遇，提升整体效能和竞争力。

2. 激发创新活力，推动产业升级

创新是企业发展的不竭动力。智慧财会与经济管理方法将为企业创新提供有力支持。通过引入新的管理理念和方法、推动组织变革和流程优化，企业可以激发员工的创新精神和创造力，推动产品或服务的升级换代。同时，智慧财会还能够为企业提供更加精准的市场分析和风险评估，帮助企业把握创新方向、降低创新风险。

3. 构建开放生态，实现共赢发展

开放合作是构建高效协同、持续创新生态系统的关键。智慧财会与经济管理方法将推动企业构建开放的生态系统，吸引更多的合作伙伴和客户参与其中。通过共享资源、互通有无、协同创新等方式，企业可以与合作伙伴共同开拓市场、提升竞争力，实现共赢发展。

（三）社会责任与可持续发展的企业新战略

随着社会对环境保护、社会责任等问题的关注度不断提高，企业不仅需要追求经济效益，还需要积极履行社会责任、实现可持续发展。智慧财会与经济管理方法将推动企业制定新的战略，以更好地履行社会责任并推动可持续发展。

1. 强化环境保护，推动绿色发展

环境保护是企业履行社会责任的重要内容之一。智慧财会与经济管理方法的应用将有助于企业实现绿色发展和可持续发展。通过引入绿色财务管理理念和方法、推动绿色供应链管理等方式，企业可以降低生产过程中的环境污染和资源消耗，提高资源利用效率，实现经济效益与环境效益的双赢。

2. 关注社会公益，提升企业形象

社会公益是企业履行社会责任的重要途径之一。智慧财会与经济管理方法将推动企业更加积极地参与社会公益活动、履行社会责任。通过捐赠资金、提供志愿服务等方式，企业可以回馈社会、帮助弱势群体，提升企业的社会形象和品牌价值。

参考文献

[1]耿鸿鹏.数字经济时代数智企业经营决策方法研究[J].中国集体经济,2024,(06):101-104.

[2]宋宏,杨正军,王涛.浅析舞台刚性防火幕风险管理应对方法及风险状况评估[J].中国设备工程,2024,(02):76-78.

[3]叶楠.企业经济管理风险内控方法[J].中国集体经济,2024,(01):73-76.

[4]冉晓丹.企业财务管理风险因素及管理方法分析[J].商业 2.0,2023,(35):37-39.

[5]于蕊.论新时期国有企业如何做好全面预算管理工作[J].中国乡镇企业会计,2023,(12):46-48.

[6]高艺真.高职院校固定资产折旧方法的选择与风险管理[J].会计师,2023,(23):103-105.

[7]张璐.大数据统计分析方法在经济管理领域中的应用[J].上海商业,2023,(12):36-38.

[8]汤健锋.医疗器械风险评估与风险管理的方法与应用研究[J].中国设备工程,2023,(23):20-23.

[9]李明霞.基于决策树的企业风险管理方法及敏感性分析[J].商场现代化,2023,(23):146-148.

[10]韦玲利,吴一韦.水利工程经济管理中的成本控制方法分析[J].财经界,2023,(34):33-35.

[11]曲婷婷.信息化在金融经济管理中的应用及创新方法[J].商业观察,2023,9(31):81-84.

[12]周银丹.高校固定资产管理与财务管理相结合的探讨——基于会计核算方法程序的角度[J].商业会计,2023,(20):88-91.

[13]廖菁,魏朝晖.基于智慧财务体系下的公立医院内部财会监督探索实践[J].财经界,2023,(28):138-140.

[14]马夫良.新农村建设环境下的农业经济管理优化方法研究[J].河北农机,2023,(18):100-102.

[15]李丹."数智化+产教科融合"双重视域下高职院校财会专业智慧学习空间的构建研究[J].中国管理信息化,2023,26(14):211-213.

[16]王瑞生.坚守主阵地奋进新征程汇聚推动工会财会高质量发展智慧力量[J].中国工会财会,2023,(05):4-6.

[17]王咏梅.人工智能对财会影响及对策分析[J].财经界,2023,(09):132-134.

[18]李谦.智慧教学模式下林业高校财会类专业人才培养质量评价指标体系构建[J].中国乡镇企业会计,2022,(10):193-195.

[19]李真.数智化背景下高职院校财会智慧学习工场的构建研究[J].中外企业文化,2022,(04):211-213.

[20]叶冠芝.智慧物流时代财务机器人背景下财会人员如何应对职业危机[J].中国储运,2022,(02):115-116.

[21]曾丽萍.数智化财会智慧学习工场内涵建设探讨——基于建构主义理论[J].商业会计,2021,(02):121-1

26.

[22]张军.AI 时代财会专业教育改革及智慧评估体系研究[J].中国乡镇企业会计,2020,(09):245-246.

[23]张奕奕.基于产教融合的高职财会专业群智慧财经人才培养研究[J].岳阳职业技术学院学报,2020,35(03):17-20+51.

[24]朱笑笑.财会信息化建设之智慧校园一卡通优化升级的探索[J].时代经贸,2019,(25):62-63.